中国主要畜产品保供能力及竞争力提升战略研究

王明利 等◎著

Zhongguo Zhuyao Xuchanpin Baogong Nengli
Ji Jingzhengli Tisheng Zhanlüe Yanjiu

中国财经出版传媒集团
经济科学出版社
Economic Science Press
北京

图书在版编目（CIP）数据

中国主要畜产品保供能力及竞争力提升战略研究/
王明利等著 . -- 北京：经济科学出版社，2023.7
ISBN 978 - 7 - 5218 - 4936 - 3

Ⅰ. ①中…　Ⅱ. ①王…　Ⅲ. ①畜产品 - 供应 - 研究 -
中国②畜产品 - 竞争力 - 研究 - 中国　Ⅳ. ①F323.7

中国国家版本馆 CIP 数据核字（2023）第 129296 号

责任编辑：汪武静
责任校对：王肖楠
责任印制：邱　天

中国主要畜产品保供能力及竞争力提升战略研究

王明利　等著

经济科学出版社出版、发行　新华书店经销
社址：北京市海淀区阜成路甲 28 号　邮编：100142
总编部电话：010 - 88191217　发行部电话：010 - 88191522
网址：www. esp. com. cn
电子邮箱：esp@ esp. com. cn
天猫网店：经济科学出版社旗舰店
网址：http://jjkxcbs. tmall. com
固安华明印业有限公司印装
710 × 1000　16 开　15.75 印张　230000 字
2023 年 7 月第 1 版　2023 年 7 月第 1 次印刷
ISBN 978 - 7 - 5218 - 4936 - 3　定价：68.00 元
（图书出现印装问题，本社负责调换。电话：010 - 88191545）
（版权所有　侵权必究　打击盗版　举报热线：010 - 88191661
QQ：2242791300　营销中心电话：010 - 88191537
电子邮箱：dbts@ esp. com. cn）

　　本书得到中国农业科学院创新工程所级重点项目"主要畜产品生产效率和竞争力提升研究"以及国家自然科学基金重点项目"基于可持续发展的畜牧业现代化路径及政策支持体系研究"（项目批准号：72033009）的资助，在此表示感谢。

前言

　　高质量发展是"十四五"乃至更长时期中国经济社会发展的主题。《中共中央关于制定国民经济和社会发展第十四个五年规划和二〇三五年远景目标的建议》高度重视"三农"工作，单列专章作出部署安排，明确提出全面推进乡村振兴，加快农业农村现代化，提高农业质量效益和竞争力。农业质量、效益和竞争力的提升是实现农业现代化和高质量发展的重要着力点，特别是在当前各种不确定性风险频发的背景下，提升农业产业竞争力成为必然趋势。畜牧业作为国民经济发展的重要组成部分，是保障国家食物安全的重要抓手，是推进乡村产业振兴、提高农牧民增产增收能力的重要保障，更是实现人民群众对美好生活向往目标的重要基础。

　　改革开放以来，中国畜牧业发展取得显著成效，但畜牧业仍是中国农业农村发展的主要短板。当前，畜牧业仍然存在资源环境约束趋紧、疫病防控形势严峻、生产效率总体不高、科技支撑能力不强等诸多问题，特别是在环保政策趋紧以及非洲猪瘟等突发疫情双重夹击下，中国畜牧业持续发展及畜产品稳定供给受到严峻挑战。近年来，在国内饲料粮供给不足、进口持续增长的同时，主要畜产品对外依赖度也不断提高。如何克服当前严峻形势，提升畜牧业国际竞争力，实现畜产品主要靠国内供给，成为新时期国家亟待解决的重大问题。中国的国情决定了主要农畜产品产业必须以保障国内需求为第一要务，在当前诸多外部风险挑战下，做大做强中国主要畜禽产业对于推进畜牧产业高质量发展、实现全面现代化及保障人们不断增长的对美好生活需要中优质安全食物的持续强劲需求具有战略意义。因此，系统评估中国畜牧业国际竞争力，深入发掘影响竞争力提升的关键因素，提出推动畜牧业竞争力提升的战略措施，具有重要决策参考价值。

本书首先系统梳理了中国畜牧业发展的历史与现状，对改革开放以来中国畜牧业发展历程作出阶段划分并归纳不同阶段畜牧业发展呈现出的显著特征；在总结历史成就的基础上提炼畜牧业发展取得巨大成效的典型经验，发掘新时期产业发展面临的新挑战。在此基础上，本书对中国主要畜产品供给保障现状及未来趋势展开分析；采用数据包络分析方法，通过计算 Malmquist 指数分析畜禽养殖全要素生产率的时空变化；同时将国内主要畜产品生产中反映生产效率的基本参数与发达国家进行比较，挖掘中国畜产品生产效率的提升潜力。

在收集大量数据资料的基础上，本书基于传统的贸易视角对中国猪肉、鸡肉、牛肉、羊肉、鸡蛋和奶产品六大主要畜禽品种竞争力进行测算分析，并进一步从产业发展视角，基于资源、生产、消费、贸易四个方面构建畜牧业竞争力评价指标体系，尝试性地对生猪、肉鸡和蛋鸡三大食粮型畜牧产业竞争力进行测算并进行国际比较，探究影响中国畜牧业竞争力提升的关键因素，剖析内在影响机理。基于上述研究结论，在系统分析欧盟、美国、日本、韩国、澳大利亚、新西兰等发达国家和地区畜牧业发展历史与现状的基础上，总结发达国家和地区的畜牧业发展现有成功模式和典型做法，结合发达国家和地区畜牧业发展及竞争力提升经验教训，提出中国畜牧业稳产保供及竞争力提升的战略措施。

本书内容是中国农业科学院创新工程所级重点项目"主要畜产品生产效率和竞争力提升研究"以及国家自然科学基金重点项目"基于可持续发展的畜牧业现代化路径及政策支持体系研究"（项目批准号：72033009）

中的部分研究成果。部分内容（研究过程中的阶段性研究报告）已在相关核心刊物发表，并在本书中予以专门标注。该项目研究成果是本人在总体研究框架和思路设计的基础上，与研究团队共同完成的。本研究团队长期致力于对中国畜牧业经济问题和产业政策进行持续跟踪研究。中国的国情决定了畜牧业必须以保障国内强劲需求为第一要务，在当前各种不确定性风险频发背景下，本书基于统计数据和中国农业产业模型（China agricultural sector model，CASM）等前沿方法，分析畜牧业供需形势、生产效率和国际竞争力，在数据获取、模型假定等方面难免有局限性，望读者给予宝贵的意见和建议，以便我们在日后的研究中不断改进和提高。

王明利

2023 年 6 月于北京

目录

第1章
中国畜牧业发展历史
与现状分析[*]

改革开放以来，中国畜牧业快速发展，总体规模居世界第一。但也存在诸如资源环境约束日趋严峻、动物疫病风险增大、国际竞争力不强、科技支撑能力弱等较为严重的制约。本章在对中国畜牧业发展作阶段划分和特征梳理的基础上，总结了改革开放以来畜牧业发展取得的成就以及面临的关键制约，同时高度提炼出以往发展历程中取得成功的核心经验。

■ 1.1 中国畜牧业发展的历史演变及各阶段特征

畜牧业是农业的重要组成部分。1978 年以前，受计划经济和粮食短缺的影响，畜牧业仅作为家庭副业，发展长期停滞不前，产值仅占农林牧

---

[*] 本章内容已发表在《农业经济问题》2018 年第 8 期，笔者在原有基础上对相关数据及部分观点进行了修改完善。

渔业总产值的 15%①左右。改革开放以后，畜牧业规模迅速扩大，产业素质稳步提高，产品供应日益丰富，产业地位持续上升。自改革开放以来，中国畜牧业大致经历了四个发展阶段。

1.1.1 改革发展时期 （1978～1984 年）

1978 年开始，在全国范围内快速实施的家庭联产承包责任制，使养殖业生产释放出巨大活力，专业户、重点户不断涌现，独立自主的多元市场主体开始形成；20 世纪 80 年代初期，全国第一个牧工商联合企业诞生，到 80 年代中期，全国牧工商企业已经达到 600 多家；1984 年 7 月，中国开始改革畜产品的流通体制和价格体制，取消统派购制度，放开畜产品市场，绝大多数畜产品可以随行就市，打破国营企业独家经营的格局。

一系列的改革措施和政策出台，有效释放了养殖业发展的活力，推动了养殖业的大发展。如党的十一届四中全会通过的《中共中央关于加快农业发展若干问题的决定》，提出要"大力发展畜牧业，提高畜牧业在农业中的比重""继续鼓励社员家庭养猪养牛养羊，积极发展集体养猪养牛养羊"；1980 年《国务院批转农业部关于加快发展畜牧业的报告》中，强调"要把一切行之有效的鼓励畜牧业发展的政策落实到各家各户"，且"取消禁宰耕牛的政策"。这些政策快速释放了生产经营的自主权，极大调动了生产发展的积极性，短期内养殖业得到快速发展。如图 1 - 1 所示，到 1984 年，肉类总产量达到 1 540.6 万吨，比 1978 年增长 79.9%；禽蛋、牛奶产量也分别达到 431.6 万吨和 218.6 万吨；人均肉类占有量达到 14.9 千克，与 1978 年相比，增加了 5.9 千克，城乡居民"吃肉难"问题得到缓解。

---

① 资料来源：国家统计局。

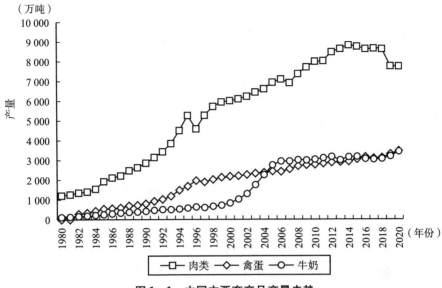

图 1-1 中国主要畜产品产量走势

资料来源:历年《中国畜牧兽医年鉴》。

就这一时期各产业发展特征而言:禽蛋产业率先实现了快速发展,鸡蛋产量平均年增幅达到 10%,而相较 1983 年,1984 年鸡蛋总产量年增长率高达 28.6%。随着生猪收购价格的提高,生猪产业也实现了较快发展,1984 年生猪存栏达到 3.06 亿头,出栏 2.20 亿头,分别比 1978 年增长了 18.26% 和 36.85%[①]。水禽产业受到自身无组织形式、自给自足的粗放发展模式影响,产业发展较为缓慢。由于居民生活水平较低,市场消费需求拉动力不足,肉羊、肉牛、奶牛产业生产能力虽不断提高,但整体发展缓慢,生产技术水平低,生产能力较差。

_____

① 资料来源:历年《中国畜牧兽医年鉴》,需要说明的是 2018 年以前,该资料称为《中国畜牧业统计年鉴》,2018 年开始,该资料修改名称为《中国畜牧兽医年鉴》,因此,本书统称为《中国畜牧兽医年鉴》。

1.1.2 全面快速增长时期 (1985~1996 年)

该阶段养殖业经营体制实现根本转变, 产品市场和价格逐步放开; 主要动物产品生产快速增长, 长期严重短缺的局面得到根本扭转, 实现了供求基本平衡。1985 年 1 月, 中共中央、国务院发布了《关于进一步活跃农村经济的十项政策》, 其中重要内容就是决定取消生猪派养派购, 实行自由上市, 随行就市, 按质论价; 同时取消了多数畜产品的统一定价, 从而使畜牧业成为农业中最早引入了市场机制的行业部门。1988 年, 农业部开始实施"菜篮子"工程, 建立了一大批中央和地方的肉蛋奶生产基地及良种繁育、饲料加工等服务体系, 有效促进了畜牧业向商品化、专业化和社会化的发展。1992 年国务院颁布了《中国中长期食物发展战略与对策》, 明确提出"要将传统的粮食和经济作物的二元结构, 逐步转变为粮食作物、经济作物和饲料作物的三元结构"。随着 1992 年中国农村改革进入全面向市场经济转轨以及后续各项改革的不断深入, 逐步形成了有利于养殖业发展的社会环境和开放的市场条件, 养殖业生产得到了快速的发展, 实现了主要动物产品供求基本平衡的历史性跨越, 夯实了在农业中的支柱产业地位。到 1996 年, 中国肉类总产量达到 4 584.0 万吨, 比 1985 年增长 1.4 倍, 年均增长率达 8.2%; 禽蛋产量 1 965.2 万吨, 比 1985 年提高 267.5%; 牛奶产量 629.4 万吨, 比 1985 年提高 151.9%。产值方面, 畜牧业总产值占同期农业总产值的比重为 26.9%, 比 1985 年提高 4.9 个百分点 (见图 1-2 和图 1-3)。①

---

① 资料来源: 国家统计局。

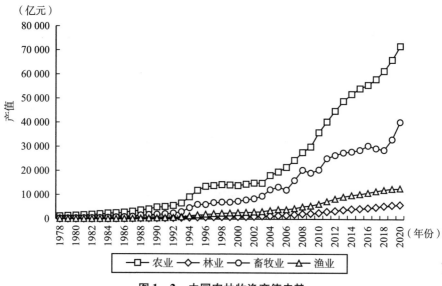

图1-2 中国农林牧渔产值走势

资料来源：国家统计局。

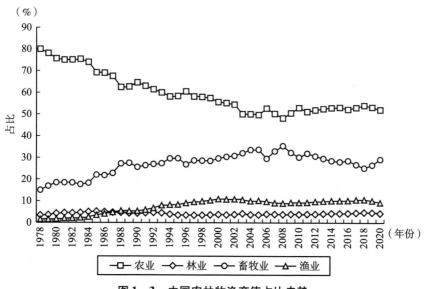

图1-3 中国农林牧渔产值占比走势

资料来源：根据国家统计局数据计算整理而得。

就这一时期各产业发展特征而言：蛋鸡产业在利润驱动和国营蛋鸡养殖场的带动作用下进一步实现了快速发展，局部的密集养殖带开始形成，人均鸡蛋消费量超过世界平均水平。生猪产业继续保持快速增长，猪肉供给绝对短缺的不利局面得到完全扭转。依靠政府对肉牛、奶牛生产基地建设的大量投入和"秸秆养畜"等项目的推广，肉牛产业表现出强劲的发展势头，奶业基本完成了从卖方市场向买方市场转变的历史性跨越。水禽产业也进入快速发展阶段，出栏量以每年 5% ~ 8% 的速度增长，同时上下游配套产业逐步完善，产业利润和竞争力日趋增强。而肉羊产业发展相对较为缓慢，养殖户养殖规模较小且基本把养羊作为副业。

1.1.3 提质增效发展时期（1997 ~ 2014 年）

随着养殖业的快速增长，到 20 世纪 90 年代后期即出现了阶段性、结构性过剩；随着经济的发展，人们对优质动物产品、花色多样的动物产品日渐青睐；随着市场的逐步开放，国际市场竞争的压力越来越大。这迫切需要调整产品结构、提升产品质量和安全性以及提高生产效率和产业效益。在此背景下，国家适时制定和出台了一系列促进养殖业发展的政策措施。1998 年党的十五届三中全会通过的《中共中央关于农业和农村工作若干重大问题的决定》中提出，"菜篮子"产品生产要推广优新品种，降低成本，提高效益。1999 年国务院转发农业部《关于加快畜牧业发展的意见》中提出，稳定发展生猪和禽蛋，加快发展牛羊肉和禽肉生产，突出发展奶类和羊毛生产；加快转变养殖方式，大力调整、优化畜牧业结构和布局……提高生产效率、经济效益和畜产品质量安全水平。1999 年后国家实时启动了农业行业标准专项制修订计划，加快了畜牧业标准化生产；2004 年国家设立了首席兽医官制度；之后几年又陆续发布和实施了《国务院关于促进畜牧业持续健康发展的意见》、《国务院关于促进奶业持续健康发展的意见》、"振兴奶业苜蓿发展行动"、《全国牛羊肉生产发展规划（2013－2020）》等。

经过这一阶段的发展，主要畜禽养殖规模化、标准化程度显著提升。到2014年，中国生猪年出栏500头以上规模比重达到41.9%、肉牛年出栏100头以上规模比重为17.3%、肉羊年出栏500只以上规模比重为12.9%、肉鸡年出栏50 000只以上规模比重为43.7%、蛋鸡年存栏10 000只以上规模比重为35.8%[①]；生猪、肉牛、肉羊和家禽出栏率分别达到157.0%、46.3%、94.8%和204.3%；牛羊肉占肉类比重达到13.2%；奶类产量比1997年增长524.6%，是增速最快的畜产品；畜牧业科技进步贡献率从"六五"时期的34%增加到2014年的54%左右；畜产品生产进入追求质量安全的阶段，并逐步向区域集中、产业整合方向发展，"龙头企业＋家庭农场（或养殖大户）"模式已成为中国畜牧业发展的主导力量，如温氏模式、德康模式、正大模式、襄大模式等。水产品产量从1997年的3 118.6万吨增至2014年的5 975.8万吨，年均增长3.9%。[②]

就这一时期各产业发展特征而言：在经历快速发展期后，实现了蛋鸡经营主体的多元化、流通方式的多样化，产业整体进入注重蛋鸡品质的稳定发展期。生猪产业增速放缓，提高质量、应对价格剧烈波动，稳定生产成为这一时期的主要目标。肉牛产业持续实现快速发展，使中国成为仅次于美国和巴西的第三大肉牛生产国，同时随着国家将研究、开发、推广优良肉牛品种和提高肉牛产品质量列为调整畜牧业的重点，牛肉品质得到大幅提升。水禽业在这一时期前半段，保持较快发展，但2013年之后产量过剩带来的竞争加剧，使得产业间纵向、横向的合作与兼并变得频繁，而随着落后产能的淘汰，产业组织得以优化。奶业依靠粗放的奶牛数量扩张

---

① 资料来源：历年《中国统计年鉴》。2015年以前我国各畜种的规模化标准普遍较低，2015年农业部对各畜种规模化标准作了调整，标准大幅度提升，这是调整后的标准，下同。

② 资料来源：历年《中国统计年鉴》。

实现了快速发展，成为世界第三大产奶国，在乳制品安全事件冲击影响下，中国奶业开始由数量增长型向质量效益型升级。随着需求的持续增长，肉羊产业进入快速增长期，但受到自然资源、环境条件的限制，尤其是2003 年禁牧政策开始实施，中国肉羊产业增速放缓，开始走绿色、高效的发展道路。

1.1.4 以环保为重点的全面转型升级阶段（2015 年以来）

2015 年以来，国家密集出台若干政策方案，以促进养殖业提质增效，实现绿色发展。一是"粮改饲"和草牧业发展，有效支撑了畜产品的质量安全和生产效率的提升。2015 年中央一号文件《关于加大改革创新力度加快农业现代化建设的若干意见》提出"加快发展草牧业，支持青贮玉米和苜蓿等饲草料种植，开展'粮改饲'和种养结合模式试点，促进粮食、经济作物、饲草料三元种植结构协调发展"，第一次在农业结构调整中突出了优质饲草的重要地位，突出了种养结合和农牧循环的有效模式，当年农业部即在"镰刀湾"地区的 10 个省份进行了"粮改饲"试点，随后拓展为 17 个省份；同年也在河北等 12 个省份组织开展了草牧业发展试验试点，2016 年农业部又发布了"促进草牧业发展的指导意见"，具体确定了重点实施区域、各地区草牧业发展重点和经营模式。围绕畜牧业环保和粪污资源化利用，规范和扶持政策不断发力，有效提升了畜牧业环境保护和粪污的资源化利用水平。

二是各项环保政策的落实，有效规范和扶持了畜禽粪污的资源化利用和养殖场的达标排放。2015 年国家发布了《水污染防治行动计划》，要求将现有规模化畜禽养殖场（小区）根据污染防治需要，配套建设粪便污水贮存、处理、利用设施，而散养密集区要实行畜禽粪便污水分户收集、集中处理利用；2016 年发布了《土壤污染防治行动计划》，严格规范兽药、饲料添加剂的生产和使用，促进源头减量，加强畜禽粪便综合利用，鼓励支持畜禽粪便处理利用设施建设；2015 年国务院发布了《关于促进南方水网地区生猪养殖布局调整优化的指导意见》，要求这些区域的生猪主产县以资源禀赋和环境承载力为基础，制定养殖规划，合理划定适宜养殖区域和禁养区，改进生猪养殖和粪便处理工艺，促进粪便综合利用；2016 年发布了《中华人民共和国环境保护税法实施条例》，明确从 2018 年 1 月 1 日开始实施，要求达到省级人民政府确定的规模标准并且有污染物排放口的畜禽养殖场，应当依法缴纳环境保护税。

1.2　中国畜牧业发展取得的成就

1.2.1　主要动物产品生产有效保障了国内需求

经过四十多年的快速发展，中国主要动物产品人均占有量快速提高。由图 1-4 可知，1980 年人均肉类、禽蛋、牛奶占有量仅有 12.3 千克、2.6 千克和 1.2 千克，只达到当年美国人均肉、蛋和奶的占比为 12.9%、15.7% 和 1.1%；与当年的世界平均水平相比，也分别只有 44.8%、45.8% 和 2.8%。到 2020 年，人均肉、蛋、奶占有量就已分别达到 54.9 千克、24.6 千克和 26.4 千克，年均增长 3.83%、5.92% 和 7.73%，已达到美国同期人均占有量的 37.8%、123.9% 和 8.1%；分别是世界平均水平的 125.3%、206.3% 和 20.9%（见图 1-5）。可见，当前中国人均肉、蛋占有量已超出同期世界平均水平，仅人均奶类占有量与世界平均水平还存在差距，但这个差距也正在逐步缩小。

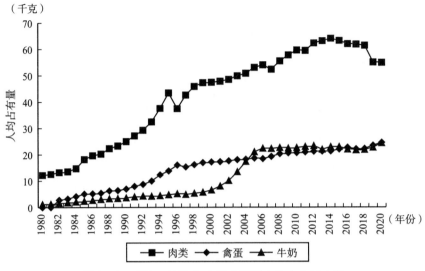

图1-4　1980~2020年中国肉蛋奶人均占有量走势

资料来源：历年《中国畜牧业统计》。

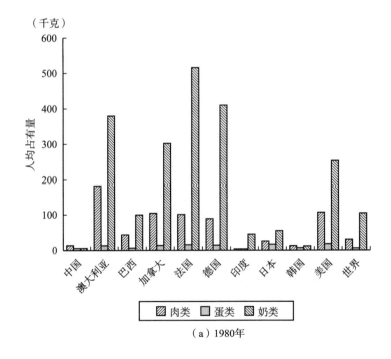

（a）1980年

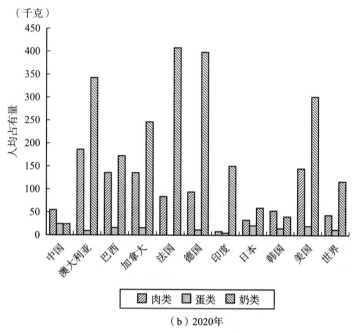

（b）2020年

图 1-5 主要国家肉蛋奶人均占有量对比

资料来源：联合国粮农组织（FAO）数据库（http：//www.fao.org/faostat/on/#home）。

1.2.2 动物产品供给结构逐步趋于合理

由图 1-6 可知，1985 年，中国肉类生产中猪肉占 85.9%，牛羊肉只占 5.5%，禽肉占 8.3%；到 2020 年，中国肉类生产中猪肉占比下降到 53.1%，下降了 32.8 个百分点；而同期牛羊肉占比已提高到 14.9%，提升了 9.4 个百分点；禽肉占比更是提高到 28.8%，大幅提升了 20.5 个百分点。尤其需要说明的是，经过 20 世纪 90 年代以来的迅猛发展，牛奶生产已经成为中国畜牧业生产中的重要力量，在改善居民膳食结构中起到了突出作用，人均奶类占有量约翻了十番。

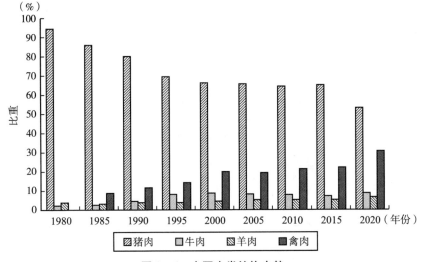

图 1-6　中国肉类结构走势

注：由于1985年之前国家统计局没有专门统计禽肉，这里为了具有可比性，从1985年开始分析肉类结构。

资料来源：历年《中国畜牧兽医年鉴》。

1.2.3　规模化程度稳步提升、科技进步明显，生产效率不断提高

改革开放之初，中国的畜禽养殖以集体饲养和农户饲养为主，只有极少量的国营大牧场。自20世纪80中期开始，在养殖领域出现了专业户和重点户；到90年代中期，专业户和重点户发展已相当普遍，规模化程度快速提高。90年代中后期以后，随着国家对养殖业的规范力度进一步加强和对规模化、标准化养殖的政策推动，规模化程度显著提高。由于国家统计从2007年才开始统计不同规模的生产情况，所以，这里只能从2007年开始比较，即使这样，变化也非常显著。2007年，中国生猪规模化比重为20.8%、肉牛规模化比重为8.2%、肉羊规模化比重为4.7%、奶牛规模化比重为16.4%、肉鸡规模化比重为22.0%、蛋鸡规模化比重为14.9%，到2020年，中国生猪、肉牛、肉羊、奶牛、肉鸡和蛋

鸡相应的规模化程度分别达到了 57.1%、18.7%、17.2%、67.2%、64.9% 和 55.4%。

在规模化程度稳步提升的同时，中国良种技术、饲养技术均取得了长足进步。良种技术方面，依托丰富的种质资源，中国先后培育出京红 1 号、京粉系列、大午金凤等高产蛋鸡，其生产性能基本达到国外品种水平；通过引进良种，对产肉率较低的中国黄牛进行改良，并成功培育出中国荷斯坦奶牛，弥补中国了部分畜种生产能力较差的不足。饲养技术方面，专业育种、育肥分工体系逐步建立，现代生产机械、精准营养养殖方式逐步普及。

随着养殖规模化、标准化程度的提升，以及良种技术、饲养技术的进步与推广，克服了中国原有畜禽生产性能低、生长速度慢和净肉率低等缺点，提高了出栏率、胴体重、饲料报酬、增重速度，极大促进了生产效率的提升。由图 1-7 可知，1980 年，中国生猪出栏率只有 65.0%，胴体重

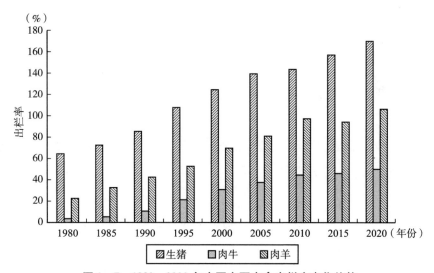

图 1-7　1980~2020 年中国主要畜禽出栏率变化趋势

资料来源：历年《中国畜牧兽医年鉴》。

只有 57.1 千克；而 2020 年，中国的生猪出栏率已达 169.8%，胴体重达到 78.1 千克。每头能繁母猪每年提供的商品猪头数在 1980 年只有 10 头左右，到 2020 年已达 17 头左右。由图 1 − 8 可知，全群奶牛单产在 1980 年只有 1 780.03 千克/头，2020 年已达 2 866.67 千克/头（2020 年奶牛平均单产达到 8 300 千克）。

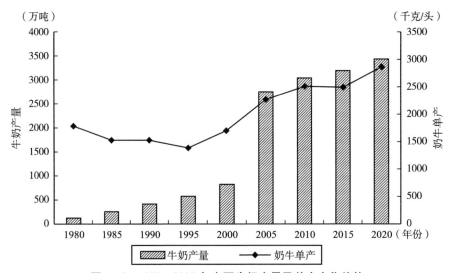

图 1 − 8　1980 ~ 2020 年中国牛奶产量及单产变化趋势

资料来源：历年《中国畜牧兽医年鉴》。

1.2.4　优质饲草的重要性得到认可，种养结合、农牧循环养殖模式开始推广

中国的农耕文化思想，导致决策者和生产者长期忽略了畜牧业中优质牧草的作用。自 2008 年奶业发生"三聚氰胺"事件以后，优质牧草的重要性才逐步得到重视。2008 年国家启动现代农业产业技术体系，第一次将牧草作为一个产业进行研发支持，在市场的拉动与行业科技支撑下，牧草产业在国内开始逐步发展；2012 年国家正式启动实施"振兴奶业苜蓿

发展行动"；2015 年中央一号文件《关于加大改革创新力度加快农业现代化建设的若干意见》提出实施"粮改饲"试点，推动发展草牧业。牧草产业的快速发展，有效支撑了国内奶业转型升级，泌乳奶牛平均单产水平由 2008 年不足 3 吨快速提高到目前的 6 吨左右，不到 10 年时间单产水平翻了一番。随着行业内对牧草的重要性认识不断深入和环保压力的加大，种养结合、农牧循环正在成为畜牧业发展的新趋势。

1.2.5 有效壮大了农业农村经济，提升了农牧民收入

经过四十多年的快速发展，养殖业已经成为中国农业农村经济发展的重要支柱产业，成为农民收入的主要来源，更是成为广大中西部地区脱贫致富的首选产业。2016 年中国畜牧业产值达到 3.17 万亿元，占农业总产值的比重达到 28.3%；带动上下游产业（屠宰加工、乳品加工、蛋品加工、饲料、兽药等）产值约 3 万亿元[①]。畜产品加工业在中国农产品加工业中更是独树一帜，国内农产品加工有影响力的品牌和企业大多在畜牧行业，如伊利、蒙牛、三元、双汇、温氏、新希望、科尔沁等在国内甚至国际都是很有影响力的品牌企业。2016 年农牧民从畜牧业获得的收入为 573.7 元；对牧民来说，畜牧业收入更是其几乎唯一的收入来源。2016 年，全国牧区县人均纯收入为 8 462.6 元，其中畜牧业收入为 5 615.9 元，占其收入的比重高达 66.4%。2019 年农民家庭经营现金收入中养殖业约占 30%，在养殖业产值比重较高的地、县约占 50% 以上[②]。养殖业的发展还带动了良种繁育、饲料加工、兽药生产、养殖设施建设和产品加工、储运物流等相关产业的发展，不仅形成了产品生产、加工和储运、销售等完整的产业链，还创造了大量就业机会，为农牧民增收作出贡献。

---

① 资料来源：笔者根据已有数据估算。
② 资料来源：历年《中国畜牧兽医年鉴》。

1.3　中国畜牧业发展面临的关键约束

1.3.1　资源基础缺口大

中国人多地少，水土资源短缺将长期存在，直接影响着发展养殖业所需饲草料的充足供应。随着肉蛋奶等动物源产品的需求量增加，中国粮食需求量也将在饲料需求的带动下呈增长态势，预计到 2035 年，中国饲料粮需求占粮食需求的比重将从 2020 年 30.7% 增长至 35.4%，所以，中国的粮食安全问题本质上是饲料粮的安全问题。2020 年，中国进口大豆 10 032.7 万吨，大麦 808 万吨，高粱 481 万吨，玉米 1 130 万吨，此外还进口酒精副产物（DDGS）18.17 万吨①。除进口大量饲料原料外，饲草进口也快速增加。2008 年以前，中国基本不进口草产品，还大量出口。在此之后，草产品进口大幅提升。到 2020 年，中国草产品进口总量为 172.22 万吨，比 2008 年增长 86.1 倍。其中苜蓿干草进口 135.91 万吨，燕麦草进口 33.47 万吨，苜蓿粗粉及颗粒进口 2.84 万吨（见图 1-9）。

土地资源的短缺也直接影响着养殖场用地的科学选择，从而直接影响着标准化规模养殖的顺利推进。一方面，养殖场用地审批困难；另一方面，即使审批通过，流转成本高企，大多地区每亩每年流转成本约五六百元，部分地区已经达到千元以上，使许多养殖场望而止步，不少地区养殖不得不向大山深沟发展，楼上养猪、地下养鸡等模式也屡见不鲜。此外，

---

① 2010 年以来我国每年进口 DDGS 的量达到几百万吨，2016 年以来快速下降。

劳动力资源的短缺也影响着养殖业的持续发展。自 2004 年发端于沿海地区并向全国蔓延的劳动力短缺现象，预示着中国经济发展的"刘易斯转折点"正逐步呈现。近年来中国城市经济的快速发展，吸收大量农村劳动力进入第二、第三产业，从事养殖业的劳动力越来越少，素质越来越低。而养殖业本来是个劳动密集型的产业，并且劳动强度很高，许多方面机械难以代替，最终导致养殖业生产的劳动力成本居高不下。

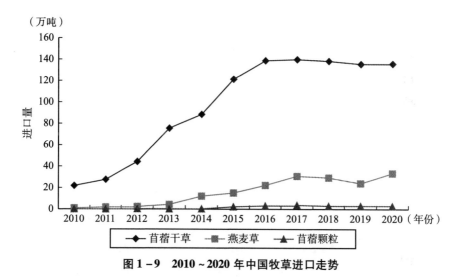

图 1－9　2010～2020 年中国牧草进口走势

资料来源：中华人民共和国海关总署（http：//www. customs. gov. cn）。

1.3.2　环境保护任务重

国家出台的"水十条"中，要求严格划定畜禽养殖禁养区，并要求在 2017 年底前，依法关闭或搬迁禁养区内的养殖场（小区）和养殖专业户，京津冀、长三角、珠三角等区域提前一年完成。要求对现有规模化畜禽养殖场（小区），必须配套建设粪便污水贮存、处理、利用设施；在散养密集区必须实行畜禽粪便污水分户收集、集中处理利用；自 2016 年起，新建、改建、扩建规模化畜禽养殖场（小区）要实施雨污分流、粪便污水资源化利用。2016 年发布的"土十条"，要求加强畜禽粪便综合利用，要求到 2020 年，规模化养殖场、养殖小区配套建设废弃物处理设施比例达到75%以上。2015 年发布的《关于促进南方水网地区生猪养殖布局调整优化的指导意见》，根据珠江三角洲、长江三角洲、长江中下游、淮河下游、丹江口五个重点水网区域的水环境保护要求和土地承载能力，科学确定了禁养区和限养区，这些地区的许多养殖场发生了停养或搬迁。据调查，珠江三角洲某县已关掉 2 774 个养殖场户，减少生猪养殖 10 万多头。2020 年农业农村部发布《"十四五"全国畜牧兽医行业发展规划》，畜禽粪污资源综合利用率是其中唯一约束性指标，要求到 2025 年畜禽粪污资源综合利用率达到80%。

1.3.3 动物疫病风险高

近年来，各类重大动物疾病在中国时有发生，每年带来的直接经济损失近1 000 亿元，特别是 2004 年暴发的高致病性禽流感给家禽业养殖户造成了严重损失；2005 年发生在四川的猪链球菌病和 2006 年蔓延到全国的高致病性猪蓝耳病，引起了生猪生产下降和价格的剧烈波动，严重影响着生猪产业的健康发展，成为拉动 2008 年全国 CPI 快速上升的重要因素，也牵动了国家领导人的多次关注。2012 年秋冬季节发生的 H7N9 流感，初步测算，截至 2013 年 4 月 21 日，中国家禽业约已损失 230 多亿元；2014 年 H7N9 流感又给国内的家禽业带来 400 亿元的损失。前几年全国范围内发生的仔猪流行性腹泻，一直困扰着国内生猪生产效率的提升，基本上每一次猪价的大幅波动背后都有疫病流行的影子。2014 年发生的家畜小反刍兽疫，成为其后几年国内肉羊价格大跌和养殖户亏损的直接原因。自2018 年开始的非洲猪瘟对中国生猪养殖业造成空前冲击，猪肉供应偏紧致使猪肉价格飞涨，严重破坏居民正常的猪肉消费秩序（见图1-10）。近年来随着疫病防控体系进一步健全和防控力度的不断加大，尽管疫情总体稳定，但局部地区出现的一些人畜共患病仍不可小觑，特别是从种畜开始的疫病源头净化工作任务艰巨。

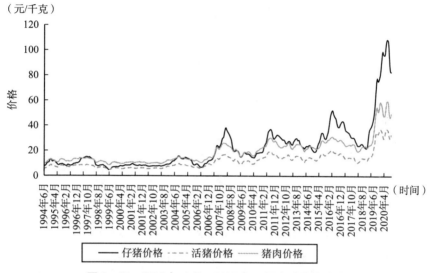

图 1-10　1994 年 6 月 ~ 2020 年 4 月生猪价格波动

资料来源：历年《中国畜牧业统计》。

1.3.4　国际竞争力不强

中国畜牧业总体呈现"大而不强"的局面，劳动生产率、畜禽生产力、饲料转化率等与国外发达国家相比水平还较低，畜牧产业国际竞争力低。首先，中国主要畜禽养殖的生产效率仍不高，而生产效率则直接决定着畜产品保供能力和国际竞争力。从母畜繁殖存活率来看，中国每头母猪每年出栏肥猪数（MSY）不高，每头能繁母猪长期以来每年只能提供 13 ~ 15 头育肥猪，直到 2019 年开始 MSY 才提高至 17 ~ 19 头；而代表性国家的 MSY 已达 22 ~ 26 头，其中，荷兰、丹麦等国的 MSY 更是高达 30 头左右。从主要畜禽个体生产能力看，2019 年中国生猪和肉牛的胴体重分别为 97.25 千克和 311.2 千克，而同时期，波兰的生猪胴体重已经达到 110 千克，美国肉牛胴体重更是高达 390 千克。中国肉牛育肥日增重平均为 1 188.8 克，而美国、法国和西班牙的这一指标分别为 1 692 克、1 402.33 克和 1 437.5 克，依次比中国高 42.3%、18.0% 和 20.9%[①]。此外，由于资源禀赋差异，中国主要畜禽生产的成本普遍比国际上的主要畜禽生产国高，导致在国际市场上没有成本优势，竞争力不强。再者，在育种科技、人才队伍、核心产品、销售网络、资本实力、管理经验等方面缺乏优势，导致中国养殖业缺乏国际竞争力。

1.3.5 核心科技对外依存度高

中国养殖业的一些关键环节科技创新任务艰巨，对外依存度大。首先，中国畜禽、毛皮动物及牧草种质资源对外依赖大。国内种猪市场"洋三元"已成主流，市场份额占 80% 以上，国内地方品种市场份额不到 20%；白羽肉鸡种源全部依赖进口，肉鸭品种中进口的"樱桃谷鸭"国内市场占有率超过 80%，禽蛋产量 50% 左右由国外蛋鸡品种提供；肉牛中西门塔尔、利木赞、夏洛莱、和牛、安格斯等优质肉牛品种都源自国外；黑白花、娟珊等主要高产奶牛品种都是从国外引进；波尔、杜泊、陶赛特、萨福克等肉羊品种都来自国外；2020 年中国草种子进口 6.11 万吨，其中，苜蓿、三叶草、羊茅及黑麦草种子进口量分别达到 0.35 万吨、0.26 万吨、1.20 万吨和 3.99 万吨[②]。其次，养殖业生产各环节的机械设备许多都依赖进口。近年来，尽管中国养殖及饲草料生产机械设备生产取

---

① 数据来源：根据 Agri benchmark 数据库（http：//www.agribenchmark.org/home.html）整理。

② 资料来源：中华人民共和国海关总署。

得一定成效，但与国外机械相比还存在很大差距，对外依赖程度依旧较高。从奶业生产机械进口来看，1994年其进口额就突破千万美元；2014年进口额达到历史最高，为5 403万美元；到2016年有所下降，但也达到2 956万美元。在2010~2016年，中国动物饲料配制机械累计进口8 914台套，家禽孵化器及育雏器累计进口21 619台套，家禽饲养机械累计进口36 735台套，干草制作机械、牧草打包机累计进口7 410台套和40 630台套（孔平涛，2018）。

1.3.6　标准体系不够健全

一方面，近四十多年中国养殖业一直追求产业规模的扩张和产量的增长，因此目前的标准体系主要侧重于养殖技术方面，对于工作标准和管理标准的制定不够重视，导致了产品质量安全与环境污染问题日益严重；另一方面，目前标准制修订工作还跟不养殖业的迅猛发展。欧盟、美国、澳大利亚等发达国家和地区为保证标准的实施力度，建立了与标准相适应的配套措施，具体表现在：完善的市场准入制度和认证体系，监督养殖企业严格按照标准化组织生产。由于整个行业的标准化意识不强，又缺乏配套的监管体制，导致了中国企业不能享受到标准化生产带来的利益，反而认为标准化生产导致的成本上升，降低了市场竞争力。近年来农业农村部和各级政府为了解决这一问题，开展了各种形式的标准化示范区建设，但企业实施标准化生产的积极性普遍较低。同时由于目前标准的宣传缺乏专门的经费支持，也导致企业对标准缺乏了解，影响了标准的实施。

1.4 畜牧业发展经验总结

1.4.1 必须根据不同区域的资源条件实施适度规模养殖

养殖业必须走规模化养殖的道路，这是实现专业化、标准化和现代化的基础。但畜禽养殖的规模化，必须是适度规模养殖，不能不考虑当地自然经济条件，不切实际地搞大规模养殖。在中国奶牛、肉牛和生猪规模化养殖中，都曾出现过不切实际地贪大求洋，最终导致当地自然条件难以容纳的单体大规模，造成治理环境污染的难度加大，养殖成本提高，很难持续下去，最后不得不停产的窘境。相反，根据区域内自然条件，选择种养结合、生态循环的适度规模养殖，走"龙头企业＋家庭农牧场"的群体大规模道路，是很有生命力的发展模式。如温氏集团、襄大集团、正大集团等，既通过少量投资（轻资产发展模式）短期实现大规模扩张，又带动了农民致富。

1.4.2 必须实施猪、牛、羊、禽全面发展的多元化畜种结构

一方面，中国是农业大国，又是人口大国，重要畜禽产品的供应必须主要依靠国内；另一方面，顺应新时代"两步走"战略目标，必须满足居民对畜禽产品消费的多元化需求。更为重要的是，中国农业体量全球第一，主要农作物副产品以及农产品加工品的副产品总量都很大。据估算，每年产生酒糟 1 500 万吨，醋糟 200 万吨，马铃薯渣 150 万吨，果渣 150 万吨，番茄渣 30 万吨，还有大量有营养价值的各类秸秆。尽管中国每年

牛肉产量700多万吨，羊肉产量400多万吨，两者相加也只有肉类总产量的13%左右，单从经济角度，可以依赖从国际市场进口解决。[①] 但是，从整个农业生产系统来看，只有肉牛、肉羊产业才能把这么多的农作物副产品及农产品加工副产品消纳。若没有肉牛、肉羊产业，则这些副产物将成为环境的一大公害。所以，肉牛、肉羊产业是整个农业生产系统中的重要中枢，是农业生产系统良性循环的必备产业。对于中国如此大的农业体量，猪、牛、羊、禽产业都应协调发展，不可偏废。

1.4.3 健康养殖是保障畜牧业生产优质高效和安全的基础

畜禽健康养殖是通过一系列工程、技术措施，实现圈舍环境良好、饲料营养充足、粪污资源化利用、疫病防治及时有效，达到畜禽本身健康、畜产品安全和环境友好的目的（王明利，2008）。畜禽本身的健康首先是保障畜牧业生产效率提升的关键，也是保障畜产品优质安全的基础。只有畜禽所处圈舍及周边环境良好，饲料营养供应及时充足，疫病防控及时有效，才能保证畜禽本身的健康。若这些基本条件不能满足，畜禽就会产生各种应激反应，体内产生毒素，既影响畜禽生产效率的提升，也影响畜禽产品的质量安全水平。保障畜禽健康，并不是圈舍建设越高档豪华越好，也不是给动物提供饲料越精细越好，而是应根据不同畜禽的自然生产和生活习性去提供起居环境和安排饲草料给养，该精细时一定要精细，该粗放时一定要粗放。如畜禽也需感受阳光雨露、风吹日晒，就要提供这样的场所，牛羊的围栏和挡风墙足矣，不一定需要高档圈舍，既节约了固定资产投资，又保障了畜禽的舒适场所；草食动物以草为主食，精饲料是补充料，就应提供充足的优质饲草，精饲料作为营养补充适量供给，既可节约

饲料成本，也能提高生产效率；牛羊在冬季饮用温水，替代传统的冷水，可显著提升生产效率；牛羊母畜提供放牧场条件，替代圈舍，既节约人力投资，又显著提升母畜的繁殖率和仔畜的成活率，还可保障母畜体质健康，最终提升生产效率和经济效益。这些恰恰是中国过去饲养管理中忽略或没有引起足够重视的方面，也是导致与发达国家畜禽生产效率和产品竞争力差距大的主要原因。

1.4.4 优质饲草的有效利用是促进畜牧业发展的重要途径

饲草是草食家畜的"主食"，而中国长期农耕文化的目标是更多追求作物的"籽实"，忽视了作物的全株利用；对草食动物大都采用"秸秆 + 精料"的饲喂模式，一方面导致精料消耗很大，另一方面草食家畜的营养健康也得不到保障，进而生产效率不高，畜产品质量安全水平较低。根据相关专家的测算，同样一亩耕地，适时收获植物的地上部分营养体所获得的营养物质一般是籽实的 3 ~ 5 倍。如在同样条件的耕地上，按照粗蛋白计算的农田当量，苜蓿草为 4.9，黑麦草为 3.1，即 1 亩苜蓿草相当于 4.9 亩水稻、7.0 亩小麦或 6.4 亩玉米；1 亩黑麦草相当于 3.1 亩水稻、4.4 亩小麦或 4.0 亩玉米。若按照代谢能计算的农田当量，1 亩苜蓿草相当于 1.6 亩水稻、3.6 亩小麦或 2.3 亩玉米；1 亩黑麦草相当于 1.3 亩水稻、3.0 亩小麦或 1.9 亩玉米。地上植株部分全株利用，营养吸收，过腹还田，不会留下污染公害；若只利用籽实，单位面积耕地上产生的营养大量减少，秸秆被废弃或燃烧，成为一大污染公害，且为此付出的监管成本增加很多。粮食作物与饲料的干物质、粗蛋白、代谢能产出及农田当量折算如表 1 - 1 所示。

表1-1　粮食作物与饲草的干物质、粗蛋白、代谢能产出及农田当量折算

作物种类	稻谷	小麦	玉米	苜蓿	黑麦草
干物质产量（千克/公顷）	5 500	2 500	3 800	14 400	12 000
利用系数	1	1	1	0.8	0.8
干物质可利用量（千克/公顷）	5 500	2 500	3 800	11 520	9 600
粗蛋白含量（%）	8.5	13	9.5	20	15
粗蛋白产量（千克/公顷）	467.5	325	361	2 304	1 440
按粗蛋白计的农田当量	1	0.7	0.77	4.93	3.08
代谢能含量（兆焦耳/千克）	13	13	13	10	10
代谢能产量（兆焦耳/公顷）	71 500	32 500	49 400	115 200	96 000
按代谢能计的农田当量	1	0.45	0.69	1.61	1.34

资料来源：笔者根据任继周等（2007）研究的结果进行整理。

　　而随着环境压力和资源约束的增大，创新优质饲草是保障在资源约束下实现畜牧业持续增产的保障，有利于促进"拼资源投入"的传统养殖模式向高效率的现代化养殖模式转型。新型草料可以是将农区优质秸秆等资源，按照科学比例，直接加工成颗粒状，满足农牧区养殖户的养殖需求，有利于解决养殖户饲料营养搭配知识不足的问题，还有利于实现更高效率的种养结合、农牧结合新模式。尤其是在牧区，优质饲草具有低成本、农牧资源结合等优势，既能降低牧户养殖的成本负担，又能减轻草场压力，为种养结合赋予新的实践意义，有利于草场生态恢复和草原畜牧业的可持续发展。

　　过去将饲草和饲料混为一谈，统一被称作"饲草料"，其实两者不管是在种植制度、收获方式、贮存条件、利用方式，还是产品功能等各方面性质都完全不同的两类作物，必须将饲料和饲草产业分开分别施策才能促进牧草产业尽快发展起来，突出牧草的地位和作用。

1.4.5 产业化是拉动畜牧业提质增效的重要抓手

由于资源条件的限制，总体看，中国的养殖业不能走单体大规模的"美国式"规模化道路。但面对国际大市场的竞争，又必须将分散的中小规模养殖组织起来，集中统一地在市场上讨价还价；同时，为了有效实现产品的标准化，有效实现全产业的利润留在产业内部，必须实现全产业链的一体化经营。养殖业产业化在中国整个农业中一直处于领先地位，从20世纪80年代出现的牧工商联合公司，到目前的以奶产品加工、肉类加工、饲料加工等为龙头的"龙头企业＋合作社＋养殖场户"或"龙头企业＋家庭农牧场"等产业化经营模式，都在提升养殖业的组织化、规模化、标准化方面，提升产品质量和安全性方面，强化先进实用技术推广和品牌经营、抵御市场风险等方面起到了积极的推动作用。不过，目前来看，养殖业产业化在利益联结机制等方面还很不规范，特别是奶业方面，由于原奶不耐贮存，容易受到龙头企业的压级压价等"卡脖子"现象，但这不能否定产业化的整体优势，而是国内市场监管不到位、标准不科学等问题引起的。目前在生猪养殖行业，产业化势头很好，迎合了国内资源和环保约束下的生猪养殖模式，前景广阔，如温氏模式、襄大模式、正大模式等，今后随着这些龙头企业一体化经营的深入推进，预期将会使生猪产业化提升到更高程度。此外，肉牛、肉羊的产业化程度普遍较低，今后必须在规范市场和强化法治的基础上提升产业化水平。

1.4.6 新型经营主体是促进畜牧业现代发展的重要主体

养殖业现代化既需要现代化的机械设备，更需要养殖场（户）掌握现代化的养殖、管理技术。尤其是牧区，目前畜牧业发展模式落后，牧区的牧户之间距离较远，技术和信息传播不畅且传播难度大，基层畜牧部门的技术传播和支撑作用有限。在农区和牧区培育合作社、养殖大户等新型养殖主体，发挥其对散户的带动示范以及技术传播作用，是弥补政府部门主导技术传播机制不足，丰富中国畜牧技术传播途径，通过畜牧业发展促进农村社区经济发展的有效战略措施，也是促进中国养殖业现代化发展的有效途径。

1.4.7　政策支持是助推畜牧业优质高效发展的重要力量

改革开放四十多年来，中国畜牧业发展脉络清晰表明，畜牧业的优质高效发展离不开相关政策的支持。20 世纪 80 年代中期，中国开展的畜产品流通制度改革极大地调动了广大生产者的积极性，畜牧业实现高速发展。进入 21 世纪以来，标准化规模养殖场建设项目支持政策、畜禽良种补贴政策的相继出台，以及畜禽产品质量安全监管体系的建立，促使中国畜牧业从只重视数量的粗放式发展向数量、效率并重的集约发展模式转变；同时，《关于促进生猪生产发展稳定市场供应的意见》《防止生猪价格过度下跌调控预案（暂行）》等为应对市场机制盲目性、滞后性等缺陷而出台的政策对于减缓生产波动，保障畜牧业稳步发展起到了重要作用。近年来，围绕畜牧业环保和粪污资源化利用，规范和扶持政策不断发力，有效提升了畜牧业环境保护和粪污的资源化利用水平，进一步推动中国畜牧业向着绿色、高效、可持续的发展道路迈进。

第 2 章
主要畜产品供给保障现状及未来趋势分析

肉蛋奶是重要的菜篮子产品,其生产关乎国家食物安全和居民膳食营养均衡。随着经济发展和人们生活水平的不断提升,对优质安全肉蛋奶的需求快速增长,中国畜牧业实现了蓬勃发展。但是,近年来国内猪肉、牛肉等畜产品供应紧平衡态势日益凸显,本章对六大主要畜产品的供给与需求现状进行分析,并在此基础上研判国内畜产品未来供需趋势,为实现畜产品供给保障提供参考依据。

2.1 猪肉供需形势

2.1.1 生猪产能恢复超预期

从基础产能看,监测数据显示,2019 年以来,各地各有关部门努力克服新冠疫情冲击等多重困难和挑战,采取超常规举措,层层压实责任,加大政策扶持力度，狠抓工作落实，推动生猪生产恢复发展取得积极成效。农业农村部监测数据显示，2019 年第四季度以来，全国生猪产能保持较好恢复势头，截至 2020 年 12 月，全国能繁母猪存栏连续 15 个月环比增长，生猪存栏连续 11 个月环比增长，月均增速分别达到 3.1% 和4.1%。《中国畜牧兽医年鉴》数据显示，2020 年末全国生猪存栏 40 650万头，比上年末增加 9 610 万头，同比增长 31.0%，恢复到 2017 年末的92.1%。其中，能繁殖母猪存栏 4 161 万头，比上年末增加 1 081 万头，同比增长 35.1%，恢复到 2017 年末的 93.1%。总体来看，生猪产能恢复进度超出预期。

2.1.2 生猪未来供需预测

长期来看，非洲猪瘟疫情的影响将逐步被消化，生猪生产及猪肉消费将恢复到正常水平。不考虑非洲猪瘟疫情的影响，生猪生产将进入调整期，猪肉消费或进入平台期，全国猪肉供需总体将保持平衡，少量缺口可以依靠国际市场调节。1980 ~ 1985 年，中国猪肉产量年均增长幅度高达 7.85%；1990 ~ 1995 年，猪肉产量年均增长幅度下降到 4.58%（见表 2 - 1）。进入 21 世纪以来，中国生猪养殖业进入了结构调整期，从以数量增长为主逐步向提高质量、优化结构和增加效益为主转变，2010 年以后年均增长幅度下降。当前，生猪养殖盈利仍然保持较高水平，行业疫情防控能力较前几年有质的提升，加上政策环境依旧宽松，养殖场户养殖积极性较高，生猪产能仍将保持较好恢复势头。

2000 ~ 2020 年，猪肉消费在居民肉类消费中的比重逐步下降，由68.3% 下降至 63.5%。今后一段时期，猪肉消费增长总体将趋于平缓。排除异常因素影响，按照当前生猪产能恢复势头推算，猪肉市场供应形势也将逐步好转，根据中国农业产业模型（CASM），预计到 2025 年全国猪肉产量为 5 521.14 万吨，到 2035 年猪肉产量达到 5 879.39 万吨。预计 2025

年中国居民人均猪肉食用需求量为35.34千克，2035年人均食用需求量为37.59千克，据此推算，2025年和2035年中国猪肉需求将维持在5 800万吨和7 100万吨左右（见表2－2）。长期以来，中国生猪生产主要以满足国内市场为主，猪肉进出口贸易量占国内生产量比例较低，且进出口地区相对集中，参与国际市场程度较低。前几年，中国每年进口猪肉约100万~200万吨，约占国内猪肉产量的2%~5%。根据生猪生产及猪肉消费增长趋势推算，未来十年中国猪肉供需基本平衡。

表2－1　　　　　　　　猪肉及肉类产量年均增长率变化　　　　　　　单位：%

阶段	猪肉产量增长率	肉类产量增长率
1980~1985 年	7.85	9.83
1985~1990 年	6.63	8.20
1990~1995 年	4.58	7.37
1995~2000 年	6.81	8.09
2000~2005 年	2.81	2.90
2005~2010 年	2.17	2.70
2010~2015 年	1.58	1.51
2015~2020 年	-5.14	-2.36

资料来源：根据统计数据计算。

表2－2　　　　　　　　2020~2035 年中国猪肉供需预测

指标	2020 年	2021 年	2022 年	2025 年	2030 年	2035 年
总供给（万吨）	4 552.00	5 227.08	5 519.33	5 815.57	6 028.03	6 173.75
国内产量（万吨）	4 113.00	4 862.07	5 309.26	5 521.14	5 737.49	5 879.39
净进口量（万吨）	439.00	364.11	210.07	294.43	290.54	294.37
总需求（万吨）	4 552.00	5 227.08	5 519.33	5 815.57	6 028.03	7 173.75

续表

指标	2020 年	2021 年	2022 年	2025 年	2030 年	2035 年
食用需求（万吨）	3 961.00	4 528.32	4 756.43	5 022.23	5 203.60	5 328.93
损耗（万吨）	411.30	486.30	530.93	552.11	573.75	587.94
其他需求（万吨）	179.70	212.46	231.97	241.23	250.68	256.88
人均食用需求（千克）	28.19	31.13	22.66	35.34	36.53	37.59
自给率（%）	90.36	93.03	96.19	94.94	95.18	95.23

资料来源：根据中国农业科学院农业经济与发展研究所中国农业产业模型（CASM）测算。

2.2 牛肉供需形势

2.2.1 生产保持增长

在国家农业供给侧结构性改革大背景下，中国肉牛产业正处于转型发展期，随着肉牛产业扶贫、"粮改饲"试点持续推进，肉牛生产将保持增长。2020 年全国肉牛存栏 9 562 万头，产业扶贫等项目将带动部分区域农户肉牛养殖，虽然肉牛养殖户数量及比重可能略有减少，但养殖规模化程度将逐步提高，预计中国肉牛存栏基本稳定。伴随着肉牛规模化水平提升和养殖技术的提高，肉牛出栏活重将进一步增加。2020 年中国牛肉产量 672 万吨，2017～2020 年牛肉产量年均增长率为 2.2%，远低于同期牛肉消费的年均增长率 7.0%，根据中国农业科学院农业经济与发展研究所中国农业产业模型（CASM）测算，预计 2025 年中国肉牛产量为 733.50 万吨，到 2035 年中国牛肉产量将达到 781.18 万吨。

2.2.2 消费持续增加

近年，随着城乡居民收入与消费水平持续提升及消费结构逐步改善，中国城乡居民肉类消费，尤其是牛肉等优质肉类消费能力不断提高，2020年中国牛肉食用消费需求量为563.72万吨。当前，中国正处于肉类消费结构调整期，人口增长、城镇化推进、膳食营养升级、替代需求拉动都将直接刺激牛肉消费增加。根据测算，2021年和2022年牛肉食用需求量分别达到585.69万吨和605.76万吨，人均食用需求分别达到4.16千克和4.29千克，长期来看，中国牛肉需求量总体呈现稳定上升态势，如表2－3所示，预计2035年中国牛肉总需求量为1 165.29万吨，较2020年增加281.47万吨。其中，食用需求增长210.30万吨，人均食用需求由2020年的4.01千克增长为2035年的5.46千克（见表2－3）。

表 2－3 中国牛肉供需预测

指标	2020 年	2021 年	2022 年	2025 年	2030 年	2035 年
总供给（万吨）	883.82	938.98	964.00	1 027.56	1 104.35	1 165.29
国内产量（万吨）	672.00	705.35	715.24	733.50	754.18	781.18
净进口量（万吨）	211.82	233.63	248.76	294.06	350.17	384.11
总需求（万吨）	883.82	938.98	964.00	1 027.56	1 104.35	1 165.29
食用需求（万吨）	563.72	585.69	605.76	660.17	726.61	774.02
损耗（万吨）	100.80	105.80	107.29	110.02	113.13	117.18
其他需求（万吨）	219.30	247.49	250.95	257.37	264.61	274.09
人均食用需求（千克）	4.01	4.16	4.29	4.64	5.10	5.46
自给率（％）	76.03	75.12	74.20	71.38	68.29	67.04

资料来源：根据中国农业科学院农业经济与发展研究所中国农业产业模型（CASM）测算。

2.2.3　供给缺口有所扩大

中国的牛肉消费从 20 世纪 90 年代初逐年提高，牛肉消费量的增长使得牛肉在肉类消费中的地位有所上升。自 1990 年以来，牛肉的消费水平在所有肉类产品中增长幅度最大、增长速度最快。根据中国农业产业模型 (CASM) 测算，中国牛肉产量及总需求量逐年增加。2025 年预计中国牛肉总需求为 1 027.56 万吨，牛肉产量为 733.50 万吨，存在 294.06 万吨供给缺口依靠进口解决。到 2035 年中国牛肉总需求量达 1 165.29 万吨，同时期国内牛肉产量为 781.18 万吨，牛肉供给缺口为 384.11 万吨。由此可见，中国牛肉消费需求旺盛，市场供给不足，供需缺口依然存在且有扩大趋势。

2.3　羊肉供需形势

2.3.1　肉羊的供需平衡分析

供需平衡形势——中国的羊肉供需缺口逐年加大。尽管中国是世界上最大的羊肉生产国和消费国，但是国内的羊肉生产似乎并不能满足本国的消费需求，特别是近年来，中国的羊肉呈现出进口不断增加，出口不断减少的剪刀差。从贸易上看，中国从改革开放之初一直到 1996 年，羊肉的进出口变化都不大，且出口略大于进口。从 1996 年开始，羊肉的进出口量都开始较大幅度上涨，且首次进口大于出口，形成贸易逆差。由表 2 - 4 可知，从 2006 年起，中国羊肉的出口逐渐减少，进口进一步增加，"剪刀差"逐年加大。

表 2 - 4　　　　　　　　　2000～2020 年肉羊平衡表　　　　　　　单位：万吨

年份	总供给	产量	进口量	总需求	总消费	损耗	出口量
2000	265.91	264.13	1.78	265.92	236.45	29.05	0.42
2001	274.38	271.84	2.54	274.38	244.21	29.88	0.29
2002	286.95	283.46	3.49	286.94	255.36	31.08	0.50
2003	312.10	308.69	3.41	312.10	276.86	33.99	1.25
2004	336.22	332.92	3.30	336.22	297.20	36.62	2.40
2005	354.20	350.06	4.14	354.19	312.71	38.48	3.00
2006	367.52	363.84	3.68	367.52	324.05	40.13	3.34
2007	387.28	382.62	4.66	387.29	341.77	43.30	2.22
2008	385.90	380.35	5.55	385.90	342.54	41.90	1.46
2009	396.07	389.42	6.65	396.07	352.22	42.90	0.95
2010	404.56	398.86	5.70	404.56	359.33	43.88	1.35
2011	401.41	393.10	8.31	401.41	357.36	43.24	0.81
2012	412.40	400.01	12.39	412.40	367.87	44.03	0.50
2013	434.06	408.19	25.87	434.06	388.81	44.93	0.32
2014	456.49	428.21	28.28	456.49	408.95	47.10	0.44
2015	463.12	440.83	22.29	462.91	414.02	48.51	0.38
2016	481.35	459.36	21.99	481.35	430.48	50.52	0.35
2017	490.68	468.30	22.38	490.38	438.58	51.48	0.32
2018	507.20	475.30	31.90	507.20	454.55	52.25	0.40
2019	527.20	488.00	39.20	527.20	473.19	53.68	0.33
2020	528.05	492.00	36.50	528.05	478.85	49.20	0.45

资料来源：根据中国国家统计局、农业农村部、联合国粮农组织（FAO）数据库、城镇居民生活与物价年鉴等综合获得。

2.3.2　肉羊未来供需预测

随着新冠疫情逐步消退，经济形势逐渐恢复，中国羊肉产量和消费将继续保持稳定，并小幅度增长，根据中国农业科学院农业经济与发展研究所中国农业产业模型（CASM）测算（见表 2 - 5），未来中国肉羊生产和消费都将以每年 1% ~ 2% 的速度增长，预计到 2025 年中国羊肉产量将达到 551.57 万吨，羊肉总需求量为 585.09 万吨；到 2035 年羊肉总产量达到 619.03 万吨，羊肉总需求量为 659.13 万吨，始终存在 30 万 ~ 40 万吨的供需缺口。

表 2 - 5　　　　　　　　　　　　　中国羊肉供需预测

指标	2020 年	2021 年	2022 年	2025 年	2030 年	2035 年
总供给（万吨）	528.05	538.96	550.96	585.09	625.19	659.13
国内产量（万吨）	492.00	507.18	515.08	551.57	589.48	619.03
净进口量（万吨）	36.05	31.78	35.87	33.52	35.70	40.10
总需求（万吨）	528.05	538.96	550.96	585.09	625.19	659.13
食用需求（万吨）	332.68	337.56	346.42	366.06	391.10	413.32
损耗（万吨）	49.20	50.72	51.51	55.16	58.95	61.90
其他需求（万吨）	146.17	150.68	153.03	163.87	175.14	183.91
人均食用需求（千克）	2.37	2.39	2.45	2.58	2.75	2.92
自给率（%）	93.17	94.10	93.49	94.27	94.29	93.92

资料来源：根据中国农业科学院农业经济与发展研究所中国农业产业模型（CASM）测算。

2.4 鸡肉供需形势

2.4.1 肉鸡生产趋势

根据中国历年《中国畜牧兽医年鉴》数据，1978～2012 年，中国肉鸡生产一直呈现较为稳定的持续上升趋势，但 2013 年以来肉鸡生产反复受挫。2013 年和 2014 年 H7N9 型禽流感疫情给中国肉鸡产业造成前所未有的冲击，2015 年和 2016 年 H7N9 型禽流感疫情逐渐消退，产业发展逐步回归正轨，但在产业恢复没有完全到位之时，2017 年初 H7N9 型禽流感疫情再次出现，又一次复制了 2013～2014 年家禽产业的损失和萧条。此外，2014 年《畜禽规模养殖污染防治条例》实施以来环保力度不断增强，2017 年又是《水污染防治行动计划》实施后各地禁养区划定及禁养区内养殖场拆迁的最后期限，也是禁养区内养殖场关闭拆迁较为集中的一年，多因素叠加，养殖户持续大量退出。在上述因素的综合作用下，2013～2017 年肉鸡产量和出栏量反复波动，总体呈下降趋势，2017 年较 2013 年下降 5.48%。2018 年中国肉鸡产业基本摆脱 H7N9 型禽流感疫情的影响，生产开始扭转下降颓势，产量较上年增长 3.48%，达到 1 334.32 万吨①。在中国肉鸡产业完全摆脱 H7N9 疫情影响进入良性发展的形势下，国内非洲猪瘟疫情暴发显著拉升鸡肉需求，肉鸡生产实现较大幅度增长，2019 年鸡肉产量相比 2018 年大约上涨 15%，产量约为 1 530 万吨②。

2020 年初新冠疫情严峻，封路、隔离等措施对肉鸡养殖和消费产生

---

①② 资料来源：历年《中国畜牧兽医年鉴》。

了较为明显的抑制，此外，随着国内生猪生产的逐步恢复，加之国际猪肉市场的进口补充，中国猪肉供给压力将有所减缓，但随着疫情减弱，肉鸡生产逐步恢复，加之非洲猪瘟对国内猪肉市场供需拉低效应的影响仍持续存在。因此，受 2019 年种鸡高位产能释放及 2020 年消费持续增长拉动影响，全年肉鸡总产量实现了高幅增长，2020 年鸡肉总产量为 1 652.27 万吨①。预计未来中国肉鸡供需仍将保持持续增长态势，但增速会有所下降。由于肉鸡生产周期短，饲料转化率高，在没有突发事件的影响的情况下，未来阶段肉鸡供给相对乐观。

2.4.2　肉鸡产品消费趋势

改革开放后，特别是 1984 ~ 1985 年的畜牧业流通体制改革以来，中国畜牧业快速发展，畜产品供给迅速增加，再加之居民收入水平的提高，中国城乡居民对肉类产品的消费明显增加，其中家禽产品，尤其是鸡肉消费的增长最为明显，2013 年人均鸡肉消费到达最高点 9.47 千克。2013 年以来，受 H7N9 流感疫情、食品安全事件等因素影响，鸡肉消费持续低迷，消费增长几近停滞，甚至负增长。2016 ~ 2018 年人均消费相对稳定在 9.30 千克左右。2019 年受非洲猪瘟影响，人均消费水平大幅增长，增长到 10.60 千克。2020 年鸡肉消费市场景气度较 2019 年有所下降，但全年消费仍然实现高速增长，2020 年鸡肉总消费量为 1 632.27 万吨，全年消费总量增长 10%，人均食用需求 11.61 千克。② 未来，随着居民收入水平的提高，城乡居民肉类消费水平进一步提升，人均肉鸡产品消费也将进一步增长。

---

①　资料来源：历年《中国畜牧兽医年鉴》。
②　资料来源：笔者根据统计资料，采用中国农业科学院农业经济与发展研究所中国农业产业模型（CASM）测算。

2.4.3　肉鸡产品进出口趋势

中国肉鸡产品出口量，在 20 世纪 90 年代经历了一个迅速增长阶段，2000 年以来一直保持相对稳定。中国肉鸡产品进口量，在 1999 年实现大幅度突增，进口量从明显低于出口量转为明显高于出口量，自此，除个别年份外，肉鸡产品贸易量逆差成为常态。2010 年以后，由于中国对进口美国鸡肉实行反倾销、反补贴 "双反" 措施，进口量有所减少。2018 年中国鸡肉进口量 46.10 万吨，出口量 48.95 万吨。2019 年，受非洲猪瘟影响，中国猪肉供给减少，包括鸡肉在内的肉类进口呈现较大幅度增长，2019 年中国鸡肉进口量 58.0 万吨。2020 年鸡肉进口量增幅明显，进口量从 2019 年的 58.0 万吨增长至 98.5 万吨，增长率接近 70%，鸡肉出口量为 37.5 万吨，降幅 12.38%。① 未来，中国肉鸡产品贸易量主要取决于国内外肉鸡产品价格的差距，随着生猪产能的恢复，鸡肉贸易净进口量会有所下降。

2.4.4　供需均衡状况分析

2012 年以前肉鸡供需关系总体稳定，肉鸡生产消费均呈现持续稳定的增长态势。2012 年以后，生产和消费均有明显波动，供需关系发生很大变化，更多表现出来的是供需不均衡的状态，消费水平的下降阻碍了生产水平的增长。近几年，随着肉鸡产业生产及消费的逐步调整，供需均衡状况逐步稳定。由于肉鸡生产周期短，饲料转化率高，在没有突发事件的影响的情况下，未来肉鸡生产将呈现较为稳定的增长趋势。2020 ~ 2035 年中国肉鸡供需趋势预测如表 2 - 6 所示。

---

① 资料来源：中华人民共和国海关总署（http://www.customs.gov.cn）。

表 2 - 6　　　　　　　　　　　中国鸡肉供需预测

指标	2020 年	2021 年	2022 年	2025 年	2030 年	2035 年
总供给（万吨）	1 755.07	1 780.48	1 819.59	1 923.70	2 077.18	2 214.54
国内产量（万吨）	1 652.27	1 702.03	1 744.73	1 890.59	2 061.76	2 189.32
净进口量（万吨）	102.80	75.45	74.86	33.10	15.42	25.22
总需求（万吨）	1 755.07	1 780.48	1 819.59	1 923.70	2 077.18	2 214.54
食用需求（万吨）	16 232.27	1 653.98	1 689.92	1 783.18	1 923.95	2 051.82
损耗（万吨）	122.80	126.50	129.67	140.52	153.24	162.72
人均食用需求（千克）	11.61	11.73	11.96	12.55	13.51	14.47
自给率（%）	94.14	95.59	95.89	98.28	99.26	98.86

资料来源：根据中国农业科学院农业经济与发展研究所中国产业模型（CASM）测算。

2.5　鸡蛋供需形势

2.5.1　鸡蛋消费小幅增长

受新冠疫情影响，2020 年第一季度的后两个月鸡蛋消费明显减少，随着疫情有效控制及鸡蛋供给充足、蛋价低位运行，鸡蛋消费逐渐恢复，并保持增长。2020 年鸡蛋鲜食消费为 2 081.00 万吨，人均鸡蛋消费量达到 14.81 千克，鸡蛋加工量为 824.00 万吨。[①] 根据中国农业产业模型（CASM），在没有重大疫情、重大灾害等突发事件发生的情况下，鸡蛋消费将回归正常，增速有所放缓。预计 2025 年中国鸡蛋人均消费量为 15.23 千克，总需求量为 3 083.57 万吨。

----

① 资料来源：历年《中国畜牧兽医年鉴》。

2.5.2 鸡蛋产量平稳增长，净出口保持稳定

受 2019 年鸡蛋价格以及养殖效益高位的影响，2019 年下半年出现了蛋鸡补栏、扩栏的高峰期，导致 2020 年产蛋鸡存栏量处于高水平，保障了鸡蛋的有效供给，2020 年中国鸡蛋产量达到 2 947.80 万吨。由于鸡蛋市场供给过剩，鸡蛋价格低位运行。2020 年的产蛋鸡高存栏延续到了 2021 年，虽然 2021 上半年鸡蛋去产能不断深入，但蛋鸡养殖场（户）看好 2021 年的鸡蛋市场行情，后期会加速补栏、扩栏蛋鸡，下半年的鸡蛋产能将快速恢复。而且 2020 公开报道设计存栏规模上百万只的蛋鸡养殖项目就有 30 多个，总设计规模达到 7 100 万只，也会有效补充鸡蛋市场的供给。在没有重大疫情、重大灾害等突发事件发生的情况下，根据中国农业产业模型（CASM），预计到 2025 年，中国鸡蛋产量达 3 083.57 万吨，至 2035 年，中国鸡蛋产量达到 3 254.49 万吨，禽蛋供求仍呈平衡状态，自给率 100%，净出口基本保持稳定（见表 2 – 7）。

表 2 – 7　　　　　　　　　　中国鸡蛋供需预测

指标	2020 年	2021 年	2022 年	2025 年	2030 年	2035 年
总供给（万吨）	2 947.80	2 975.65	2 998.05	3 083.57	3 195.56	3 254.49
国内产量（万吨）	2 947.80	2 975.65	2 998.05	3 083.57	3 195.56	3 254.49
总需求（万吨）	2 947.80	2 975.65	2 998.05	3 083.57	3 195.56	3 254.49
食用需求（万吨）	2 081.00	2 096.87	2 114.78	2 164.61	2 218.16	2 242.46
加工需求（万吨）	824.00	833.10	842.00	871.83	917.78	959.69
损耗（万吨）	33.80	34.12	34.38	35.36	36.64	37.32
净出口量（万吨）	9.00	11.56	6.89	11.77	22.98	15.02
人均食用需求（千克/人）	14.81	14.88	14.96	15.23	15.57	15.82
自给率（%）	100.00	100.00	100.00	100.00	100.00	100.00

资料来源：根据中国农业科学院农业经济与发展研究所中国农业产业模型（CASM）测算。

2.6 奶产品供需形势

2.6.1 奶业发展前景广阔

近年来，国家高度重视奶业发展，出台了系列扶持政策，包括奶业振兴行动等，有效助推了奶业持续稳定发展。随着国家对奶业重视程度不断加大，国家政策支持力度将不断增强，预计未来奶业发展及奶产品市场预期持续向好。在政策引导和市场驱动下，未来几年中国奶业发展前景更加广阔。奶产品生产继续增长，生产效率持续提升，产业结构不断优化；奶产品生产规模化、机械化、集约化、现代化水平进一步提高。奶业生产发展方式逐步转变，新产业、新业态、新模式日益凸显；奶业朝资源节约型、环境友好型方向发展，绿色生态与高产高效成为趋势。企业、合作社、家庭农场、专业大户等新型经营主体奶产品生产积极性进一步提升，经营主体呈现出多元化发展格局。但是，受政策、市场等诸多因素影响，传统小规模经营主体将面临更为严峻的约束与挑战。根据中国农业产业模型（CASM）预测，2025 年中国牛奶产量将达到 3 769.79 万吨，2035 年进一步增至 4 408.32 万吨（见表 2 - 8）。

表 2 - 8 中国牛奶供需预测

指标	2020 年	2021 年	2022 年	2025 年	2030 年	2035 年
总供给（万吨）	5 301.82	5 441.15	5 574.65	6 022.64	6 667.96	7 185.80
国内产量（万吨）	3 440.00	3 518.56	3 577.31	3 769.79	4 098.83	4 408.32
净进口量（万吨）	1 861.82	1 922.59	1 997.33	2 252.84	2 569.13	2 777.49

续表

指标	2020 年	2021 年	2022 年	2025 年	2030 年	2035 年
总需求（万吨）	5 301.82	5 441.15	5 574.65	6 022.64	6 667.96	7 185.80
食用需求（万吨）	4 657.82	4 782.44	4 904.94	5 316.90	5 900.62	6 360.53
加工需求（万吨）	344.00	351.86	357.73	376.98	409.88	440.83
损耗（万吨）	300.00	306.85	311.98	328.76	357.46	384.44
人均食用需求（千克/人）	33.14	33.93	34.71	37.42	41.42	44.87
自给率（%）	64.88	64.67	64.17	62.59	61.47	61.35

注：数据根据中国农业产业模型（CASM）测算得到。

2.6.2　奶产品市场需求潜力巨大

随着城乡居民收入水平提高、消费结构改善，奶产品的消费需求将呈现出持续增长的态势。具体来看，随着城镇化水平不断提升、城镇人口数量增加及居民消费结构进一步优化，无论是消费需求总量还是人均消费量，城镇居民奶产品消费需求必然呈现出不断增长的态势。就农村居民而言，其消费提升潜力依旧巨大。随着居民收入水平的不断提高，农村居民人均消费量保持增长，虽然农村居民人口持续下滑，但人均消费量将弥补人口下滑造成的消费量的减少，进而使农村居民奶产品消费总量呈现出增长态势。根据中国农业产业模型（CASM）预测，2025 年中国牛奶总需求量为 6 022.64 万吨，其中食用需求、加工需求和损耗分别达到 5 316.90 万吨、376.98 万吨和 328.76 万吨；2035 年总需求量进一步增至 7 185.80 万吨，其中食用需求、加工需求及损耗分别达到 6 360.53 万吨、440.83 万吨和 384.44 万吨。

2.6.3　奶产品进口高位态势难以扭转

虽然中国奶业发展迅速，但生产效率较低、产品质量不高、国际竞争不强等问题仍将持续，奶产品尤其是优质奶产品供给短缺现象短时间内难以扭转。与此同时，随着城乡居民收入水平提高及消费结构改善，奶产品市场需求增长态势将会持续。从国内供需两个层面判断，未来几年奶产品供给依旧难以满足国内需求，国内奶产品市场供需缺口依旧巨大，奶产品依赖进口的势头短期难以根本扭转。但是，随着逆全球化思潮及贸易保护主义日益盛行，奶产品贸易面临的国际环境越发复杂。当前，中国奶产品进口主要源自澳大利亚、新西兰等国家，贸易市场过度集中将给国内奶业健康发展及奶产品稳定供给带来了诸多不确定性。综合而言，随着国内供需缺口的持续加大及贸易市场面临的外部环境更趋复杂化，未来奶产品对国际市场的强依赖性仍将持续，但进口市场的多元化将成为新趋势。根据中国农业产业模型（CASM）预测，2025 年中国奶产品净进口量将达到2 252.84 万吨，2035 年进一步增至 2 777.49 万吨。

第3章

主要畜产品生产效率测定
及提升潜力分析

随着经济发展和居民生活水平提升，畜产品消费需求持续增长，畜禽养殖规模同步增加。与此同时，同国际相比中国畜产品竞争力提升的核心是生产效率。在此基础上，开展主要畜产品生产效率的测算，对于提升畜禽养殖技术水平、科学指导畜禽养殖业发展具有非常重要的现实意义。

3.1 主要畜产品生产效率测定

3.1.1 研究方法

全要素生产率指数。国内外多数学者主要运用数据包络法或随机前沿模型测算生产者生产活动的全要素生产率变化，本书拟采用数据包络法，通过计算 Malmquist 指数分析畜禽养殖全要素生产率的变化情况。Malmquist 指数专门用于测定全要素生产率变化，并可将全要素生产率变化分解为技术变化和技术效率变化。卡夫等（Caves et al.，1982）基于产出距离函数针对产出角度的第 t 期和第 $t+1$ 期的 Malmquist 生产率指数进行定义，即：

$$M_0^t = \frac{D_0^t(x_{t+1},\ y_{t+1})}{D_0^t(x_t,\ y_t)} \qquad (3-1)$$

$$M_0^{t+1} = \frac{D_0^{t+1}(x_{t+1},\ y_{t+1})}{D_0^{t+1}(x_t,\ y_t)} \qquad (3-2)$$

其中，$D_0^t(x_t,\ y_t)$ 代表以第 t 期的技术表示的当期技术效率水平，$D_0^t(x_{t+1},\ y_{t+1})$ 代表以第 t 期的技术表示（即以第 t 期的数据为参考集）的第 $t+1$ 期技术效率水平；$D_0^{t+1}(x_t,\ y_t)$ 代表以第 $t+1$ 期的技术表示第 t 期的技术效率水平，$D_0^{t+1}(x_{t+1},\ y_{t+1})$ 代表以第 $t+1$ 期的技术表示（即以第 $t+1$ 期的数据为参考集）的当期技术效率水平。基于上述两个时期的 Malmquist 指数的几何平均值可计算得出产出的 Malmquist 指数：

$$M_0(x_t,\ y_t,\ x_{x+1},\ y_{t+1}) = \left[\frac{D_0^{t+1}(x_{t+1},\ y_{t+1})}{D_0^{t+1}(x_t,\ y_t)} \times \frac{D_0^t(x_{t+1},\ y_{t+1})}{D_0^t(x_t,\ y_t)} \right]^{\frac{1}{2}}$$
$$(3-3)$$

考虑生产率进步可能是由技术效率变化与生产技术变化共同作用的结果，卡夫（Caves et al.，1982）和法尔等（Färe et al.，1994）将全要素生产率变化分解为技术变化和技术效率变化两部分，具体可进行如下表述：

$$M_0(x_t,\ y_t,\ x_{x+1},\ y_{t+1}) = \frac{D_0^t(x_{t+1},\ y_{t+1})}{D_0^t(x_t,\ y_t)} \left[\frac{D_0^t(x_{t+1},\ y_{t+1})}{D_0^{t+1}(x_{t+1},\ y_{t+1})} \times \frac{D_0^t(x_t,\ y_t)}{D_0^{t+1}(x_t,\ y_t)} \right]^{\frac{1}{2}}$$
$$= EC_t \times TC_t \qquad (3-4)$$

其中，EC 则表示技术效率变化指数，TC 表示技术变化指数（或技术进步指数）。法尔等（Färe et al.，1994）在上述分解方法的基础上，根据规模收益是否可变将 Malmquist 指数（M_0）进一步分解为三部分，即 $M_0 = PEC \times SEC \times TC$。索菲奥（Zofio，2007）在法尔等人的基础上又进一步将 M_0 分解为四部分，即 $M_0 = PEC \times SEC \times PTC \times STC$。其中，$PEC$ 为纯技术效率变化指数，SEC 为规模效率变化指数，PTC 为纯技术进步指数，STC 为规模技术进步指数。

本书结合分品种投入产出指标，运用 maxdea 软件进行测算。

3.1.2　变量选择

1. 生猪

生猪产出指标为主产品产值，指每头出栏商品猪的市场销售额，包括主产品销售额和副产品销售额。

投入指标为仔畜费用、精料费用、人工费用和其他费用（医疗防疫费、死亡损失费和固定资产折旧等）。其中，仔畜费用指出栏商品肥猪在仔猪购入阶段的市场价值；精饲料费主要是指出栏商品猪从出生到育成出栏全程所消耗的全部精饲料价值总和；人工费用包括家庭用工折价和雇工费用，家庭用工折价指每头出栏商品猪应该分摊的养殖场户自己投入生猪养殖工作中的用工价值，雇工费用指每头出栏商品猪应该分摊的由养殖场户雇佣其他人员从事生猪养殖工作所付出的费用；其他费用包括医疗防疫费、死亡损失费和固定资产折旧等。

2. 奶牛

本书所选产出指标为主产品产值，投入指标包括精饲料费与粗饲料费之和、人工费用、固定资产折旧费用和其他费用（水电费用和医疗防疫等），具体如表 3 - 1 所示。

3. 肉牛

本书所选产出指标采用的是主产品产值，投入指标包括仔畜费用、精粗饲料费用、人工费用以及固定资产费用，具体如表 3 - 2 所示。

表 3 - 1 　　　　　　　　奶牛全要素生产率分析的投入产出指标

项目	指标	数据选择	数据来源
产出指标	主产品产值	主产品产值	历年《全国农产品成本收益资料汇编》
投入指标	精粗饲料费用	精饲料费 + 青粗饲料费	
	人工费用	每头人工成本	
	固定资产费用	固定资产折旧	
	其他费用	水电燃料、医疗防疫等其他费用	

表 3 - 2 　　　　　　　　肉牛全要素生产率分析的投入产出指标

项目	指标	数据选择	数据来源
产出指标	主产品产值	主产品产值	历年《全国农产品成本收益资料汇编》
投入指标	仔畜费用	仔畜进价	
	精粗饲料费用	精饲料费 + 青粗饲料费	
	人工费用	每头人工成本	
	固定资产费用	固定资产折旧、修理费、其他间接费用	

4. 肉羊

本书所选产出指标是主产品产值，投入指标包括仔畜费用、精粗饲料费用、人工费用和固定资产费用，具体如表 3 - 3 所示。

表 3 - 3 　　　　　　　　肉羊全要素生产率分析的投入产出指标

项目	指标	数据选择	数据来源
产出指标	主产品产值	主产品产值	历年《全国农产品成本收益资料汇编》
投入指标	仔畜费用	仔畜进价	
	精粗饲料费用	精饲料费 + 青粗饲料费	
	人工费用	每只人工成本	
	固定资产费用	固定资产折旧、修理费、其他间接费用	

5. 肉鸡

如表 3-4 所示,本书所选产出指标为主产品产值,投入指标包括仔畜费用、精饲料费用、人工费用和固定资产费用。

表 3-4　　　　　　　肉鸡全要素生产率分析的投入产出指标

项目	指标	数据选择	数据来源
产出指标	主产品产值	主产品产值	历年《全国农产品成本收益资料汇编》
投入指标	仔畜费用	仔畜进价	
	精饲料费用	精饲料费	
	人工费用	每百只人工成本	
	固定资产费用	固定资产折旧	

6. 蛋鸡

本书所选产出指标为主产品产值,投入指标包括仔畜费用、精饲料费用、人工费用和其他费用,具体如表 3-5 所示。

表 3-5　　　　　　　蛋鸡全要素生产率分析的投入产出指标

项目	指标	数据选择	数据来源
产出指标	主产品产值	主产品产值	历年《全国农产品成本收益资料汇编》
投入指标	仔畜费用	仔畜进价	
	精饲料费用	精饲料费	
	人工费用	每百只人工成本	
	其他费用	医疗防疫费、其他间接费用等	

3.1.3　总体生产效率变动分析

2011～2020 年多个畜种的全要素生产率呈增长趋势。生猪全要素生产率由 2011 年的 0.9969 增长到 2020 年的 1.1426，其中，中规模生猪全要素生产率增速最快，为 6.06%，小规模次之，为 3.83%，再者是大规模，为 1.87%，散养生猪的全要素生产率增速增慢，为 0.82%。奶牛的全要素生产率变化幅度较小，2011～2020 年，全要素生产率小幅下降。2011 年，奶牛的全要素生产率为 1.0686，到 2020 年下降至 1.0527，其中，大规模奶牛的全要素生产率最高为 1.0359；中规模奶牛的全要素生产率次之，为 1.1002；再者是散养奶牛的全要素生产率为 1.0250；小规模奶牛的全要素生产率最低为 1.0101；肉牛的全要素生产率由 2011 年的 1.0800 逐步上升到 2020 年的 1.1350。肉鸡的全要素生产率由 2011 年的 1.0160 逐步上升到 2020 年的 1.0220，大规模肉鸡的全要素生产率最高，为 1.0157；小规模肉鸡的全要素生产率次之为 1.0543；中规模肉鸡的全要素生产率最低，为 1.0504。蛋鸡的全要素生产率也是呈现增长趋势，小规模蛋鸡的全要素生产率由 2011 年的 1.1040 增长到 2020 年的 1.1980；中规模蛋鸡的全要素生产率由 2011 年的 1.0620 增长到 2020 年的 1.3220；大规模蛋鸡的全要素生产率由 2011 年的 1.0620 增长到 2020 年的 1.1170。

3.1.4　生猪全要素生产率测定及分析

由表 3 - 6 所示，生猪养殖场全要素生产率指数（TFPI）均呈现为在 0.9419～1.1426 内波动变化。据测算，自 2011 年以来，中国大规模、中规模、小规模生猪养殖场全要素生产率指数（TFPI）均在 0.9419～1.1426 内波动变化。总体来看，2011 年为 0.9969，2020 年为 1.1426；小规模 2011 年为 1.0037，2020 年为 1.1599；中规模 2011 年为 1.0006，

2020 年为 1.6862；大规模 2011 年为 1.0007，2020 年为 0.9279。生猪纯技术进步指数（PTC）在 0.9391～1.0967 波动，纯技术效率变化指数（PEC）在 0.9691～1.1047 波动，规模效率变化指数（SEC）在 0.9844～1.2028 波动，规模技术进步指数（STC）在 0.9112～1.0640 波动。从 2011～2020 年整个阶段来看，生猪生产纯技术进步指数下降 6.69%，规模技术进步指数下降 7.18%；生猪纯技术效率变化指数和规模效率变化指数均整体上升，分别提升 10.77% 和 21.13%。

表 3 – 6   2011～2020 年不同规模生猪全要素生产率及分解指数

规模	年份	全要素生产率（MI）	纯技术效率变化指数（PEC）	纯技术进步指数（PTC）	规模效率变化指数（SEC）	规模技术进步指数（STC）
大规模	2011	1.0007	0.9947	1.0119	1.0007	0.9958
	2012	0.9730	1.0266	0.9447	1.0246	0.9823
	2013	1.0429	0.9958	1.0306	0.9988	1.0179
	2014	1.0321	1.0025	1.0177	0.9948	1.0173
	2015	1.0641	0.9920	1.0429	0.9977	1.0323
	2016	0.9770	0.9880	0.9946	0.9920	1.0019
	2017	0.9863	1.0132	0.9751	0.9950	1.0054
	2018	1.0879	1.0081	1.0512	1.0087	1.0207
	2019	1.0953	0.9502	1.1155	0.9971	1.0395
	2020	0.9279	1.0446	0.9042	0.9950	0.9909
	均值	1.0187	1.0016	1.0088	1.0004	1.0104
中规模	2011	1.0006	1.0048	1.0107	1.0112	0.9750
	2012	0.9296	1.0095	0.9362	1.0141	0.9703
	2013	1.0523	0.9924	1.0140	0.9982	1.0480
	2014	1.0577	1.0041	1.0201	1.0036	1.0295
	2015	1.0729	0.9961	1.0431	0.9869	1.0471
	2016	0.9322	1.0045	0.9877	1.0035	0.9370

续表

规模	年份	全要素生产率（MI）	纯技术效率变化指数（PEC）	纯技术进步指数（PTC）	规模效率变化指数（SEC）	规模技术进步指数（STC）
中规模	2017	1.0109	1.0016	0.9896	1.0056	1.0146
	2018	1.0829	0.9833	1.0462	0.9941	1.0600
	2019	0.7807	1.0127	1.0144	0.9296	0.8148
	2020	1.6862	0.9984	1.0028	1.7772	0.9369
	均值	1.0606	1.0007	1.0065	1.0724	0.9833
小规模	2011	1.0037	0.9918	1.0075	1.0111	0.9942
	2012	0.9488	1.0149	0.9428	0.9939	0.9993
	2013	1.0249	0.9921	1.0221	1.0013	1.0096
	2014	1.0378	0.9844	1.0319	0.9876	1.0355
	2015	1.0537	1.0143	1.0393	0.9979	1.0035
	2016	0.9643	0.9948	0.9822	0.9989	0.9889
	2017	0.9790	1.0027	0.9831	1.0044	0.9908
	2018	1.1146	0.9817	1.0903	0.9833	1.0627
	2019	1.0962	0.9764	1.0858	1.0025	1.0382
	2020	1.1599	1.2997	0.9635	1.0271	0.8809
	均值	1.0383	1.0253	1.0149	1.0008	1.0004
散养	2011	0.9824	0.9980	0.9948	1.0320	0.9618
	2012	0.9161	1.0107	0.9411	0.9915	0.9739
	2013	1.0354	0.9856	1.0409	1.0079	1.0031
	2014	1.0574	0.9914	1.0449	0.9919	1.0293
	2015	1.0471	1.0123	1.0302	0.9966	1.0115
	2016	0.9622	0.9846	0.9668	0.9976	1.0153
	2017	0.9597	1.0307	0.9524	1.0034	0.9774
	2018	1.1534	0.9981	1.0976	0.9516	1.1126
	2019	1.1716	0.9371	1.1709	1.0559	1.0157
	2020	0.7963	1.0759	0.8858	1.0119	0.8362
	均值	1.0082	1.0024	1.0125	1.0040	0.9937

规模	年份	全要素生产率（MI）	纯技术效率变化指数（PEC）	纯技术进步指数（PTC）	规模效率变化指数（SEC）	规模技术进步指数（STC）
总体	2011	0.9969	0.9973	1.0062	1.0138	0.9817
	2012	0.9419	1.0154	0.9412	1.0060	0.9815
	2013	1.0389	0.9915	1.0269	1.0015	1.0197
	2014	1.0462	0.9956	1.0286	0.9945	1.0279
	2015	1.0594	1.0037	1.0389	0.9948	1.0236
	2016	0.9589	0.9930	0.9829	0.9980	0.9857
	2017	0.9840	1.0121	0.9750	1.0021	0.9970
	2018	1.1097	0.9928	1.0713	0.9844	1.0640
	2019	1.0360	0.9691	1.0967	0.9963	0.9770
	2020	1.1426	1.1047	0.9391	1.2028	0.9112
	均值	1.0315	1.0075	1.0107	1.0194	0.9969

资料来源：笔者计算整理。

从所考察的地区来看，根据表 3 - 7 测算结果，大规模生猪养殖场全要素生产率指数最高为青海省，全要素生产率为 1.0483，提高了 4.83%，江苏、浙江和广西紧随其后，全要素生产率分别为 1.0396、1.0372 和 1.0353，分别提高了 3.96%、3.72% 和 3.53%，最低为新疆，全要素生产率降低了 2.09%；中规模生猪养殖场全要素生产率最高为江苏，浙江、江西和湖北次之，全要素生产率指数为 1.8580、1.0172、1.0050 和 1.0030，分别提高 85.8%、1.72%、0.50% 和 0.28%，其余省份均低于 1，最低省份为福建，全要素生产率指数降低 6.35%；小规模生猪养殖场全要素生产率最高为山东，重庆、浙江和湖南次之，全要素生产率分别为 1.6694、1.0426、1.0425 和 1.0283，分别提高 66.94%、4.26%、4.25% 和 2.83%，最低省份为海南，全要素生产率降低了 2.98%。散养生猪养殖场全要素生产率指数最高为浙江，其次为陕西、黑龙江和海南，全要素生产率为

1.0585、1.0310、1.0223 和 1.0215，分别提高 5.85%、3.10%、2.23% 和 2.15%，最低为青海，全要素生产率指数降低 1.69%。具体测算结果 如表 3 − 7 所示。

表 3 − 7　　　　　不同省区不同规模生猪全要素生产率及分解指数

规模	地区	全要素 生产率 （MI）	纯技术效率 变化指数 （PEC）	纯技术 进步指数 （PTC）	规模效率 变化指数 （SEC）	规模技术 进步指数 （STC）
大规模	安徽	1.0169	1.0057	1.0191	0.9895	1.0017
	福建	1.0174	0.9992	1.0176	0.9954	1.0081
	甘肃	0.9982	0.9955	1.0066	0.9966	1.0019
	广东	1.0299	1.0090	1.0164	1.0052	1.0020
	广西	1.0353	1.0157	1.0157	1.0037	1.0142
	贵州	1.0092	1.0000	1.0022	1.0000	1.0082
	海南	1.0343	1.0052	1.0090	1.0015	1.0180
	河北	1.0198	1.0007	1.0046	0.9996	1.0137
	河南	1.0159	1.0030	1.0006	1.0015	1.0119
	黑龙江	1.0177	1.0049	0.9805	1.0033	1.0349
	湖北	1.0155	0.9966	1.0091	0.9952	1.0151
	湖南	1.0166	1.0011	1.0148	0.9912	1.0125
	吉林	1.0128	0.9975	1.0121	0.9977	1.0074
	江苏	1.0396	1.0172	1.0211	1.0055	0.9995
	江西	1.0256	1.0077	1.0091	1.0017	1.0175
	辽宁	1.0139	1.0004	1.0179	0.9974	1.0057
	内蒙古	1.0238	1.0000	1.0298	0.9979	0.9971
	青海	1.0483	1.0007	1.0016	1.0008	1.0384
	山东	1.0059	1.0004	0.9896	1.0027	1.0136
	山西	1.0370	1.0000	1.0021	1.0005	1.0343
	陕西	1.0144	0.9961	1.0247	0.9962	0.9952
	上海	1.0227	1.0006	1.0191	1.0002	1.0058

续表

规模	地区	全要素 生产率 （MI）	纯技术效率 变化指数 （PEC）	纯技术 进步指数 （PTC）	规模效率 变化指数 （SEC）	规模技术 进步指数 （STC）
大规模	四川	1.0088	1.0000	1.0104	1.0000	0.9988
	天津	1.0016	0.9893	1.0134	0.9996	1.0028
	新疆	0.9791	0.9784	0.9755	1.0164	1.0180
	云南	1.0210	1.0011	0.9980	1.0004	1.0252
	浙江	1.0372	1.0099	1.0295	1.0107	0.9931
	重庆	1.0056	1.0080	0.9978	1.0018	0.9963
中规模	安徽	0.9875	0.9982	1.0093	1.0038	0.9778
	福建	0.9365	1.0000	0.9900	1.0000	0.9451
	河南	0.9917	1.0004	0.9996	0.9988	0.9940
	黑龙江	0.9806	1.0000	1.0038	1.0009	0.9769
	湖北	1.0028	1.0058	1.0144	1.0035	0.9805
	湖南	0.9744	1.0023	1.0042	0.9912	0.9762
	吉林	0.9937	1.0035	1.0106	0.9885	0.9930
	江苏	1.8580	1.0000	1.0305	1.8748	0.9724
	江西	1.0050	1.0005	1.0090	1.0037	0.9934
	辽宁	0.9962	0.9976	1.0020	0.9983	0.9990
	山东	0.9838	0.9988	0.9979	0.9988	0.9885
	浙江	1.0172	1.0018	1.0065	1.0068	1.0031
小规模	安徽	1.0184	1.0064	1.0199	0.9970	0.9976
	甘肃	1.0025	0.9925	1.0165	1.0084	0.9856
	广东	0.9966	0.9942	1.0224	0.9944	0.9912
	广西	1.0010	0.9935	1.0116	0.9973	1.0047
	贵州	1.0021	1.0000	1.0306	1.0000	0.9731
	海南	0.9802	0.9936	1.0120	0.9811	1.0000
	河北	1.0010	0.9845	0.9999	1.0020	1.0155
	河南	1.0196	0.9973	1.0230	0.9994	1.0047

续表

规模	地区	全要素生产率（MI）	纯技术效率变化指数（PEC）	纯技术进步指数（PTC）	规模效率变化指数（SEC）	规模技术进步指数（STC）
小规模	黑龙江	1.0088	0.9969	1.0174	1.0050	0.9878
	湖北	1.0048	0.9942	1.0200	0.9997	0.9929
	湖南	1.0283	1.0123	1.0229	1.0009	0.9898
	吉林	1.0002	0.9905	1.0232	1.0003	0.9825
	江苏	1.0116	1.0013	1.0038	1.0027	1.0082
	江西	1.0991	1.0016	1.0300	1.0033	1.0591
	辽宁	1.0090	0.9992	1.0177	1.0002	0.9940
	内蒙古	0.9878	1.0001	1.0118	1.0026	0.9777
	宁夏	1.0053	0.9877	1.0167	1.0017	1.0017
	青海	0.9951	0.9854	1.0140	1.0004	0.9955
	山东	1.6694	1.7078	0.9975	0.9963	1.0232
	山西	1.0067	1.0017	0.9955	1.0061	1.0036
	陕西	1.0036	0.9969	1.0173	1.0016	0.9838
	四川	1.0171	1.0000	1.0114	1.0000	1.0057
	云南	1.0040	0.9946	1.0224	0.9998	0.9856
	浙江	1.0425	1.0000	1.0056	1.0000	1.0357
	重庆	1.0426	1.0000	1.0080	1.0197	1.0096
散养	广东	0.9825	1.0170	1.0008	1.0106	0.9825
	广西	0.9905	1.0183	1.0285	1.0033	0.9674
	贵州	0.9888	1.0000	1.0131	1.0014	0.9794
	海南	1.0215	0.9891	1.0069	0.9965	1.0076
	河北	1.0001	1.0080	1.0037	0.9888	1.0080
	河南	1.0125	1.0086	1.0206	1.0006	1.0006
	黑龙江	1.0223	1.0000	0.9874	1.0009	1.0339
	湖北	0.9970	0.9899	1.0224	1.0017	0.9884
	吉林	1.0200	0.9993	1.0109	1.0103	0.9939

续表

规模	地区	全要素生产率（MI）	纯技术效率变化指数（PEC）	纯技术进步指数（PTC）	规模效率变化指数（SEC）	规模技术进步指数（STC）
散养	辽宁	1.0201	0.9997	1.0251	1.0036	0.9944
	宁夏	1.0038	0.9937	1.0327	1.0162	0.9772
	青海	0.9831	1.0019	0.9858	1.0018	0.9951
	山东	1.0104	0.9853	1.0437	1.0126	0.9781
	山西	1.0193	1.0006	1.0216	1.0107	0.9867
	陕西	1.0310	1.0220	1.0037	1.0031	0.9957
	四川	1.0069	1.0000	1.0037	1.0082	0.9938
	云南	0.9994	1.0029	1.0207	1.0043	0.9714
	浙江	1.0585	1.0025	1.0031	1.0017	1.0511
	重庆	0.9877	1.0075	1.0036	1.0001	0.9746

资料来源：笔者计算整理。

3.1.5　奶牛生产效率测定及分析

根据表3-8的测算结果，2011～2020年中国散养奶牛全要素生产率年均增长2.50%。从全要素生产率分解情况看，散养奶牛全要素生产率增长主要源于纯技术进步、规模技术进步和规模效率的增长，三者年均增长率分别为2.16%、1.51%和0.11%；纯技术效率变化则呈现出下滑态势，年均下降0.21%。

表3-8　　　　　　　2011～2020年散养奶牛全要素生产率及分解指数

年份	全要素生产率（MI）	纯技术效率变化指数（PEC）	纯技术进步指数（PTC）	规模效率变化指数（SEC）	规模技术进步指数（STC）
2011	1.0686	0.9305	1.1212	0.9844	1.0491
2012	1.0456	0.959	1.094	0.9386	1.0698

续表

年份	全要素生产率 （MI）	纯技术效率变化指数 （PEC）	纯技术进步指数 （PTC）	规模效率变化指数 （SEC）	规模技术进步指数 （STC）
2013	1.0335	1.0020	1.0174	0.9637	1.0559
2014	0.9201	1.0690	0.8538	1.1453	0.8992
2015	1.0617	1.0208	1.0441	0.995	1.0009
2016	1.0020	1.0229	0.9861	0.9833	1.0107
2017	1.0266	0.9871	1.0172	1.0015	1.0216
2018	1.0402	0.9923	1.0388	0.9967	1.0136
2019	0.9992	0.9973	0.981	0.9726	1.0505
2020	1.0527	0.9876	1.0247	1.0181	1.0234
均值	1.0250	0.9979	1.0216	1.0011	1.0151

资料来源：笔者计算整理。

根据表 3-9 的测算结果，从所考察的 5 个省（区）看，新疆奶牛全要素生产率增长率最高，达到了 4.85%；其次分别为陕西、山西、吉林和湖南，全要素生产率增长率分别为 3.16%、2.81%、1.51% 和 1.23%。

表 3-9　　　　　　　不同省（区）散养奶牛全要素生产率及分解指数

省 （区）	全要素生产率 （MI）	纯技术效率变化指数 （PEC）	纯技术进步指数 （PTC）	规模效率变化指数 （SEC）	规模技术进步指数 （STC）
湖南	1.0123	1.0003	1.0263	0.9937	1.0108
吉林	1.0151	1.0000	0.9970	1.0000	1.0179
山西	1.0281	1.0000	1.0215	0.9990	1.0063
陕西	1.0316	0.9878	1.0196	0.9909	1.0166
新疆	1.0485	1.0170	0.9959	0.9884	1.0591

资料来源：笔者计算整理。

根据表 3 - 10 的测算结果，小规模奶牛全要素生产率年均增长 1.01%。2011 ~ 2020 年小规模奶牛全要素生产率年均增长 1.01%。从全要素生产率分解情况看，小规模奶牛全要素生产率增长主要得益于纯技术进步和规模技术进步的推动作用，两者年均增长率分别为 2.20% 和 1.55%；纯技术效率变化和规模效率变化对小规模奶牛全要素生产率增长具有一定的抑制作用，两者年均下滑 0.84% 和 1.22%。

表 3 - 10　　　　2011 ~ 2020 年小规模奶牛全要素生产率及分解指数

年份	全要素生产率（MI）	纯技术效率变化指数（PEC）	纯技术进步指数（PTC）	规模效率变化指数（SEC）	规模技术进步指数（STC）
2011	1.026	0.9709	1.0323	0.9925	1.0322
2012	1.0439	1.0021	1.0402	1.0309	0.9731
2013	0.9918	1.0148	1.001	0.9746	1.0037
2014	0.8794	0.9724	0.9445	1.0183	0.9398
2015	1.0361	1.0246	1.0200	1.0083	0.9876
2016	1.0736	0.9683	1.0752	0.9531	1.0924
2017	1.0584	0.9994	1.0258	1.0335	1.0030
2018	1.0174	0.9797	1.0354	0.9710	1.0365
2019	0.9394	1.0049	0.9684	1.0388	0.9393
2020	1.0346	0.9789	1.0771	0.8787	1.1471
均值	1.0101	0.9916	1.0220	0.9900	1.0155

资料来源：笔者计算整理。

根据表 3 - 11 测算结果，从所考察的 13 个省（区）来看，河北、河南、黑龙江、内蒙古、山东和云南小规模奶牛全要素生产率呈现出一定的下滑趋势外，其他 7 个省（区）全要素生产率均呈现出增长态势，最高为福建的 8.78%，其次为广西的 2.71%。

表3-11　　　　　　2011～2020年不同省（区）小规模奶牛全要素生产率及分解指数

省（区）	全要素生产率（MI）	纯技术效率变化指数（PEC）	纯技术进步指数（PTC）	规模效率变化指数（SEC）	规模技术进步指数（STC）
福建	1.0878	1.0086	1.0695	1.0177	0.9912
广西	1.0271	0.9890	1.0624	0.9963	0.9966
河北	0.9999	1.0000	1.0030	0.9914	1.0063
河南	0.9978	1.0118	0.9878	0.9728	1.0457
黑龙江	0.9827	1.0020	1.0007	0.9665	1.0331
湖南	1.0026	1.0040	0.9983	0.9700	1.0423
吉林	1.0168	1.0000	1.0140	0.9966	1.0091
辽宁	1.0021	0.9689	1.0440	0.9958	1.0000
内蒙古	0.9622	0.9433	1.0209	0.9979	1.0025
宁夏	1.0588	1.0058	1.0199	1.0114	1.0232
山东	0.9903	0.9643	1.0466	0.9995	0.9936
山西	1.0246	0.9931	1.0113	0.9934	1.0273
云南	0.9778	1.0000	1.0074	0.9603	1.0300

资料来源：笔者计算整理。

根据表3-12测算结果，中规模奶牛全要素生产率年均增长10.02%。2011～2020年中规模奶牛全要素生产率年均增长10.02%。从全要素生产率分解情况看，纯技术效率变化、纯技术进步、规模效率变化及规模技术进步均呈现出增长态势，年均增长分别为5.85%、1.46%、0.65%和0.95%，其中纯技术效率变化对中规模奶牛全要素生产率增长的推动作用最为明显。

表 3 – 12　　　　　　2011 ~ 2020 年中规模奶牛全要素生产率及分解指数

年份	全要素生产率 （MI）	纯技术效率变化指数 （PEC）	纯技术进步指数 （PTC）	规模效率变化指数 （SEC）	规模技术进步指数 （STC）
2011	1.0444	0.9783	1.0345	1.0242	1.0129
2012	1.0510	1.0325	1.0197	0.9738	1.0287
2013	1.0375	0.9931	1.0105	0.9972	1.0332
2014	0.9017	0.9905	0.9576	0.9887	0.9635
2015	1.0771	0.9527	1.0746	1.0337	1.0183
2016	1.0507	0.9989	1.0264	1.0041	1.0200
2017	0.9652	1.0553	0.9151	0.9941	1.0144
2018	1.0661	0.9636	1.1233	1.0076	0.9802
2019	0.9548	0.9767	0.9620	1.0290	0.9946
2020	1.8532	1.6429	1.0228	1.0122	1.0290
均值	1.1002	1.0585	1.0146	1.0065	1.0095

资料来源：笔者计算整理。

　　根据表 3 - 13 测算结果，从所考察的 15 个省（区）来看，河南、黑龙江、辽宁、内蒙古和四川的中规模奶牛全要素生产率呈现出下滑态势，年均分别下滑 0.08%、0.46%、0.78% 和 3.78%；其他地区中规模奶牛全要素生产率呈现出增长态势，其中宁夏全要素生产率增长最快，达到了 112.55%；新疆、重庆、上海和吉林次之，全要素生产率年均增长率分别为 10.89%、4.68%、3.57% 和 3.47%；其他地区全要素生产率年均增长率相对较低。

表3－13　　2011～2020年不同省（区）中规模奶牛全要素生产率及分解指数

省（区）	全要素生产率（MI）	纯技术效率变化指数（PEC）	纯技术进步指数（PTC）	规模效率变化指数（SEC）	规模技术进步指数（STC）
安徽	1.0281	1.0028	1.0130	0.9978	1.0213
甘肃	1.0278	1.0268	1.0005	0.9982	1.0072
河南	0.9992	1.0153	0.9752	0.9941	1.0286
黑龙江	0.9954	0.9975	0.9938	0.9903	1.0203
吉林	1.0347	1.0001	1.0163	1.0015	1.0160
江苏	1.0040	1.0052	1.0244	0.9963	0.9936
辽宁	0.9922	0.9571	1.0497	1.0287	0.9761
内蒙古	0.9622	0.9580	1.0237	1.0082	0.9770
宁夏	2.1255	1.8603	1.0388	1.0087	0.9961
山西	1.0158	1.0001	0.9989	1.0058	1.0114
陕西	1.0065	0.9809	1.0567	1.0188	0.9807
上海	1.0357	1.0000	1.0158	1.0145	1.0070
四川	0.9773	0.9902	1.0114	1.0040	0.9750
新疆	1.1089	1.0181	1.0193	1.0129	1.0557
重庆	1.0468	1.0184	1.0211	1.0203	0.9976

资料来源：笔者计算整理。

根据表3－14测算结果，2011～2020年大规模奶牛全要素生产率年均增长率为3.59%。从全要素生产率分解情况看，纯技术进步、规模效率变化、规模技术进步三个指数均呈现出增长态势，年均增长率分别为0.89%、0.29%和2.40%，其中规模技术进步对大规模奶牛全要素生产率增长的贡献程度最大。纯技术效率出现下滑，年均下滑0.09%。

表 3 – 14 2011～2020 年大规模奶牛全要素生产率及分解指数

年份	全要素生产率 （MI）	纯技术效率变化指数 （PEC）	纯技术进步指数 （PTC）	规模效率变化指数 （SEC）	规模技术进步指数 （STC）
2011	1.1115	1.0000	1.0557	1.0298	1.0225
2012	1.0345	0.9886	1.0522	0.9946	1.0009
2013	0.9433	1.0124	0.9803	1.0056	0.9432
2014	0.9511	1.0000	0.9835	0.9972	0.9709
2015	1.0655	1.0000	1.0034	0.9816	1.0807
2016	1.1608	1.0000	1.0317	1.0135	1.1125
2017	1.0512	1.0000	0.9941	1.0089	1.0474
2018	0.8835	0.9986	0.9684	0.9905	0.9236
2019	1.0225	1.0014	0.9976	0.9999	1.0235
2020	1.1350	0.9896	1.0220	1.0071	1.1153
均值	1.0359	0.9991	1.0089	1.0029	1.0240

资料来源：笔者计算整理。

根据表 3 – 15 的测算结果，就所考察的 14 个省（区）来看，只有浙江大规模奶牛全要素生产率年均下降 3.52%，其他省（区）全要素生产率均呈现出增长态势。其中，山东大规模奶牛全要素生产率增速最大，年均增长率达到了 8.11%；新疆和安徽紧跟其后，年均增长率分别为 6.46% 和 4.52%；其他地区大规模奶牛全要素生产率相对较低。

表 3 – 15 不同省（区）大规模奶牛全要素生产率及分解指数

省 （区）	全要素生产率 （MI）	纯技术效率变化指数 （PEC）	纯技术进步指数 （PTC）	规模效率变化指数 （SEC）	规模技术进步指数 （STC）
安徽	1.0452	1.0372	1.0299	0.9997	0.9872
北京	1.0115	0.9762	1.0303	1.0168	0.9906

省（区）	全要素生产率（MI）	纯技术效率变化指数（PEC）	纯技术进步指数（PTC）	规模效率变化指数（SEC）	规模技术进步指数（STC）
福建	1.0271	1.0000	1.0227	1.0000	1.0064
甘肃	1.0160	1.0000	1.0168	1.0000	0.9981
广东	1.0153	1.0000	0.9894	1.0102	1.0098
河南	1.0054	1.0047	1.0186	1.0109	0.9863
黑龙江	1.0032	1.0035	1.0242	0.9937	0.9898
江苏	1.0278	0.9859	1.0345	1.0223	0.9941
辽宁	1.0176	0.9846	0.9993	1.0104	1.0318
内蒙古	1.0045	1.0098	1.0040	0.9934	1.0066
山东	1.0811	1.0693	1.0031	1.0096	1.0396
山西	1.0307	1.0000	1.0012	1.0050	1.0241
新疆	1.0646	1.0206	1.0386	1.0098	0.9978
浙江	0.9648	0.9817	1.0160	0.9830	0.9847

资料来源：笔者计算整理。

　　总体来看，中国奶牛全要素生产率呈现出增长态势，中规模奶牛全要素生产率增速最快（10.02%），大规模（3.59%）次之，小规模奶牛和散养奶牛的全要素生产率增速相对较慢（1.01%和2.50%）。无论是散养还是规模养殖，纯技术进步是奶牛全要素生产率增长的关键推动因素，说明科技创新对奶牛养殖效率提升意义重大。从纯技术效率变化来看，除中规模外，其对散养、大小规模养殖的推动作用明显不足，说明中国奶业科技转化与推广还存在巨大提升空间。从规模效率变化及规模技术进步来看，其基本呈现出增长态势，说明规模化对奶牛养殖效率提升支撑作用明显。

3.1.6　肉牛生产效率测定及分析

2011～2020 年中国河北、河南、黑龙江、宁夏、陕西和新疆的肉牛全要素生产率均大于 1（见表 3-16）。据测算结果可知，2011～2020 年河北、河南、黑龙江、宁夏、陕西和新疆的肉牛全要素生产率为 1.0384。同时，肉牛纯技术效率变化指数、纯技术进步指数、规模效率变化指数和规模技术进步指数均大于 1，说明这 6 个省（区）的制度管理水平、技术进步、规模经济以及技术规模偏好的变化均呈上升趋势，促进了肉牛全要素生产率的上升。

表 3-16　　　　　2011～2020 年不同省份肉牛全要素生产率

省（区）	全要素生产率（MI）	纯技术效率变化指数（PEC）	纯技术进步指数（PTC）	规模效率变化指数（SEC）	规模技术进步指数（STC）
河北	1.0455	1.0100	1.0194	1.0000	1.0216
河南	1.0487	1.0000	1.0056	1.0000	1.0407
黑龙江	1.0447	1.0000	0.9983	1.0010	1.0459
宁夏	1.0511	1.0000	0.9908	1.0007	1.0594
陕西	1.0359	1.0000	0.9966	1.0000	1.0390
新疆	1.0046	1.0038	1.0111	1.0052	0.9846
均值	1.0384	1.0023	1.0036	1.0011	1.0319

资料来源：笔者计算整理。

宁夏的肉牛全要素生产率最大，新疆肉牛全要素生产率最小。就不同省份来看，2011～2020 年，由表 3-16 所示宁夏的肉牛全要素生产率最大为 1.0511，增长率为 5.11%，主要原因为规模技术进步指数较高，说明宁夏肉牛养殖的规模化得到了明显提升；新疆肉牛全要素生产率为 1.0046，增长率为 0.46%，主要原因为新疆肉牛养殖的规模技术进步指数偏低。

肉牛全要素生产率增长主要来自技术进步指数增长。根据 2011 ~ 2020 年河北、河南、黑龙江、宁夏、陕西和新疆肉牛全要素生产率测算结果表明，肉牛全要素生产率增长主要来自技术进步指数中的规模技术进步指数，均值为 1.0280，增长率为 2.80%。纯技术效率变化指数、纯技术进步指数、规模效率变化指数均值分别为 1.0000、1.0020、1.0020，增长率分别为 0、0.20% 和 0.20%（见表 3 – 17）。

表 3 – 17　　　　　　2011 ~ 2020 年肉牛全要素生产率及指数变化趋势

年份	全要素生产率（MI）	纯技术效率变化指数（PEC）	纯技术进步指数（PTC）	规模效率变化指数（SEC）	规模技术进步指数（STC）
2011	1.0800	1.0000	1.0020	1.0000	1.0780
2012	0.9670	1.0000	0.9760	0.9620	1.0260
2013	0.9350	0.9710	0.9970	1.0390	0.9350
2014	1.0240	1.0360	1.0060	1.0050	0.9790
2015	1.1210	1.0000	1.0210	1.0010	1.0940
2016	1.0980	1.0000	1.0050	0.9830	1.1080
2017	0.9740	1.0000	0.9880	1.0040	0.9840
2018	0.9600	1.0000	1.0070	1.0150	0.9400
2019	1.0230	1.0010	0.9980	1.0000	1.0230
2020	1.1350	0.9900	1.0220	1.0070	1.1150
平均	1.0320	1.0000	1.0020	1.0020	1.0280

资料来源：笔者计算整理。

肉牛全要素生产率呈现出"波动上升"的变动趋势。就不同年份来看，2011 ~ 2020 年河北、河南、黑龙江、宁夏、陕西和新疆的肉牛全要素生产率呈现出"波动上升"的变动趋势，最大值为 2020 年的 1.1350，最小值为 2013 年的 0.9350（见表 3 – 17）。可能原因为 2014 年是实施

《全国牛羊肉生产发展规划（2013～2020 年）》的起始年份，受到政策滞后影响，由于大力推进畜禽标准化规模养殖，着力推进肉牛养殖的规模化、标准化、产业化和信息化，2011～2020 年，河北、河南、黑龙江、宁夏、陕西和新疆的肉牛全要素生产率最大的年份是 2020 年。

3.1.7　肉羊全要素生产率测定及分析

中国肉羊产业的全要素生产率在 1 附近波动，呈先下降后上升的趋势。目前中国肉羊产业规模化水平不高，主要以散养为主。根据测算，2011～2020 年中国肉羊产业的全要素生产率在 1 附近波动，先下降后上升的趋势，其中 2011～2014 年出现下降，其后 2015～2017 年出现小幅度上升，2018 年出现下降，2019～2020 年出现小幅度上升（见表 3 - 18）。

表 3 - 18　　　　　2011～2020 年肉羊全要素生产率及指数变化趋势

年份	全要素生产率（MI）	纯技术效率变化指数（PEC）	纯技术进步指数（PTC）	规模效率变化指数（SEC）	规模技术进步指数（STC）
2011	1.1115	1.0000	1.0557	1.0298	1.0225
2012	1.0345	0.9886	1.0522	0.9946	1.0009
2013	0.9433	1.0124	0.9803	1.0056	0.9432
2014	0.9511	1.0000	0.9835	0.9972	0.9709
2015	1.0655	1.0000	1.0034	0.9816	1.0807
2016	1.1608	1.0000	1.0317	1.0135	1.1125
2017	1.0512	1.0000	0.9941	1.0089	1.0474
2018	0.8835	0.9986	0.9684	0.9905	0.9236
2019	1.0225	1.0014	0.9976	0.9999	1.0235
2020	1.1350	0.9896	1.0220	1.0071	1.1153
均值	1.0359	0.9991	1.0089	1.0029	1.0240

资料来源：笔者计算整理。

　　肉羊全要素生产率近年来出现小幅度上升。2018～2020 年的全要素生产率由 0.8835 上升到 1.1350，全要素生产率增长主要来自纯技术进步指数和规模技术进步指数，2020 年，这两个指数的增长率分别为 2.20% 和 11.53%。其余年份肉羊全要素生产率变动不大，从全要素生产率分解情况看，纯技术效率变化基本不大，纯技术进步、规模技术进步和规模效率的先下降后上升的波动趋势，散养肉羊全要素生产率变化主要取决于纯技术进步、规模技术进步和规模效率的变化。说明中国肉羊生产效率近年来没有发生技术进步，个体生产能力并没有得到提高。中国肉羊养殖规模以散养为主，饲养技术的引进、转化受到养殖规模的限制，饲养技术还较为传统。

　　根据表 3-19 的测算结果，7 省（区）的肉羊全要素生产率平均值为 1.0359。分省（区）的计算得到河北、黑龙江、宁夏、陕西、河南、新疆、山东 7 个省（区）的全要素生产率指数。各省（区）之间的全要素生产率差距并不显著。2011～2020 年 7 省（区）的肉羊全要素生产率（MI）指数均在 1 以上。

表 3-19　　2011～2020 年主要产区肉羊全要素生产率指数分解情况

省（区）	全要素生产率（MI）	纯技术效率变化指数（PEC）	纯技术进步指数（PTC）	规模效率变化指数（SEC）	规模技术进步指数（STC）
河北	1.0444	1.0000	1.0070	1.0005	1.0356
河南	1.0391	1.0000	1.0083	1.0000	1.0294
黑龙江	1.0361	1.0000	1.0092	1.0000	1.0231
宁夏	1.0261	1.0000	1.0172	1.0005	1.0060
山东	1.0150	1.0000	0.9953	1.0000	1.0193
陕西	1.0396	0.9927	1.0251	1.0190	1.0027
新疆	1.0510	1.0007	1.0001	1.0000	1.0521
均值	1.0359	0.9991	1.0089	1.0029	1.0240

　　资料来源：笔者计算整理。

具体来看，新疆的肉羊全要素生产率均值最大，山东肉羊全要素生产率均值最小。从分解指标来看，7 省（区）的纯技术效率变化指数（PEC）均值为 0.9991，其中除陕西外，其他各省（区）的全要素生产效率指数均在 1 及以上。7 省（区）的纯技术进步指数（STC）均值为 1.0089，其中，仅山东省为 1 以下。7 省（区）的规模效率变化指数（SEC）均值为 1.0029，7 省（区）规模效率变化指数（SEC）都在 1 以上。7 省（区）的规模技术进步指数（STC）为 1.0240，7 省（区）的规模技术进步指数都在 1 以上。从各省（区）的全要素生产率来看，新疆的肉羊全要素生产率均值最大，山东肉羊全要素生产率均值最小。其中，新疆的肉羊全要素生产率均值最大为 1.0510，主要原因是规模技术进步指数较高，这说明新疆的养殖水平较高，养殖规模较大，成为驱动全要素生产率的主要因素。山东的肉羊全要素生产率为 1.0150，主要原因是纯技术进步指数较其他省（区）较低。肉羊的饲养对饲草料资源的依赖程度较高，且近年来农区的养殖规模有所缩减，是造成上述情况发生的主要原因。

3.1.8 肉鸡全要素生产率测定及分析

肉鸡的全要素生产率均在 0.9450 ~ 1.0380 内波动变化。如表 3 - 20 所示，据测算，自 2011 年以来，中国大规模、中规模、小规模肉鸡的全要素生产率指数（TFPI）均呈现为在区间 0.9450 ~ 1.0380 内波动变化。总体来看，2011 年为 1.0160，2020 年为 1.0220；小规模肉鸡的全要素生产率 2011 年为 1.0420，2020 年为 1.0400；中规模肉鸡的全要素生产率 2011 年为 1.0260，2020 年为 1.0760；大规模肉鸡的全要素生产率 2011 年为 0.9810，2020 年为 0.9510。就不同省（区）来看，以黄羽肉鸡养殖为主的南方地区（广西、广东等）的全要素生产率明显低于白羽肉鸡养殖为主的北方地区（山东、河南等）。

表 3 – 20　　　　　　　　　2011 ~ 2020 年肉鸡全要素生产率及其分解

规模	年份	全要素生产率（MI）	纯技术效率变化指数（PEC）	纯技术进步指数（PTC）	规模效率变化指数（SEC）	规模技术进步指数（STC）
大规模	2011	0.9810	0.9880	0.9910	1.0000	1.0020
	2012	1.0150	1.0120	1.0120	1.0050	0.9870
	2013	0.9090	1.0000	1.0000	0.9220	0.9860
	2014	1.0590	0.9840	1.0620	0.9520	1.0640
	2015	0.9030	0.9700	0.9690	1.0540	0.9110
	2016	1.0600	1.0070	1.0210	0.9800	1.0520
	2017	1.0460	0.9410	1.0970	0.8870	1.1420
	2018	0.9780	1.0510	0.9530	1.0510	0.9290
	2019	1.2550	1.0010	1.0090	1.0100	1.2200
	2020	0.9510	1.0010	0.9710	0.9140	1.0740
	均值	1.0157	0.9955	1.0085	0.9775	1.0367
中规模	2011	1.0260	1.0170	0.9980	1.0250	0.9870
	2012	0.9720	1.0050	1.0160	0.9890	0.9630
	2013	0.9950	1.0020	0.9920	0.9920	1.0030
	2014	0.9870	0.9920	0.9910	0.9950	0.9900
	2015	1.0150	1.0140	1.0060	1.0020	1.0220
	2016	1.0070	1.0150	1.0400	1.0010	0.9740
	2017	1.0010	1.0030	0.9840	0.9990	1.0410
	2018	0.9840	0.9910	1.0020	0.9960	0.9760
	2019	1.4410	0.8410	1.3950	0.9960	1.2990
	2020	1.0760	1.2280	0.9510	0.9920	0.9740
	均值	1.0504	1.0108	1.0375	0.9987	1.0229

规模	年份	全要素生产率（MI）	纯技术效率变化指数（PEC）	纯技术进步指数（PTC）	规模效率变化指数（SEC）	规模技术进步指数（STC）
小规模	2011	1.0420	1.0000	0.9910	1.0230	1.0280
	2012	1.0560	0.9970	0.9950	0.9860	1.0800
	2013	0.9320	0.9560	1.0010	0.9770	0.9970
	2014	1.0160	1.0290	0.9930	1.0170	0.9780
	2015	0.9880	1.0000	0.9750	0.9990	1.0150
	2016	0.9790	1.0020	1.0050	0.9930	0.9790
	2017	0.9990	1.0050	1.0120	1.0130	0.9700
	2018	1.0460	0.9880	1.0800	0.8930	1.0970
	2019	1.4450	1.0000	1.0120	1.0110	1.3650
	2020	1.0400	0.9500	1.0210	1.0010	1.0660
	均值	1.0543	0.9927	1.0085	0.9913	1.0575
总体	2011	1.0160	1.0010	0.9930	1.0160	1.0050
	2012	1.0140	1.0050	1.0080	0.9930	1.0080
	2013	0.9450	0.9860	0.9980	0.9630	0.9950
	2014	1.0200	1.0020	1.0150	0.9880	1.0100
	2015	0.9670	0.9940	0.9830	1.0180	0.9820
	2016	1.0150	1.0080	1.0220	0.9920	1.0010
	2017	1.0150	0.9830	1.0300	0.9650	1.0490
	2018	1.0020	1.0100	1.0100	0.9770	0.9980
	2019	1.3800	0.9470	1.1390	1.0060	1.2950
	2020	1.0220	1.0600	0.9810	0.9690	1.0380
	均值	1.0396	0.9996	1.0179	0.9887	1.0381

资料来源：笔者计算整理。

肉鸡纯技术效率、规模效率、纯技术进步、规模技术进步不稳定。从全要素生产率指数分解的各部分来看，纯技术进步指数、纯技术效率变化指数、规模效率变化指数、规模技术进步指数也均呈现出在波动变化趋势。纯技术进步指数在 0. 9810 ~ 1. 1390 波动，纯技术效率变化指数在 0. 9470 ~ 1. 0600 波动，规模效率变化指数在 0. 9360 ~ 1. 0180 波动，规模技术进步指数在 0. 9950 ~ 1. 2950 波动。上述变动状况说明肉鸡纯技术效率、规模效率、纯技术进步、规模技术进步不稳定。从 2011 ~ 2020 年整个阶段来看，肉鸡生产纯技术效率和规模效率分别整体下降，分别下降 1. 90% 和 3. 10% ；肉鸡生产纯技术进步和规模技术进步均整体上升，分别提升 60% 和 3. 80% 。

3. 1. 9　蛋鸡生产效率测定及分析

中国大规模、中规模、小规模蛋鸡的全要素生产率在 2011 ~ 2020 年虽然有波动但是一直较为稳定（见表 3 - 21）。规模以上蛋鸡的全要素生产率变化均值在 1 以上，其中，中规模蛋鸡的全要素生产率变化均值最高，大规模次之，小规模蛋鸡的全要素生产率变化均值最低。具体来看，2011 ~ 2020 年，中国大规模、中规模、小规模蛋鸡的全要素生产率均值分别为 1. 0440、1. 0590 和 1. 0390，即 2011 ~ 2020 年中国大规模、中规模、小规模蛋鸡的全要素生产率分别提升了 4. 40% 、5. 90% 、3. 90% 的水平。小规模蛋鸡的纯技术效率小于 1，规模效率有 0. 20% 的增长，纯技术进步率增长 0. 70% ，规模技术进步提升 3. 60% ，可见小规模蛋鸡的全要素生产效率主要是由技术进步提升而增长的。中规模蛋鸡的纯技术效率增长 0. 70% ，纯技术进步率增长 0. 90% ，规模技术进步 4. 60% ，所以，技术效率和技术进步均是影响中规模生产效率提升的关键因素。大规模蛋鸡的全要素生产效率提升主要是受以 1. 10% 增长的纯技术进步率和以 3. 40% 增长的规模技术进步率来拉动的。

表 3-21　　　　2011~2020 年全国大规模、中规模、小规模蛋鸡养殖生产效率年度变化

指标	规模	均值	2011 年	2012 年	2013 年	2014 年	2015 年	2016 年	2017 年	2018 年	2019 年	2020 年
全要素生产率（MI）	小规模	1.0390	1.1040	0.9760	0.9330	1.0710	1.0070	1.0240	0.9750	0.9910	1.1110	1.1980
	中规模	1.0590	1.0620	0.9690	0.9470	1.0800	0.9490	1.0670	1.0310	0.9530	1.2150	1.3220
	大规模	1.0440	1.0620	1.0200	0.9690	1.0730	0.9360	1.0710	1.0020	1.0200	1.1750	1.1170
纯技术效率变化指数（PEC）	小规模	0.9960	0.9890	0.9740	1.0250	1.0130	0.9560	1.0150	1.0130	1.0030	1.0050	0.9700
	中规模	1.0070	1.0250	1.0050	1.0090	0.9940	1.0050	0.9960	1.0040	1.0010	0.9080	1.1180
	大规模	0.9990	0.9900	1.0140	1.0110	1.0000	0.9990	0.9820	1.0110	1.0140	0.9940	0.9780
规模效率变化指数（SEC）	小规模	1.0020	1.0100	0.9960	1.0130	1.0040	0.9890	1.0150	0.9490	1.0470	1.0080	0.9870
	中规模	0.9990	0.9990	1.0000	0.9940	0.9950	1.0100	1.0030	1.0100	0.9850	0.9450	1.0480
	大规模	1.0010	0.9930	0.9920	1.0080	1.0240	0.9910	1.0020	0.9990	1.0080	0.9900	1.0000
纯技术进步变化指数（PTC）	小规模	1.0070	1.0050	1.0070	0.9610	1.0390	1.0210	0.9850	0.9910	0.9880	1.0130	1.0590
	中规模	1.0090	0.9900	0.9920	0.9420	1.0850	0.9460	1.0110	1.0020	0.9760	1.1320	1.0170
	大规模	1.0110	1.0400	0.9930	0.9710	1.0360	0.9490	1.0340	1.0000	1.0200	1.0450	1.0220
规模技术进步指数（STC）	小规模	1.0360	1.0970	1.0000	0.9390	1.0140	1.0470	1.0100	1.0240	0.9550	1.0830	1.1880
	中规模	1.0460	1.0480	0.9690	1.0050	1.0090	0.9900	1.0590	1.0140	0.9900	1.2630	1.1110
	大规模	1.0340	1.0400	1.0210	0.9810	1.0140	0.9990	1.0550	0.9940	0.9760	1.1420	1.1170

资料来源：笔者计算整理。

　　技术进步率的提高是中国大规模、中规模、小规模蛋鸡养殖户全要素生产率提高的最主要因素。从年际间波动幅度变化来看，小规模养殖户在2018～2020年全要素生产率波动幅度较大，主要是受到技术进步效率变化的影响；中规模养殖户在2018～2019年的全要素生产率波动较明显，技术进步尤其是规模技术进步率的变化是其变动的关键因素；大规模养殖全要素生产率在2017～2019年有明显增长，纯技术进步率和规模技术进步率是拉动其增长的主要原因。综合分析，2011～2020年，技术进步率的提高是中国大规模、中规模、小规模蛋鸡养殖全要素生产率提高的最主要因素。

　　2011～2020年，中国山东、河南、辽宁、黑龙江、山西和吉林省的蛋鸡养殖全要素生产率均大于1。测算结果显示，2011～2020年，这六个省（区）的蛋鸡全要素生产率（MI）平均值为1.0420（见表3-22）。同时，除河南规模效率变化指数外，其余省（区）的规模效率变化指数、纯技术进步指数以及规模技术进步指数均不小于1，说明这六个省（区）的技术进步和规模效率呈逐年上升的趋势，拉动了蛋鸡全要素生产率的提升。

　　吉林蛋鸡全要素生产率均值最高，黑龙江蛋鸡全要素生产率均值最低。从不同省（区）的全要素生产率来看，吉林省的均值最高为1.0570，增长率为5.70%，拉动全要素生存率提升的因素主要是纯技术进步指数（增长率1.20%）和规模技术进步指数（增长率4.90%）。黑龙江2011～2020年蛋鸡全要素生产率的均值最低为1.0350，主要原因是该省蛋鸡养殖技术水平偏低。

　　拉动蛋鸡全要素生产率的主要因素是技术进步率的提升。2011～2020年，山东、河南、辽宁、黑龙江、陕西和吉林的全要素生产率测定结果表明，技术进步率是拉动全要素生产率提升的主要因素，其中规模技术进步率的提高是最关键的因素，其均值为1.0340，增长率为3.40%，纯技术效率变化指数、纯技术进步指数和规模效率变化指数均值分别为0.9970、

1.0100 和 1.0010，增长率分别为 -0.30%、1.00% 和 0.10%。因此，从代表省份的具体情况分析，技术进步变化是拉动蛋鸡养殖全要素生产率的主要因素。

表 3 - 22   2011～2020 年不同省（区）蛋鸡全要素生产率

省份	全要素生产率 （MI）	纯技术效率变化指数 （PEC）	纯技术进步指数 （PTC）	规模效率变化指数 （SEC）	规模技术进步指数 （STC）
山东	1.0430	0.9980	1.0060	1.0020	1.0370
河南	1.0390	0.9920	1.0150	0.9980	1.0340
辽宁	1.0370	1.0000	1.0040	1.0000	1.0330
黑龙江	1.0350	1.0000	1.0050	1.0020	1.0280
山西	1.0410	0.9970	1.0160	1.0050	1.0230
吉林	1.0570	0.9970	1.0120	1.0000	1.0490
平均	1.0420	0.9970	1.0100	1.0010	1.0340

资料来源：笔者计算整理。

3.2   生产潜力提升分析

3.2.1   生产效率总体提升潜力分析

中国各畜种养殖整体效率不高，成本压缩空间有待提高，生产效率提升潜力较大。生猪养殖 PSY 只有 18 左右，与丹麦、荷兰等发达国家 28 左右的水平还有很大差距；2020 年中国奶牛单产为 28 610 千克/头，高于世界平均水平 1 797 千克/头；与美国、澳大利亚等国家相比，各项生产资料成本不断上涨加速了肉牛养殖成本的全面上升，肉牛产业在国际上的贸易竞争优势出现了严重下滑；活羊价格与国际市场上的价格相差近 1 倍, 形成这个价格差的原因不仅有国内养羊业成本较高, 还受到人民币升值、石油价格下跌、国际生产成本下降等原因的影响, 而这种情形不仅体现在羊肉产业, 目前全国各个农业产业都在面临这样的挑战和冲击。

总体来看, 无论是基于生产效率、生产成本等因素, 还是国内现有的资源禀赋、政策支撑、市场需求等因素, 未来中国畜牧业综合生产能力提升空间巨大。建议加大对畜产品产业标准化养殖的扶持力度, 以标准化建设为核心, 鼓励和支持企业加大养殖标准化、智能化、机械化设施设备投入力度, 通过规模化、健康养殖水平的提高、品种改良和养殖技术培训等来提升全要素生产率。

3.2.2 生猪全要素生产率提升潜力分析

一是通过规模化养殖水平的提高来提升全要素生产率。当前中国生猪规模养殖比重为 57.1%, 仍有将近一小半的小散养殖户生产技术和管理水平较低, 生猪养殖整体效率不高, 提升潜力较大。

二是通过品种改良和养殖技术培训来提升全要素生产率。目前中国生猪养殖 PSY 只有 18 左右, 与丹麦、荷兰等发达国家 28 左右的水平还有很大差距。造成这些差距的主要原因是中国生猪养殖良种化率低, 养殖场户养殖技术有待提升。品种改良和养殖技术培训是提高全要素生产率的有效途径。

三是通过健康养殖来提升全要素生产率。中国生猪养殖疫病高发, 养殖环境复杂, 死亡率高, 防疫治疗费用投入多。可以采用健康养殖方式, 通过改善饲养环境, 减少疫病发生, 实现节本增效, 进而提升全要素生产率。

3.2.3 奶牛生产效率提升潜力分析

奶牛生产效率提升及养殖成本压缩空间较大。从奶牛单产来看，2020 年中国奶牛单产为 28 610 千克/头，高于世界平均水平 1 797 千克/头（见图 3 – 1）。但是，与其他发达国家相比还存在巨大差距，2020 年美国、韩国、日本、德国、法国、加拿大、澳大利亚等国家的奶牛单产水平均高于中国，分别为 108 419 千克/头、103 227 千克/头、88 666 千克/头、84 574 千克/头、74 096 千克/头、95 148 千克/头和 63 116 千克/头。从单产来看，中国奶牛生产效率还具有巨大提升空间，必须从科技创新与应用视角着力破除效率提升瓶颈。从生产成本来看，2020 年中国大规模奶牛场千克牛奶生产成本为 3.36 元/千克，高于世界平均 1.8 ~ 2.2 元/千克的水平，生产成本高 53% ~ 87%。生产成本高企主要源于饲料成本、人工成

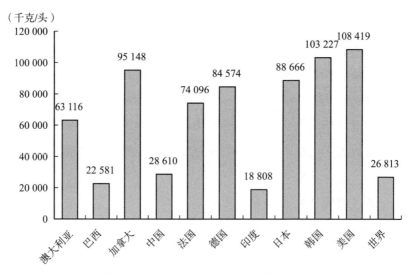

图 3 – 1　2020 年主要国家奶牛单产对比

资料来源：联合国粮农组织（FAO）数据库（http：//www. fao. org/faostat/on/#home）。

本、土地成本等较高，未来成本高企的趋势不易扭转。总体来看，无论是基于生产效率、生产成本等因素，还是国内现有的资源禀赋、政策支撑、市场需求等因素，未来中国奶牛综合生产能力提升空间巨大。

3.2.4　肉牛生产潜力提升分析

1. 主要国家肉牛生产力分析

与国际主要国家对比，2011～2020 年中国肉牛出栏量居于高位（见表 3-23）。肉牛出栏率是直接反映肉牛生产水平、经济效益和商品率的重要指标。随着近年来畜牧养殖业机械化的快速推进，肉牛出栏率呈现不断上升态势，甚至在 2020 年高达 76.36%。中国肉牛存栏量和出栏量均居于世界前列，2020 年分别增长至 6 117.06 万头、4 671.22 万头。由此可见，中国肉牛出栏量在国际肉牛养殖产业中占有相对优势。

中国肉牛距离世界肉牛胴体重的平均水平还有一段距离。牛出栏胴体重是衡量生产水平的一个重要指标。但 2011～2020 年中国肉牛胴体重均居于世界平均值以下，和美国、欧盟、澳大利亚等国家和地区的肉牛胴体重相比差距较大，2019 年胴体重为 152.10 千克/头，到 2020 年胴体重下降至 144.30 千克/头。

综合来讲，中国肉牛产业国际竞争力弱的根本原因在于肉牛生产水平过低，养殖总成本过高。与美国、澳大利亚等国家相比，畜牧养殖业生产水平低下，而且各项生产资料成本不断上涨导致了肉牛养殖成本的全面上升，肉牛产业在国际上的贸易竞争优势出现了严重下滑。因此，肉牛产业发展的潜力在于提高生产水平。

表 3 – 23　2011～2020 年国际肉牛生产情况

项目	国家和地区	2011 年	2012 年	2013 年	2014 年	2015 年	2016 年	2017 年	2018 年	2019 年	2020 年
存栏（万头）	阿根廷	4 797.27	4 986.59	5 099.64	5 164.65	5 142.98	5 263.68	5 479.32	5 479.32	5 500.79	5 446.08
	澳大利亚	2 850.62	2 841.84	2 929.08	2 910.30	2 741.29	2 497.13	2 617.55	2 639.57	2 472.35	2 350.32
	巴西	21 281.53	21 127.91	21 176.43	21 236.61	21 522.05	21 819.08	21 500.36	21 380.94	21 500.90	21 815.03
	加拿大	1 215.50	1 223.00	1 224.00	1 205.00	1 164.00	1 161.00	1 153.50	1 156.50	1 150.00	1 126.50
	中国	6 582.58	6 410.31	6 304.50	6 304.69	6 319.59	6 353.92	6 198.70	6 341.79	6 354.07	6 117.06
	美国	9 288.74	9 116.02	9 009.52	8 852.60	8 914.30	9 188.80	9 362.46	9 429.80	9 480.47	9 379.33
	世界	141 578.31	142 721.43	143 184.03	143 938.75	145 174.62	147 060.11	147 735.53	148 652.56	150 352.88	152 329.40
	欧盟	7 782.51	7 800.53	7 815.70	7 917.55	7 970.03	8 003.17	7 960.23	7 784.01	7 716.12	7 649.86
出栏（万头）	阿根廷	1 086.50	1 142.88	1 262.53	1 210.10	1 215.66	1 172.04	1 261.69	1 345.28	1 392.49	1 399.14
	澳大利亚	794.25	797.77	903.42	989.62	1 010.31	879.64	742.33	791.33	870.40	869.58
	巴西	3 910.00	4 020.50	4 159.00	4 038.50	3 836.50	3 759.50	3 086.67	3 204.27	3 244.59	2 988.70
	加拿大	404.55	396.24	391.10	316.55	291.20	309.17	329.48	346.47	360.07	353.89
	中国	3 786.62	3 803.11	3 776.97	3 786.41	3 796.06	3 844.09	3 912.18	3 963.60	4 396.31	4 671.22
	美国	3 508.75	3 386.19	3 335.25	3 085.73	2 932.03	3 118.88	3 281.74	3 370.34	3 426.48	3 336.61
	世界	31 325.11	31 704.86	32 402.54	32 574.35	32 313.89	32 543.88	32 216.73	32 637.28	33 454.65	32 858.12
	欧盟	2 582.26	2 463.68	2 347.44	2 338.85	2 379.79	2 443.57	2 426.24	2 433.64	2 382.01	2 356.84

续表

项目	国家和地区	2011 年	2012 年	2013 年	2014 年	2015 年	2016 年	2017 年	2018 年	2019 年	2020 年
产量 (万吨)	阿根廷	249.90	259.58	282.16	267.40	272.70	264.40	284.45	306.61	313.59	316.85
	澳大利亚	212.90	215.20	235.91	259.51	266.16	231.60	206.86	223.77	235.18	237.16
	巴西	903.00	930.70	967.50	972.30	942.50	928.40	955.00	990.00	1 020.00	997.50
	加拿大	110.60	102.60	102.40	106.86	101.76	111.20	120.30	126.59	134.20	133.03
	中国	551.15	554.71	553.28	555.63	556.62	556.60	572.56	581.03	668.71	673.92
	美国	1 197.00	1 191.61	1 178.86	1 169.81	1 081.73	1 150.72	1 194.35	1 225.59	1 238.46	1 238.85
	世界	6 488.71	6 545.66	6 671.77	6 721.31	6 686.11	6 718.20	6 845.82	7 022.72	7 218.24	7 159.75
	欧盟	711.13	682.63	655.20	657.27	679.94	696.94	696.50	706.71	696.41	690.33
出栏率 (%)	阿根廷	22.65	22.92	24.76	23.43	23.64	22.27	23.03	24.55	25.31	25.69
	澳大利亚	27.86	28.07	30.84	34.00	36.86	35.23	28.36	29.98	35.21	37.00
	巴西	18.37	19.03	19.64	19.02	17.83	17.23	14.36	14.99	15.09	13.70
	加拿大	33.28	32.40	31.95	26.27	25.02	26.63	28.56	29.96	31.31	31.42
	中国	57.52	59.33	59.91	60.06	60.07	60.50	63.11	62.50	69.19	76.36
	美国	37.77	37.15	37.02	34.86	32.89	33.94	35.05	35.74	36.14	35.57
	世界	22.13	22.21	22.63	22.63	22.26	22.13	21.81	21.96	22.25	21.57
	欧盟	33.18	31.58	30.03	29.54	29.86	30.53	30.48	31.26	30.87	30.81

续表

项目	国家和地区	2011年	2012年	2013年	2014年	2015年	2016年	2017年	2018年	2019年	2020年
胴体重（千克/头）	阿根廷	230.00	227.10	223.50	221.00	224.30	225.60	225.50	227.90	225.20	226.50
	澳大利亚	268.10	269.80	261.10	262.20	263.40	263.30	278.70	282.80	270.20	272.70
	巴西	230.90	231.50	232.60	240.80	245.70	246.90	309.40	309.00	314.40	333.80
	加拿大	273.40	258.90	261.80	337.60	349.40	359.70	365.10	365.40	372.70	375.90
	中国	145.60	145.90	146.50	146.70	146.60	144.80	146.40	146.60	152.10	144.30
	美国	341.10	351.90	353.50	379.10	368.90	369.00	363.90	363.60	361.40	371.30
	世界	207.10	206.50	205.90	206.30	206.90	206.40	212.50	215.20	215.80	217.90
	欧盟	275.40	277.10	279.10	281.00	285.70	285.20	287.10	290.40	292.40	292.90

资料来源：联合国粮农组织（FAO）数据库（http://www.fao.org/faostat/on/#home）。

2. 肉牛全要素生产率提升潜力分析

肉牛产业技术进步提升潜力较大。根据测算结果分析，中国肉牛全要素生产率增长主要来自技术进步指数中的规模技术进步指数。但是，值得注意的是，2011～2020 年河南、黑龙江、宁夏、陕西四个省（区）的肉牛平均纯技术进步指数均小于 1，说明这四个省（区）的纯技术进步出现负增长，提升潜力较大，后续发展应注重提升科技综合实力，改善肉牛产业技术水平。

肉牛全要素生产率技术效率有待改善。技术效率分解的纯技术效率变化指数和规模效率变化指数普遍较低，2011～2020 年肉牛产业纯技术效率变化指数和规模效率变化指数均值为 1.0000 和 1.0020，规模效率变化指数增长率为 0.2%。大量的资本投入并没有带来规模效应，由此说明中国在肉牛产业发展方面的科技人力和财力投入不协调，还需要进一步进行规模养殖和科技体制创新，从而实现科技资源的优化配置。

3.2.5　肉羊生产潜力提升分析

肉羊单体生产能力还有较大提升空间。如图 3-2 所示，根据中国畜牧统计的数据可以发现，目前中国肉羊的平均胴体重仅为 14.20 千克/只，与世界平均胴体重水平相比较，还有较大差距。例如，中国肉羊胴体重远远低于马来西亚（50 千克/只），也低于澳大利亚（24.20 千克/只）和新西兰（20.10 千克/只）。个体的生产能力较差可能与肉羊的品种、饲养方式、规模化水平都有关系。肉羊养殖成本还有较大提升潜力。目前中国活羊价格大约为 37 元/千克，但是集贸市场的消费者价格却高达近 80 元/千克，[①] 这

---

① 中华人民共和国农业农村部监测数据。

与国际市场上大约不到 40 元/千克的价格相差近 1 倍①，形成这个价格差的原因不仅有国内养羊业高企的成本，还受到人民币升值、石油价格下跌国际生产成本下降等原因的影响。而这种情形不仅体现在羊肉产业，目前全国各个农业产业都在面临这样的挑战。

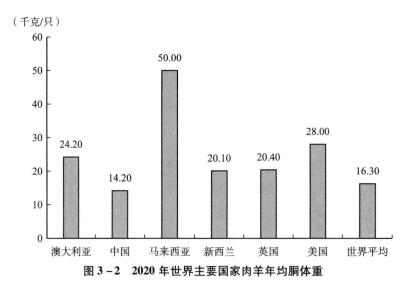

图 3 - 2　2020 年世界主要国家肉羊年均胴体重

资料来源：联合国粮农组织（FAO）数据库（http：//www. fao. org/faostat/on/#home）。

3.2.6　肉鸡生产效率提升潜力分析

效率是影响当前和未来中国肉鸡全要素生产率提升的主要因素。虽然中国肉鸡生产率总体呈上升趋势，但全要素生产率（MI）不稳定，即增长趋势不稳定。从全要素生产率分解的各部分来看，纯技术进步指数（PTC）、纯技术效率变化指数（PEC）、规模效率变化指数（SEC）、规模技术进步指数（STC）也均呈现出波动变化趋势不稳定，尤其是肉鸡生产

①　资料来源：联合国粮农组织（FAO）数据库（http：//www. fao. org/faostat/on/#home）。

纯技术效率和规模效率均有下降。标准化规模养殖程度在过去肉鸡产业持续发展的四十多年中有了很大提高，同时标准化规模养殖对中国肉鸡产量的迅速提高发挥了重要作用。但是标准化养殖设施不配套、养殖技术凭经验的情况普遍存在于中国肉鸡养殖业中，造成商品肉鸡的养殖水平较为低下，进而导致养殖效益低下。美国、欧洲、日本等发达国家和地区肉鸡养殖中相关的鸡舍尺寸、自动通风和湿度控制等关键饲养技术都是通过大量的实验验证，从而得到最佳的解决方案，而中国肉鸡饲养设施设备和关键参数大多没有经过严谨有效的实验检验。标准化规模养殖设施和技术落后已经成为阻碍中国肉鸡生产水平提升的重要因素。未来，在中国肉鸡产业发展的进程中，标准化规模养殖将是产业发展的基础，关系到肉鸡养殖的成败、生产效率的高低。建议加大对肉鸡产业标准化养殖的扶持力度，以标准化鸡舍建设为核心，鼓励和支持企业加大养殖标准化、智能化、机械化设施设备投入力度，着力解决中国肉鸡标准化养殖发展过程中的短腿问题，真正实现"人管理设备，设备养鸡，鸡养人"，促进产业实现转型升级，提升生产效率。

3.2.7　蛋鸡全要素生产率提升潜力分析

1. 主要国家蛋鸡生产情况分析

中国蛋鸡存栏和鸡蛋总产量均在世界保持绝对优势（见表 3 - 24）。2011 ~ 2020 年，中国蛋鸡存栏均值在 25 亿羽以上，占世界蛋鸡存栏比例的均值在 38% 以上。2020 年，中国蛋鸡存栏为 32.88 亿羽，欧盟蛋鸡存栏为 4.65 亿羽，印度和美国蛋鸡存栏均在 3 亿羽以上。2011 ~ 2020 年，世界及中国、美国、印度、日本和欧盟的蛋鸡存栏量整体均呈上升趋势，

表3-24　2011~2020年世界主产国蛋鸡生产情况

指标	国家和地区	2011年	2012年	2013年	2014年	2015年	2016年	2017年	2018年	2019年	2020年
存栏（亿羽）	世界	66.15	68.18	68.99	70.42	71.23	73.34	74.25	74.96	78.54	81.58
	中国	25.81	26.57	26.87	27.38	28.83	29.91	29.30	29.63	31.37	32.88
	美国	3.41	3.45	3.55	3.65	3.52	3.66	3.81	3.94	4.00	3.92
	印度	3.08	3.22	3.25	3.25	3.78	3.83	3.98	4.42	5.25	5.59
	日本	1.37	1.35	1.33	1.34	1.51	1.35	1.36	1.39	1.42	1.52
	俄罗斯	1.60	1.67	1.76	1.76	1.88	1.58	1.59	1.61	1.57	1.58
	巴西	2.90	3.00	3.10	3.20	3.23	3.29	2.41	2.45	2.48	2.53
	欧盟	4.39	4.40	4.49	4.47	4.38	4.42	4.51	4.64	4.59	4.65
鸡蛋产量（万吨）	世界	6 547.45	6 707.37	6 866.68	7 012.52	7 213.29	7 418.16	7 892.36	8 041.00	8 420.10	8 707.45
	中国	2 423.16	2 465.92	2 478.70	2 497.27	2 627.16	2 724.42	2 695.45	2 722.82	2 885.30	3 024.86
	美国	547.50	558.90	577.80	597.40	575.66	604.70	635.08	651.85	670.68	665.88
	印度	346.63	365.50	383.52	411.14	431.66	456.10	484.75	523.69	629.11	671.27
	日本	248.26	250.68	252.20	250.19	252.09	256.22	260.12	262.78	263.97	263.29
	俄罗斯	228.36	233.36	228.36	231.35	235.72	241.28	248.37	248.63	249.15	249.22
	巴西	203.65	208.38	217.15	224.06	226.09	225.96	288.27	303.03	315.01	326.09
	欧盟	611.90	590.64	611.76	620.77	621.60	614.59	621.50	634.23	647.50	653.69

续表

指标	国家和地区	2011 年	2012 年	2013 年	2014 年	2015 年	2016 年	2017 年	2018 年	2019 年	2020 年
鸡蛋产量（亿个）	世界	12 275.66	12 554.79	12 845.06	12 749.44	12 964.59	13 167.69	14 942.99	15 244.40	15 847.84	16 479.35
	中国	4 846.33	4 931.84	4 957.41	4 590.63	4 654.24	4 658.02	5 388.22	5 443.05	5 767.86	6 046.81
	美国	924.50	943.64	975.55	1 008.79	972.08	1 021.12	1 072.42	1 100.74	1 132.06	1 117.34
	印度	630.24	664.50	697.31	747.52	784.84	829.29	952.17	1 033.18	1 143.83	1 220.49
	日本	413.77	417.80	420.33	416.99	420.15	427.04	433.53	437.96	439.96	438.81
	俄罗斯	407.78	415.48	407.79	413.13	420.93	430.43	442.90	443.98	444.92	445.03
	巴西	407.31	416.76	434.31	448.11	452.19	461.15	505.74	531.63	552.65	572.08
	欧盟	1 013.55	988.62	1 019.16	1 035.34	1 040.79	1 024.58	1 038.54	1 070.69	1 061.94	1 086.42
单位鸡年产蛋量（个）	世界	185.56	184.13	186.18	181.05	182.02	179.53	201.26	203.36	201.78	202.00
	中国	187.74	185.63	184.50	167.67	161.41	155.71	183.91	183.69	183.87	183.89
	美国	271.43	273.64	274.92	276.60	275.84	279.00	281.34	279.12	283.37	285.20
	印度	204.81	206.35	214.71	230.28	207.61	216.71	239.20	233.97	217.91	218.32
	日本	301.25	308.39	315.83	312.34	277.36	317.34	318.53	315.00	310.28	288.17
	俄罗斯	254.90	248.30	231.29	234.42	224.18	272.98	277.69	275.53	283.45	281.83
	巴西	140.45	138.92	140.10	140.03	140.00	140.17	209.94	217.11	223.24	226.50
	欧盟	230.99	224.59	227.13	231.82	237.36	231.58	230.47	230.62	231.27	233.55

续表

指标	国家和地区	2011 年	2012 年	2013 年	2014 年	2015 年	2016 年	2017 年	2018 年	2019 年	2020 年
单位鸡年鸡蛋产量（千克）	世界	9.90	9.84	9.95	9.96	10.13	10.11	10.63	10.73	10.72	10.67
	中国	9.39	9.28	9.23	9.12	9.11	9.11	9.20	9.19	9.20	9.20
	美国	16.07	16.21	16.28	16.38	16.33	16.52	16.66	16.53	16.79	17.00
	印度	11.26	11.35	11.81	12.67	11.42	11.92	12.18	11.86	11.99	12.01
	日本	18.07	18.50	18.95	18.74	16.64	19.04	19.11	18.90	18.62	17.29
	俄罗斯	14.27	13.95	12.95	13.13	12.55	15.30	15.57	15.43	15.87	15.78
	巴西	7.02	6.95	7.00	7.00	7.00	6.87	11.97	12.38	12.72	12.91
	欧盟	13.95	13.42	13.63	13.90	14.18	13.89	13.79	13.66	14.10	14.05

资料来源：联合国粮农组织（FAC）数据库（http：//www.fao.org/faostat/on/#home）。

其中，中国、美国和印度年均增长速度较快，高于世界蛋鸡存栏增长速度。鸡蛋产量方面，2011～2020 年，中国鸡蛋产量均值在 2 600 万吨以上，世界占比在 35% 以上。2020 年，中国鸡蛋产量为 3 024.86 万吨，印度、美国和欧盟鸡蛋年产量分别为 671.27 万吨、665.88 万吨和 653.69 万吨，中国蛋鸡规模及鸡蛋产量在世界居于首位。

2. 全要素生产率提升潜力分析

中国产蛋水平低于世界平均水平。2011～2020 年，中国单位鸡年产蛋量均值为 178 个/羽，低于世界单位鸡产蛋水平的 191 个/羽，而日本、美国、俄罗斯和欧盟，单位鸡年产蛋个数分别达到 306 个、278 个、258 个和 231 个，可见中国鸡蛋产出效率低于世界及其他发达国家和地区水平。同时，2011～2020 年，中国单位鸡年产蛋的平均产量 9.20 千克/羽，低于世界平均水平（10.26 千克/羽），日本、美国、俄罗斯、欧盟和印度单位鸡年产蛋量分别达到 18.39 千克/羽、16.48 千克/羽、14.48 千克/羽、13.86 千克/羽和 11.85 千克/羽，分别是中国单位鸡年产蛋量的 2.00 倍、1.79 倍、1.57 倍、1.51 倍和 1.29 倍，中国单位鸡年产蛋量与世界产蛋水平还存在一定差距。

蛋鸡全要素生产率提升潜力主要在技术进步率增长方面。中国蛋鸡产业总体规模大、产量大，但与世界发达国家相比，整体处于大而不强、多而不优，以量取胜的劣势竞争模式，鸡的产蛋性能和蛋品质量方面还有待提高，蛋鸡养殖水平与世界发达国家还有一段距离，主要原因是养殖的规模化、集约化还未完全实现，养殖水平良莠不齐。相比之下，美国等发达国家蛋鸡养殖的集中化、集约化水平显著，且国内豆粕和玉米等饲料资源丰富，遗传改良技术提高蛋鸡饲料转化率。美国农业部数据报告显示，2020 年，美国 Cal - Maine Foods、Rose Acre Farms、Versova、Michael Foods 等排名前十的鸡蛋生产商拥有全国 53.90% 的鸡蛋生产量，且排名前五的蛋鸡养殖规模均在 1 500 万羽以上。2020 年，中国蛋鸡年存栏 500

万羽以上的仅有 7 家场（户），多数养殖户蛋鸡存栏量在 500 羽以下，分散饲养不利于形成产地品牌化效应，质量可追溯性差，抗风险能力弱，影响产业竞争优势。虽然近年中国蛋鸡养殖业产业规模化程度升高，但与美国等先进国家相比仍有较大差距。受技术进步率变化影响，近年中国大规模、中规模、小规模蛋鸡养殖的全要素生产率有不同程度的波动，蛋鸡全要素生产率提升潜力主要在技术进步率增长方面。

第4章
基于贸易视角的竞争力分析

长期以来，中国畜产品基本上自给自足，但从进入 21 世纪以来，先是奶类产品进口量快速增长，之后肉类产品也呈现快速增长趋势。尤其是近几年，畜产品进口量更是大幅增加。2020 年畜产品进出口额为 530.0 亿美元，占全部农产品进出口额的 21.47%，贸易逆差达 421.4 亿美元，贸易逆差占全部农产品贸易逆差的 44.47%①。中国作为畜产品生产大国、出口小国，与畜产品大量进口相伴随的是受生产成本偏高影响，中国畜产品价格普遍比国外高 1 倍，畜牧业竞争力问题越来越受关注。本书基于贸易视角，通过计算国际市场占有率、显示性比较优势指数、贸易竞争力指数等指标分析主要畜禽品种的国际竞争力。

4.1 贸易竞争力测算方法

4.1.1 国际市场占有率

国际市场占有率（world market share，WMS）指一国某种产品出口额在世界该产品出口总额中所占份额，是直接体现一国出口的某种产品在国

———————

① 资料来源：中华人民共和国海关总署（http：//www.customs.gov.cn）。

际市场上的总体国际竞争力的重要指标,反映国际竞争力的实现程度。可用公式表示为:

$$WMS_i^k = \frac{X_{iw}^k}{X_{ww}^k} \times 100\% \qquad (4-1)$$

其中,X_{iw}^k 表示 i 国 k 产品出口额,X_{ww}^k 表示世界 k 产品出口总额。WMS_i^k 的取值在 0 和 100% 之间;WMS_i^k 的值越大时,表明 i 国 k 产品的国际市场份额也越高。

4.1.2 贸易竞争力指数

贸易竞争力指数(trade comparativeness,TC)指一国某产品的净出口额与进出口总额之比,该指标可以反映一国生产的某种产品是净进口还是净出口,以及净进口或净出口的相对规模,从而反映相对于世界市场上由其他国家或地区所供应的该产品而言,一国生产的同种产品是处于效率的竞争优势还是劣势以及优劣的程度。可用公式表示为:

$$TC_i^k = \frac{X_{iw}^k - M_{iw}^k}{X_{iw}^k + M_{iw}^k} \qquad (4-2)$$

其中,X_{iw}^k 和 M_{iw}^k 分别表示 i 国 k 产品的出口额和进口额,且 TC_i^k 的取值在 -1 和 1 之间。当 $TC_i^k > 0$ 时,表明 i 国 k 产品具有出口竞争优势,且 TC_i^k 的值越接近 1,i 国 k 产品的出口竞争优势越强,净出口相对规模也越大;当 $TC_i^k < 0$ 时,表明 i 国 k 产品处于出口竞争劣势,且 TC_i^k 的值越接近 -1,i 国 k 产品的出口竞争劣势越强,净进口相对规模也越大。

4.1.3 显示性比较优势指数

显示性比较优势指数(revealed comparative advantage,RCA)指一国某种产品出口额占该国所有产品出口总额的比重与世界该产品出口额占世界所有产品出口总额的比重的比率,是分析一国某种产品是否具有出口比较优势的重要指标。可用公式表示为：

$$RCA_i^k = \frac{X_{iw}^k / X_{iw}^t}{X_{ww}^k / X_{ww}^t}$$ (4-3)

其中，X_{iw}^k 表示 i 国 k 产品出口额，X_{iw}^t 表示 i 国所有产品出口总额，X_{ww}^k 表示世界 k 产品出口额，X_{ww}^t 表示世界所有产品出口总额。一般认为，当 $RCA_i^k \geq 2.5$ 时，表明 i 国 k 产品具有很强的出口比较优势；当 $1.25 \leq RCA_i^k < 2.5$ 时，表明 i 国 k 产品具有较强的出口比较优势；当 $0.8 \leq RCA_i^k < 1.25$ 时，表明 i 国 k 产品具有一定出口比较优势；当 $RCA_i^k < 0.8$ 时，表明 i 国 k 产品不具有出口比较优势。

4.2　猪肉贸易竞争力测算分析

中国是猪肉生产和消费大国，贸易小国。从世界猪肉生产形势来看，产能主要集中在中国、欧盟、美国和巴西等国家和地区。2020 年全球猪肉产量为 9 788 万吨。其中，中国猪肉产量为 4 113 万吨，占比 42.02%；欧盟 2 407.51 万吨，占比 19.92%；美国 1 194.30 万吨，占比 9.88%；三个国家和地区猪肉产量约占全球总产量的 3/4。在欧盟国家中，德国是最大的猪肉生产国，2020 年猪肉产量 511 万吨，在欧盟国家中占比 21.23%；丹麦是典型的出口导向型国家，其产出的农产品 2/3 出口到国际市场，2020 年猪肉产量 158.32 万吨，在欧盟占比 6.58%。巴西是美洲第二大猪肉生产国，2020 年猪肉产量 378.77 万吨，在全球占比 3.87%。[①] 从世界猪肉贸易形势来看，猪肉出口国高度集中，主要集中美国、欧盟、加拿大和巴西；猪肉进口国相对较分散，中国、日本、墨西哥和俄罗斯等是进口大国。本书选取美洲的美国和巴西、欧盟的德国和丹麦、亚洲的日本等国，与中国生猪产品贸易竞争力进行比较分析（测算结果见表 4-1）。

---

① 资料来源：联合国粮农组织（FAO）数据库（http://www.fao.org/faostat/on/#home）。

表 4 - 1　1995～2020 年猪肉竞争力指标测算结果

年份	国际市场占有率（%）						贸易竞争力指数						显示性比较优势指数					
	中国	美国	巴西	德国	丹麦	日本	中国	美国	巴西	德国	丹麦	日本	中国	美国	巴西	德国	丹麦	日本
1995	13.01	5.915	0.619	3.346	18.273	0.012	0.779	0.15	0.655	-0.606	0.96	-0.999	5.113	0.433	0.233	0.611	7.639	0.015
1996	11.183	6.851	0.799	3.36	16.737	0.013	0.769	0.253	0.928	-0.613	0.946	-0.999	4.522	0.505	0.301	0.624	7.551	0.018
1997	3.571	7.913	1.016	3.62	18.551	0.009	0.283	0.272	0.841	-0.571	0.919	-0.999	1.353	0.61	0.331	0.721	8.329	0.013
1998	2.473	8.674	1.235	4.562	13.451	0.016	-0.02	0.286	0.926	-0.494	0.945	-0.998	0.982	0.706	0.411	0.825	8.308	0.022
1999	1.815	9.266	1.156	6.22	19.692	0.017	-0.257	0.223	0.926	-0.321	0.926	-0.999	0.7	0.77	0.396	1.154	8.745	0.022
2000	1.793	11.566	1.468	6.024	19.206	0.014	-0.311	0.226	0.985	-0.298	0.900	-0.999	0.602	0.891	0.522	1.131	8.941	0.018
2001	2.369	11.208	2.686	7.338	2C.069	0.017	-0.12	0.221	0.997	-0.155	0.924	-0.999	0.786	0.883	0.803	1.339	9.054	0.018
2002	2.953	10.271	3.42	7.93	18.098	0.006	-0.031	0.225	0.999	-0.116	0.899	-1	0.916	0.871	1.039	1.408	8.179	0.008
2003	3.323	9.524	3.406	9.522	17.513	0.007	0.037	0.184	0.999	-0.064	0.882	-0.999	1.022	0.852	0.959	1.622	7.937	0.011
2004	4.117	9.558	3.915	9.929	16.747	0.005	0.204	0.226	0.999	-0.032	0.88	-1	1.333	0.937	0.991	1.663	7.811	0.007
2005	3.733	10.677	5.432	11.543	15.628	0.005	0.241	0.341	0.999	0.072	0.832	-1	1.102	1.091	1.314	1.821	7.587	0.007
2006	3.925	11.163	4.601	13.19	16.355	0.006	0.222	0.404	0.999	0.117	0.823	-0.999	1.137	1.136	1.097	2.066	8.044	0.009
2007	3.389	11.503	4.973	15.272	15.25	0.007	0.051	0.478	0.999	0.196	0.837	-0.999	0.987	1.145	1.165	2.331	8.302	0.011
2008	3.143	13.696	4.912	16.863	13.367	0.011	-0.254	0.639	0.999	0.26	0.821	-0.999	0.999	1.314	1.074	2.604	7.679	0.017

续表

年份	国际市场占有率（%）						贸易竞争力指数						显示性比较优势指数					
	中国	美国	巴西	德国	丹麦	日本	中国	美国	巴西	德国	丹麦	日本	中国	美国	巴西	德国	丹麦	日本
2009	3.174	13.422	4.531	18.446	12.475	0.011	-0.133	0.624	0.998	0.288	0.818	-0.999	0.914	1.321	0.925	2.83	7.115	0.016
2010	3.36	13.897	4.573	16.98	11.382	0.013	-0.099	0.595	0.998	0.32	0.801	-0.998	0.882	1.32	0.902	2.865	7.052	0.018
2011	3.126	15.221	4.092	17.107	11.068	0.011	-0.337	0.65	0.997	0.343	0.794	-0.999	0.798	1.492	0.781	2.988	7.458	0.016
2012	2.892	14.597	3.82	15.837	9.354	0.01	-0.338	0.665	0.996	0.339	0.79	-0.999	0.723	1.404	0.73	2.874	6.559	0.016
2013	2.984	13.952	3.556	16.949	9.672	0.016	-0.362	0.612	0.995	0.359	0.765	-0.998	0.737	1.375	0.678	2.97	6.578	0.025
2014	3.512	15.231	4.169	16.395	9.159	0.021	-0.299	0.574	0.994	0.359	0.747	-0.997	0.827	1.466	0.829	2.87	6.5	0.035
2015	3.368	15.451	3.941	15.623	8.679	0.026	-0.438	0.537	0.995	0.394	0.759	-0.996	0.724	1.479	0.769	2.839	6.391	0.04
2016	3.209	14.99	4.168	15.676	8.421	0.031	-0.611	0.549	0.996	0.407	0.779	-0.996	0.672	1.441	0.856	2.83	6.234	0.047
2017	3.439	14.419	4.067	15.499	7.852	0.033	-0.496	0.546	0.995	0.388	0.775	-0.995	0.761	1.473	0.803	2.891	5.883	0.051
2018	1.799	15.693	3.23	15.281	8.365	0.043	-0.690	0.580	0.999	0.465	0.813	-0.994	0.393	1.654	0.625	2.874	6.45	0.065
2019	0.635	14.961	3.933	14.997	7.495	0.022	-0.892	0.630	0.976	0.383	0.775	-0.996	0.161	1.551	0.716	2.788	6.570	0.063
2020	0.384	14.861	4.887	13.151	7.523	0.035	-0.971	0.663	0.984	0.385	0.792	-0.993	0.103	1.500	0.857	2.469	6.732	0.087

资料来源：笔者根据联合国粮农组织（FAO）数据库的数据测算而得。

4.2.1 世界猪肉贸易总体情况

世界猪肉贸易市场规模巨大，2020 年世界各国猪肉进口量达到 1 628.51 万吨，贸易金额达到 461.23 亿美元，出口量达到 1 687.06 万吨，出口贸易金额达到 457.74 亿美元。总体来看，全球猪肉贸易洲际流动主要是从欧洲与美洲流向亚洲。欧洲、美洲主导全球猪肉产品出口贸易，猪肉出口量占全球猪肉出口总量的比重超过 95%。全球主要猪肉净进口国为中国、日本、墨西哥、韩国和俄罗斯等。猪肉出口国高度集中，主要集中美国、欧盟、加拿大和巴西，猪肉出口量占世界猪肉出口总量的比重超过 90%。猪肉进出口贸易以生鲜冷冻猪肉贸易为主，猪肉熟制品不到贸易量的 10%。[①]

从主要贸易国情况看，中国是猪肉进口大国，进口贸易规模逐年扩大。2020 年中国猪肉进口量达到 430.67 万吨，进口额达到 145.56 亿美元。进口产品以生鲜冷冻猪肉为主，且比重逐年增加，目前生鲜冷冻猪肉进口比重已接近 100%。中国猪肉出口规模较小，且近年来呈现逐步下降趋势，2020 年中国猪肉出口量仅为 18.27 万吨，出口额仅为 4.51 亿美元。[②] 中国猪肉主要以生鲜冷冻肉形式出口，也有部分以猪肉熟制品的形式出口，熟制品占到猪肉总出口量的 30%～40%。从世界猪肉生产形势来看，产能主要集中在中国、欧盟、美国和巴西等国家和地区。中国、美国以及欧盟的猪肉产量约占全球总产量的 3/4。德国是欧盟最大的猪肉生产国，巴西是美洲第二大猪肉生产国。德国和西班牙不仅是欧盟猪肉生产大国，也是猪肉出口大国。综上，结合生猪产业实际，同时充分考虑

[①] 资料来源：联合国粮农组织（FAO）数据库（http：//www.fao.org/faostat/on/#home）。

[②] 资料来源：中华人民共和国海关总署（http：//www.customs.gov.cn）。

指标数据的可获得性，本书选择美国、巴西、俄罗斯、欧盟中的德国和西班牙 5 个生猪生产、消费、贸易大国与中国进行生猪产业国际竞争力的比较分析。

4.2.2 国际市场占有率（WMS）

中国猪肉国际市场占有率大幅下降后，长期维持在较低水平。如图 4-1 所示，1995~2020 年，中国猪肉国际市场占有率均值为 2.40%，保持在相对较低水平，与美国、德国、丹麦等发达国家有较大差距。从变化趋势看，呈现"下降—回升—再降"趋势，1995 年为 3.03%，2018 年降至 2.15%。近年受非洲猪瘟疫情影响，中国猪肉市场自给率总体呈下降趋势，进口连创新高，2020 国际市场占有率仅为 0.38%。

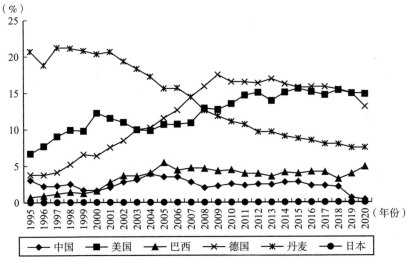

图 4-1 1995~2020 年中国与 5 个代表国猪肉出口国际市场占有率比较

资料来源：联合国粮农组织（FAO）数据库（http://www.fao.org/faostat/on/#home）。

　　从国际市场看，西欧和美国是国际猪肉贸易重要的出口地区。德国、丹麦和美国是出口猪肉国际市场占有率相对较高的三个国家。其中德国受益于国内扶持政策，生猪养殖规模不断扩大，德国在 2009 年之前出口猪肉国际市场占有率水平不断攀升，最高占到 17.50%，近十年来有小幅下降趋势，但始终维持在 15% 以上水平。从美国 1995～2020 年的数据来看，美国的出口猪肉国际市场占有率水平总体呈现逐年攀升的趋势，2020 年国际市场占有率水平为 14.86%，占有率超过德国。丹麦 2020 年出口猪肉国际市场占有率为 7.52%，在国际市场上有一定的影响力，但从长期趋势来看，丹麦出口猪肉国际市场占有率总体呈现逐年下降的趋势。巴西也是国际猪肉市场上重要的猪肉出口国之一，2020 年巴西出口猪肉国际市场占有率为 4.88%。日本由于养殖规模较小，国内市场需求大的原因，猪肉对外出口量相对较小，2020 年日本出口猪肉国际市场占有率仅为 0.03%。

4.2.3　易竞争力指数 （TC）

　　中国猪肉贸易竞争力指数从正转负，且贸易逆差持续扩大。中国猪肉贸易竞争力指数呈现出明显的两阶段特征，1995～2007 年贸易竞争力指数保持在较高水平，2008～2020 年贸易竞争力指数快速下降后保持低位（见图 4-2）。与丹麦、美国、德国、日本等发达国家相比，中国猪肉贸易竞争力指数存在较大差距。巴西由于其猪肉净出口规模相对较大，巴西的猪肉贸易竞争力指数多年连续接近于 1，表现出十分强劲的贸易竞争力。丹麦、美国、德国的贸易竞争力也维持在相对较高的水平，其中丹麦的猪肉贸易竞争力有小幅下降趋势，2020 年贸易竞争力指数为 0.79，而美国、德国的贸易竞争力呈现逐年上涨的态势，2020 年两国贸易竞争力分别为 0.67 和 0.39，在国际猪肉市场上也表现出较强的竞争力。日本国内由于巨大的猪肉供给缺口，净进口猪肉规模相对较大，贸易竞争力指数常年趋近于 -1。

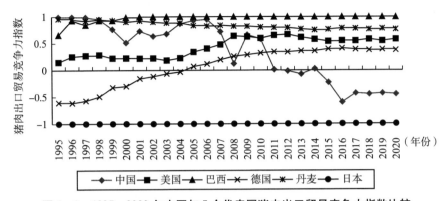

图 4 - 2　1995 ~ 2020 年中国与 5 个代表国猪肉出口贸易竞争力指数比较

资料来源：联合国粮农组织（FAO）数据库（http：//www. fao. org/faostat/on/#home）。

4.2.4　显示性比较优势指数（RCA）

中国猪肉显示性比较优势指数大幅下降，并长期处于较低水平。如图 4 - 3 所示，中国猪肉显示性比较优势指数在 20 世纪 90 年代呈现迅速下降趋势，从 1995 年的 1. 19 下降到 2000 年的 0. 53，从具有一定的比较优势迅速转变为不具有出口比较优势；20 世纪初虽然略有回调，但回调期很短，2004 年之后中国猪肉显示性比较优势指数继续呈现缓慢的波动下降趋势，到 2018 年下降至 0. 47。非洲猪瘟疫情以后，中国猪肉显示性比较优势指数 2020 年降至 0. 10。丹麦猪肉显示性比较优势指数也呈现不断下降趋势，但是相比较而言，丹麦猪肉显示性比较优势指数在 2.5 以上，仍具有很强的出口比较优势。德国猪肉显示性比较优势指数逐年上升，2008 年后德国发展为具有很强的猪肉出口比较优势的国家。美国2020 年猪肉显示性比较优势指数为 1. 50，拥有国际市场上较强的出口贸易优势。巴西猪肉显示性比较优势指数在 1995 ~ 2004 年呈现逐步上升趋势，1995 年为 0. 233，2005 年达到历史最高值 1. 31，上升到 $1.25 \leqslant RCA_i^k < 2.5$ 的较强出口比较优势区间；2005 年后呈现逐步下降趋势，2020 年降为 0. 86，

不再具有出口比较优势。日本猪肉显示性比较优势指数长期处于接近于 0
的状态，一直不足 0.1，反映出日本完全不具备出口猪肉比较优势。

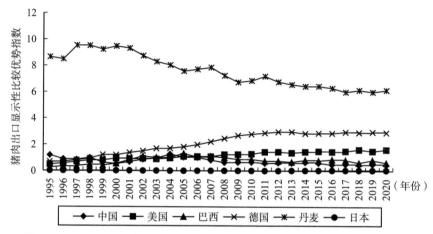

图 4 – 3　1995 ~ 2020 年中国与 5 个代表国猪肉出口显示性比较优势指数比较

资料来源：联合国粮农组织（FAO）数据库（http：//www. fao. org/faostat/on/#home）。

4.3　鸡肉贸易竞争力测算分析

　　中国是鸡肉生产大国，鸡肉在中国肉类产品贸易中占有重要地位。从
世界鸡肉生产形势来看，美国、中国、巴西和欧盟是世界鸡肉四大主产国
和地区，从世界鸡肉贸易形势来看，巴西、美国和欧盟是世界最主要的三
大鸡肉出口国和地区。其中，荷兰是欧盟最大的肉鸡出口国。此外，新兴
经济体国家中，如泰国、乌克兰和俄罗斯肉鸡出口增长显著。本书选取了
巴西、美国、泰国，以及欧盟中的荷兰、法国、德国为代表，同中国开展
鸡肉竞争力比较分析（测算结果见表 4 – 2）。

表 4 - 2　1995 ～ 2020 年鸡肉竞争力指标测算结果

年份	国际市场占有率（%）						贸易竞争力指数						显示性比较优势指数					
	中国	美国	巴西	法国	泰国	荷兰	中国	美国	巴西	法国	泰国	荷兰	中国	美国	巴西	法国	泰国	荷兰
1995	12.798	25.193	8.683	11.933	6.952	12.764	0.09	0.994	0.997	0.590	0.999	0.595	5.029	1.844	3.265	1.556	2.945	1.766
1996	14.582	25.813	9.616	11.17	5.598	12.281	0.179	0.992	0.997	0.572	0.999	0.549	5.896	1.903	3.62	1.512	2.413	1.529
1997	14.529	25.337	5.52	11.956	6.345	12.223	0.138	0.987	0.991	0.609	0.999	0.541	5.506	1.954	1.798	1.689	2.905	1.656
1998	12.792	23.250	9.0750	11.692	7.38	10.712	0.13	0.981	0.995	0.581	0.999	0.508	5.081	1.892	3.024	1.589	3.641	1.359
1999	14.636	19.615	11.050	10.819	8.188	12.838	-0.001	0.964	0.999	0.556	0.996	0.528	5.643	1.629	3.788	1.471	3.813	1.601
2000	16.546	21.378	10.190	9.610	8.922	10.647	0.063	0.957	0.999	0.518	0.999	0.533	5.553	1.646	3.623	1.430	4.015	1.394
2001	14.246	21.013	13.762	7.815	9.467	10.298	0.117	0.941	0.999	0.472	0.999	0.474	4.724	1.655	4.115	1.236	4.330	1.332
2002	13.145	16.904	15.215	7.914	10.515	11.03	0.115	0.917	0.999	0.464	0.997	0.467	4.078	1.434	4.625	1.208	4.923	1.369
2003	10.158	15.712	16.616	7.570	10.132	11.801	0.059	0.909	0.999	0.396	0.999	0.325	3.125	1.405	4.677	1.108	4.580	1.431
2004	5.995	16.582	22.169	6.760	5.727	10.867	0.027	0.888	0.999	0.287	0.982	0.319	1.941	1.626	5.61	1.028	2.621	1.315
2005	6.941	16.21	25.107	5.986	6.062	10.7	0.042	0.903	0.999	0.263	0.998	0.341	2.049	1.657	6.073	0.97	2.884	1.345
2006	8.037	15.221	23.864	5.280	6.947	11.88	0.006	0.873	0.999	0.211	0.999	0.38	2.328	1.548	5.69	0.882	3.038	1.547
2007	7.200	16.318	25.36	5.121	6.173	11.907	-0.152	0.887	0.999	0.158	0.999	0.417	2.097	1.624	5.944	0.875	2.796	1.567
2008	5.701	16.516	27.855	4.893	7.34	10.949	-0.263	0.902	0.999	0.128	0.997	0.31	1.811	1.584	6.092	0.865	3.113	1.461

续表

年份	国际市场占有率（%）						贸易竞争力指数						显示性比较优势指数					
	中国	美国	巴西	法国	泰国	荷兰	中国	美国	巴西	法国	泰国	荷兰	中国	美国	巴西	法国	泰国	荷兰
2009	6.668	16.722	24.721	4.872	7.221	10.838	-0.243	0.894	0.999	0.089	0.997	0.295	1.92	1.646	5.047	0.898	3.035	1.429
2010	8.167	14.611	25.735	4.436	7.142	10.135	-0.135	0.879	0.999	0.058	0.997	0.306	2.143	1.388	5.077	0.900	2.753	1.459
2011	8.350	14.066	25.985	4.524	7.106	9.94	-0.077	0.892	0.998	0.057	0.997	0.317	2.132	1.379	4.958	0.893	2.462	1.531
2012	7.740	15.493	24.443	3.567	7.567	9.634	-0.028	0.885	0.998	-0.033	0.997	0.33	1.936	1.49	4.668	0.755	2.98	1.549
2013	7.309	15.129	24.327	3.666	7.445	9.133	-0.026	0.87	0.997	-0.028	0.987	0.354	1.804	1.491	4.637	0.763	3.194	1.423
2014	7.749	14.671	23.566	3.212	7.701	8.961	-0.056	0.867	0.997	-0.101	0.988	0.389	1.823	1.412	4.685	0.699	3.396	1.409
2015	8.211	12.336	24.331	3.420	9.102	8.982	-0.046	0.783	0.997	-0.075	0.994	0.352	1.764	1.181	4.75	0.775	3.898	1.474
2016	7.98	11.855	23.666	3.084	9.781	9.339	-0.124	0.771	0.998	-0.149	0.994	0.380	1.67	1.139	4.860	0.715	4.186	1.468
2017	7.972	12.111	22.997	2.785	10.025	9.488	-0.075	0.787	0.998	-0.196	0.995	0.324	1.763	1.237	4.544	0.667	4.003	1.530
2018	8.215	11.507	19.517	2.863	10.326	9.790	-0.047	0.763	0.997	-0.223	0.996	0.343	1.793	1.213	3.778	0.672	4.219	1.580
2019	5.098	11.213	18.654	3.495	9.846	9.039	-0.042	0.774	0.996	-0.127	0.994	0.343	1.294	1.163	3.397	0.760	4.216	1.343
2020	4.814	12.233	17.331	3.272	10.390	9.354	-0.368	0.753	0.996	-0.171	0.996	0.342	1.290	1.235	3.040	0.742	4.770	1.385

资料来源：笔者根据联合国粮农组织（FAO）数据库的数据测算而得。

4.3.1 世界鸡肉贸易总体情况

世界禽肉贸易以鸡肉为主，占总禽肉贸易量的90%以上。从世界鸡肉贸易总体情况来看，鸡肉贸易量持续增长。2020年世界各国鸡肉进口量为1 820.29万吨，出口量为1 967.59万吨。美国、中国、巴西和欧盟是世界鸡肉四大主产国家和地区，鸡肉产量约占世界鸡肉总产量的60%，其中，巴西、美国和欧盟也是世界鸡肉主要出口国和地区，鸡肉出口量约占世界肉鸡总出口量的60%。此外，泰国、乌克兰和俄罗斯的鸡肉出口量增长显著，成为鸡肉出口量较多的国家。鸡肉贸易产品包括鸡肉生鲜冷冻产品和鸡肉熟制品两大类，鸡肉生鲜冷冻产品在全球肉鸡国际贸易中占主要比重，占比超过85%。鸡肉生鲜冷冻产品贸易中，冷冻鸡块占主导地位，占鸡肉生鲜冷冻产品贸易总量的50%以上，其次是冷冻整鸡和鲜冷整鸡。

从国内情况看，中国鸡肉进口量相对较大，且逐年增加。近几年鸡肉进口量在50万吨左右，绝大多数进口鸡肉为生鲜冷冻鸡肉产品；中国鸡肉出口量受国内外市场因素影响存在一定的周期性波动，近三年中国鸡肉出口量在50万吨以上。中国鸡肉进出口贸易产品包括鸡肉生鲜冷冻产品及鸡肉熟食制品两大类。在进口贸易中，生鲜冷冻产品占主要比重，鸡肉熟食制品占比非常小，近年鸡肉熟食制品进口额不足8%，但在出口贸易中，近年鸡肉熟食制品出口额大致维持在50%左右的水平（历史最高达到70%）。

从世界其他鸡肉主产国和主要贸易国来看，长期以来，巴西是世界最大的鸡肉出口国，2020年出口量为407.98万吨，占全球鸡肉出口总量的23.55%，同时巴西也是最大的冷冻鸡肉出口国。近几年巴西鸡肉出口量一直维持在400万吨左右，绝大部分出口为生鲜冷冻鸡肉，巴西在国际鸡肉市场竞争优势明显。巴西作为鸡肉出口大国，鸡肉进口量相对较少，

2020 年巴西鸡肉进口量只有 0.52 万吨。2004 年至今，美国是除巴西以外世界最大的鸡肉出口国，2020 年出口量为 391.27 万吨，占全球总量的 21.12%。近十年美国鸡肉出口量一直在 300 万吨以上，90% 以上为生鲜冷冻鸡肉，熟制品的占比相对较低。同样，美国作为鸡肉出口大国，进口量较小，2015 年以后美国鸡肉进口量突破 10 万吨，2020 年进口量为 15.39 万吨，进口鸡肉中生鲜冷冻肉占比 56%，熟制品占比 44%。

欧盟是世界第三大肉鸡出口地区，2020 年出口量为 64.29 万吨（欧盟各成员国内部的贸易流通不计算在内）。其中，荷兰是欧洲第一大鸡肉出口国，2020 年出口量达到 163.21 万吨；法国进口量为 55.55 万吨，出口量为 40.07 万吨；德国进口量为 85 万吨以上，出口量为 70 万吨左右。荷兰和法国鸡肉出口均以生鲜冷冻肉为主，熟制品相对较少；德国鸡肉出口熟制品比重相对偏高，2020 年德国出口熟制品占总出口量的 40% 左右。此外，近年来，新兴经济体的国家和地区中，如泰国、乌克兰和俄罗斯肉鸡出口增长显著，成为肉鸡出口量较多的国家和地区。目前，泰国出口量增幅较大。泰国是肉鸡养殖大国，鸡肉进口量相对较少，主要以鸡肉出口为主，2020 年泰国出口鸡肉 117.40 万吨，进口量仅为 0.23 万吨，泰国 70% 以上的鸡肉是以熟制品的形式出口，生鲜冷冻肉占出口鸡肉比重的 30% 左右。

4.3.2 国际市场占有率（WMS）

中国鸡肉国际市场占有率大幅下降，并维持在较低水平。如图 4-4 所示，中国作为世界四大鸡肉生产国家和地区之一，中国出口鸡肉产品曾经占有较大国际市场份额，1995 年中国出口鸡肉产品金额国际市场占有率为 8.31%，2000 年中国鸡肉国际市场占有率达到 10.26%，为历史最高点。但之后，呈断崖式下降趋势，中间出现小幅度反弹，2005 年之后总体维持在 5% 左右，国际市场占有率偏低。

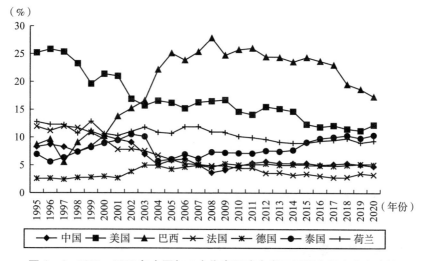

图4-4　1995~2020年中国与6个代表国鸡肉出口国际市场占有率比较

资料来源：联合国粮农组织（FAO）数据库（http：//www. fao. org/faostat/on/#home）。

从国际市场看，巴西出口鸡肉国际市场占有率开始与中国持平，自2001年起远超中国；美国出口鸡肉国际市场占有率虽然明显下降，但一直明显高于中国；欧盟中的鸡肉主要出口国为荷兰，欧盟的鸡肉主要出口量低于巴西和美国，但高于中国；此外，法国、德国的国际市场占有率低于中国。

1995~2020年，巴西作为当前作为世界四大鸡肉生产国家和地区之一、世界鸡肉出口第一大国，其出口鸡肉的国际市场占有率从8.68%持续上升并稳定在20%左右，其中，自2002年起超越中国后均高于15%，2008年为历史最高点，高达27.86%。同期，美国出口鸡肉的国际市场占有率从1995年的25.19%降至2020年的12.23%，美国出口鸡肉国际市场占有率虽呈现明显下降趋势，但国际市场份额一直明显高于中国。

与欧盟中的荷兰、德国和法国比较，目前中国出口鸡肉的国际市场占有率低于荷兰，但明显高于德国和法国。1995~2020年法国、德国和荷兰分别从11.93%、2.60%以及12.76%调整为3.27%、5.09%和9.35%；

其中，法国和荷兰呈现出明显的下降趋势，并于近几年相对稳定地分别保持 3% 和 10% 左右的水平，德国呈现缓慢的增长趋势。1995～2020 年泰国出口鸡肉的国际市场占有率从 6.95% 调整为 10.39%，在 2002 年市场占有率超过中国。与中国出口鸡肉的国际市场占有率先增后降的趋势不同，泰国出口鸡肉的国际市场占有率经历了先增后降的趋势之后，在 2005 年之后鸡肉国际市场占有率基本保持在 10% 左右。

4.3.3 贸易竞争力指数 （TC）

中国鸡肉贸易竞争力指数从正转负，从贸易顺差转为贸易逆差。贸易竞争力指数通过净出口贸易额来反映竞争力状况，如图 4-5 所示，1995～2020 年，中国鸡肉贸易竞争力指数在 1995～2008 年总体呈明显的波动下降趋势，且在 2007 年由正值转为负值；2010～2018 年一直在 0.2 左右波动，2019～2020 年又降至负值。

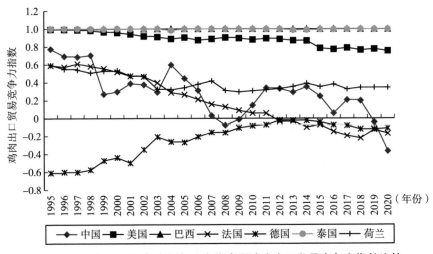

图 4-5 1995～2020 年中国与 6 个代表国鸡肉出口贸易竞争力指数比较

资料来源：联合国粮农组织（FAO）数据库（http：//www.fao.org/faostat/on/#home）。

与主要出口国对比，巴西、美国、荷兰、泰国为净出口国，鸡肉贸易竞争力指数明显高于中国，贸易竞争力极强。其中，1995 ~ 2020 年，巴西和泰国鸡肉贸易竞争力指数基本维持在 1.0 左右；虽然美国鸡肉贸易竞争力指数略有下降趋势，从 1.00 降至 0.75，但也仍居世界高位。荷兰作为欧盟主要鸡肉出口国，贸易竞争力优势明显且表现稳定，1995 ~ 2003 年荷兰鸡肉贸易竞争力指数有所下降，2004 ~ 2020 年鸡肉贸易竞争力指数普遍维持在 0.3 以上，且变动幅度不大。法国鸡肉贸易竞争力指数经历了 1995 ~ 2020 年从 0.59 到 - 0.17 的持续大幅下降，总体来看 2012 年之后法国一直在负值区间内波动；同期德国虽然呈现波动上升趋势，从 - 0.61 波动上升至 - 0.11，但近几年一直稳定在 - 0.2 至 0 的范围，没有突破 0，总体来看 2007 年之后德国与中国鸡肉贸易竞争力指数大致相当；从 2020 年的数据来看，中国近两年肉鸡贸易竞争力指数下降最为明显。

4.3.4　显示性比较优势指数（RCA）

中国鸡肉显示性比较优势指数大幅下降，并维持在历史较低水平。1995 ~ 2020 年，中国鸡肉显示性比较优势指数从高位水平总体上不断减弱，呈现出继大幅下降之后又持续小幅波动下降的趋势。其中，1995 ~ 2000 年中国鸡肉显示性比较优势指数大于 3，中国鸡肉具有很强的出口比较优势，1996 年中国鸡肉显示性比较优势指数达到历史最高点 3.52，在 2000 ~ 2004 年持续急速大幅下降。2002 年降至 2.82，但仍大于 2.5，中国鸡肉仍具有很强的出口比较优势；2004 年进一步降至 1.64；2004 年后显示性比较优势指数持续处于较低水平，总体呈现小幅波动下降趋势，2020 年微升至 1.29，$RCA_i^k > 1.25$ 说明近几年中国肉鸡产业具有较强的出口比较优势。

与主要出口国对比，当前巴西、泰国和美国鸡肉显示性比较优势指数高于中国，而荷兰、德国和法国则低于中国。其中，巴西、泰国鸡肉显示性比较优势均高于 2.5，具有很强的出口比较优势；美国与荷兰鸡肉出口显示性比较优势处于 1.25 至 2.5 的区间（$1.25 \leqslant RCA_i^k < 2.5$），具有较强出口比较优势；德国处于 0.8 至 1.25 的区间（$0.8 \leqslant RCA_i^k < 1.25$），具有一定出口比较优势；法国处于 0.8 以下（$RCA_i^k < 0.8$），其不具有鸡肉出口比较优势。如图 4-6 所示，从历史演变趋势来看，1995~2000 年中国肉鸡显示性比较优势指数高于除巴西外的其他国家；2000 年以来，伴随着中国鸡肉显示性比较优势指数的持续走低，以及巴西鸡肉显示性比较优势指数的大幅增长，巴西鸡肉显示性比较优势指数远超中国及其他国家。2012 年以来，泰国鸡肉显示性比较优势呈现较为明显的上升趋势，持续拉大与中国的差距，且在 2018 年泰国超越巴西，跃居首位。此外，美国鸡肉出口显示性比较优势指数总体呈现微弱的波动下降趋势由较强出口比较优势的区间转变为具有一定的出口优势；欧盟三国中，荷兰鸡肉显示性比较优势指数表现相对稳定，但法国鸡肉显示性比较优势指数呈现持续弱化趋势，从 1995 年的 1.56 降至 2020 的 0.74，从很强的鸡肉出口比较优势演变为不具有鸡肉出口比较优势；德国鸡肉显示性比较优势指数呈现较为稳定缓慢增长的趋势，从 1996 年的 0.47 上升到 2020 年的 0.96，从不具有鸡肉出口比较优势演变为具有一定的鸡肉出口比较优势。

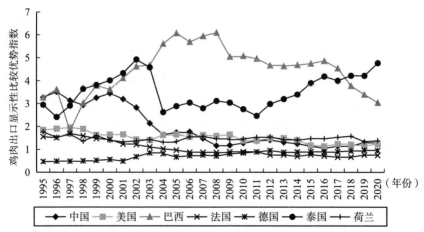

图 4-6　1995~2020 年中国与 6 个代表国鸡肉出口显示性比较优势指数比较

资料来源：联合国粮农组织（FAO）数据库（http://www.fao.org/faostat/on/#home）。

4.4　牛肉贸易竞争力测算分析

　　中国是牛肉生产大国但却是出口小国，贸易逆差逐年拉大。从世界牛肉生产情况来看，美国、巴西、欧盟、中国、印度、阿根廷和澳大利亚是 2020 年产量超过 200 万吨的国家和地区；从世界肉牛贸易形势来看，巴西、印度、澳大利亚、新西兰、加拿大、阿根廷和乌拉圭是 2020 年出口量超过 40 万吨的国家，美国、中国、日本、韩国、俄罗斯是 2020 年进口量超过 40 万吨的国家。本书选取了阿根廷、巴西、澳大利亚、乌拉圭以及新西兰五个中国牛肉主要来源国和牛肉主产国作为代表，同中国开展牛肉竞争力比较分析（测算结果见表 4-3）。

4.4.1　世界牛肉贸易总体情况

　　牛肉贸易是世界农产品贸易的重要组成部分，2020 年世界牛肉出口量已超过 1 000 万吨，达到 1 468.62 万吨；出口额超过 500 亿美元，达到 571.97 亿美元。美国、巴西、欧盟和中国是世界牛肉四大主产国家和地区，2020 年牛肉产量分别为 1 238.85 万吨、997.50 万吨、692.49 万吨、739.45 万吨，四大主产国家和地区牛肉产量约占全球牛肉总产量的 60%。巴西、印度、澳大利亚和美国是世界牛肉四大主要出口国，2020 年牛肉出口量分别为 252.66 万吨、105.93 万吨、158.11 万吨、146.11 万吨，四大主要出口国牛肉出口量约占全球牛肉出口总量的 50%[①]。

---

　　① 资料来源：联合国粮农组织（FAO）数据库（http：//www.fao.org/faostat/on/#home）。

表4-3 1995~2020年牛肉竞争力指标测算结果

年份	国际市场占有率（%）						贸易竞争力指数						显示性比较优势指数					
	中国	阿根廷	巴西	澳大利亚	乌拉圭	新西兰	中国	阿根廷	巴西	澳大利亚	乌拉圭	新西兰	中国	阿根廷	巴西	澳大利亚	乌拉圭	新西兰
1995	0.940	6.240	2.830	12.530	1.400	4.430	-0.389	0.984	0.459	0.986	0.999	0.975	0.370	3.239	1.064	15.607	6.656	3.140
1996	0.950	5.120	3.030	11.540	2.110	5.120	-0.398	0.969	0.414	0.983	0.998	0.957	0.386	2.330	1.140	15.075	8.600	3.509
1997	0.870	5.990	2.940	12.830	2.640	4.890	-0.450	0.965	0.351	0.988	0.999	0.974	0.329	2.626	0.959	17.167	9.416	3.420
1998	0.840	4.880	4.050	12.860	2.930	4.510	-0.446	0.861	0.564	0.991	0.997	0.972	0.333	1.989	1.351	15.409	10.133	3.541
1999	0.480	4.550	5.020	12.970	2.270	4.430	-0.679	0.936	0.827	0.992	0.999	0.967	0.185	2.083	1.720	13.366	9.236	3.309
2000	0.520	4.410	5.050	14.080	2.500	4.810	-0.661	0.940	0.766	0.993	0.999	0.951	0.176	2.028	1.797	15.055	10.755	3.454
2001	0.650	1.870	7.500	17.700	1.720	5.730	-0.611	0.854	0.889	0.994	0.998	0.947	0.215	0.845	2.241	17.744	8.359	3.846
2002	0.490	3.220	7.330	15.480	1.850	5.470	-0.673	0.971	0.881	0.995	0.989	0.926	0.151	1.546	2.227	14.658	9.443	3.725
2003	0.440	3.400	8.560	13.720	2.190	5.510	-0.707	0.977	0.923	0.991	0.999	0.945	0.135	1.530	2.409	11.537	10.604	3.839
2004	0.560	5.150	12.240	17.530	3.190	6.570	-0.555	0.993	0.941	0.990	0.995	0.959	0.182	2.354	3.097	14.120	13.288	4.214
2005	0.700	6.060	13.140	16.180	3.480	5.870	-0.505	0.994	0.947	0.986	0.975	0.965	0.206	2.677	3.179	13.032	13.584	3.824
2006	0.630	5.110	15.110	14.850	3.890	4.810	-0.544	0.991	0.965	0.987	0.988	0.959	0.182	2.254	3.602	11.801	14.293	3.420
2007	0.670	5.030	15.100	13.730	3.040	4.340	-0.540	0.991	0.956	0.989	0.986	0.941	0.196	1.978	3.540	10.761	11.967	3.059

续表

年份	国际市场占有率（%）						贸易竞争力指数						显示性比较优势指数					
	中国	阿根廷	巴西	澳大利亚	乌拉圭	新西兰	中国	阿根廷	巴西	澳大利亚	乌拉圭	新西兰	中国	阿根廷	巴西	澳大利亚	乌拉圭	新西兰
2008	0.610	4.770	14.440	12.790	3.630	3.840	-0.602	0.992	0.950	0.989	0.991	0.944	0.193	1.707	3.159	10.609	11.829	2.876
2009	0.790	5.750	12.150	11.440	3.230	3.990	-0.586	0.994	0.937	0.986	0.999	0.955	0.227	2.402	2.481	9.826	9.611	3.047
2010	0.790	3.710	13.200	12.330	3.420	4.480	-0.627	0.991	0.927	0.983	0.998	0.954	0.208	1.452	2.605	11.493	9.587	3.104
2011	0.790	3.500	12.540	11.560	3.520	3.710	-0.642	0.986	0.907	0.977	0.997	0.956	0.202	1.275	2.393	11.331	10.173	2.540
2012	0.730	2.860	13.170	12.760	3.700	4.610	-0.712	0.987	0.892	0.981	0.999	0.958	0.183	1.096	2.516	13.398	9.530	3.164
2013	0.730	2.700	14.620	13.670	3.290	4.480	-0.852	0.996	0.911	0.986	0.994	0.943	0.181	1.112	2.787	14.089	8.373	2.886
2014	0.670	2.480	14.170	15.570	3.250	4.770	-0.871	0.994	0.886	0.988	0.989	0.933	0.158	1.147	2.818	16.098	8.288	2.886
2015	1.030	2.200	12.590	16.740	3.480	5.660	-0.831	0.999	0.908	0.987	0.988	0.952	0.222	0.991	2.457	17.773	9.508	3.731
2016	0.850	2.730	12.270	13.920	3.680	5.060	-0.876	0.999	0.905	0.982	0.979	0.960	0.177	1.165	2.519	14.412	10.733	3.368
2017	0.450	2.940	12.630	13.120	3.500	4.840	-0.936	0.998	0.910	0.982	0.965	0.957	0.100	1.434	2.495	13.712	9.899	3.055
2018	0.160	4.320	12.380	13.670	3.470	4.640	-0.967	0.968	0.931	0.982	0.929	0.963	0.035	2.272	2.396	13.582	10.817	2.908
2019	0.126	5.607	12.570	13.665	3.421	4.400	-0.982	0.979	0.943	0.987	0.878	0.964	0.032	2.259	2.289	5.847	9.426	2.603
2020	0.101	5.166	14.650	12.626	3.029	4.635	-0.989	0.978	0.949	0.982	0.842	0.969	0.027	2.317	2.569	6.136	9.697	2.780

资料来源：笔者根据联合国粮农组织（FAO）数据库的数据测算而得。

中国是牛肉进口大国，且进口量呈现逐年攀升趋势，2020 年中国牛肉总进口量为 269.31 万吨，进口金额 102.87 亿美元，其中生鲜冷冻牛肉是进口的主要类型，占到牛肉进口量的 95% 以上。中国牛肉贸易存在较大的逆差，相比于进口量，牛肉出口量相对较小。近几年牛肉出口量均在 10 万吨以下，2020 年出口相对较少，仅有 1.19 万吨。出口牛肉产品生熟比例大致在 8∶2 左右。①

从世界其他牛肉主产国和主要贸易国来看，阿根廷是牛肉生产大国，牛肉贸易以出口贸易为主，每年的出口贸易量波动较大，近十年出口量大致在 15 万 ~ 20 万吨，出口金额在 10 亿美元左右。出口的主要是生鲜牛肉，占到出口牛肉总量的 80% 以上。巴西牛肉出口量早在 2004 年就已经超过了 100 万吨，2020 年牛肉出口量达到 252.66 万吨以上的规模，可以看出巴西出口量每年都在增加。2020 年巴西出口额达到 83.79 亿美元，进口额仅 2.19 亿美元，贸易顺差优势十分明显。

澳大利亚牛肉出口量也在百万吨以上，2020 年牛肉出口量 136.02 万吨，出口额 70.66 亿美元，出口中生鲜冷冻牛肉的比重在 90% 以上，澳大利亚牛肉进口量总体呈现增长趋势，2015 年和 2016 年牛肉进口超过万吨，近两年有所下降，2020 年牛肉进口量只有 1.42 万吨，进口金额为 0.66 亿美元。乌拉圭虽是小国，但在牛肉贸易方面有着重要地位。近两年乌拉圭牛肉出口量在 30 万吨以上，贸易额在 15 亿美元以上。新西兰牛肉出口量也较大，2014 年以后牛肉出口量超 40 万吨，此后逐年增多，到 2020 年接近 65 万吨，出口额在 26.51 亿美元，96% 以上出口牛肉为冷鲜牛肉，熟制品很少。新西兰也有少量牛肉进口，但每年数量不足 1 万吨，进口金额不足 5 000 万美元。②

① 资料来源：联合国粮农组织（FAO）数据库（http：//www. fao. org/faostat/on/#home）。

② 资料来源：中华人民共和国海关总署（http：//www. customs. gov. cn）。

4.4.2　国际市场占有率（WMS）

中国牛肉国际市场占有率一直处于较低水平，且近年来持续下降。如图 4 - 7 所示，1995 ~ 2020 年，中国牛肉国际市场占有率均值为 0.49%，2020 年国际市场占有率仅为 0.10%，长期保持在较低水平，与巴西、澳大利亚、新西兰等国家差距较大。

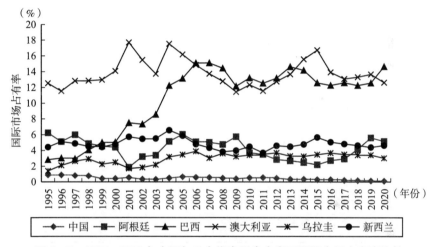

图 4 - 7　1995 ~ 2020 年中国与 5 个代表国牛肉出口国际市场占有率比较

资料来源：联合国粮农组织（FAO）数据库（http://www.fao.org/faostat/on/#home）。

从国际市场看，澳大利亚牛肉国际市场占有率始终高于 11%；巴西牛肉国际市场占有率呈明显上升趋势，1995 年巴西牛肉国际市场占有率为 2.83%，2006 年后升至 15% 以上，在国际市场上与澳大利亚拥有相似份额；2020 年，阿根廷、乌拉圭和新西兰牛肉国际市场占有率分别为 5.17%、3.03% 和 4.64%，明显低于澳大利亚和巴西。

4.4.3 贸易竞争力指数（TC）

中国牛肉贸易竞争力指数从正转负，从贸易顺差转为贸易逆差。如图 4-8 所示，中国牛肉贸易竞争力指数 1995 年为 0.94，2012 年起由正转负下降为 -0.17，到 2020 年进一步下降为 -0.99，与巴西、阿根廷、乌拉圭、澳大利亚、新西兰等国家相比，存在较大差距。

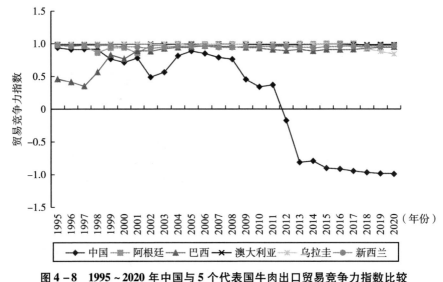

图 4-8　1995~2020 年中国与 5 个代表国牛肉出口贸易竞争力指数比较

资料来源：联合国粮农组织（FAO）数据库（http：//www. fao. org/faostat/on/#home）。

从国际市场看，阿根廷、乌拉圭、澳大利亚、新西兰牛肉净出口规模相对较大，贸易竞争力指数多年连续趋近于 1，表现出十分强劲的贸易竞争力。巴西牛肉贸易竞争力指数呈现明显上升趋势，1995 年巴西贸易竞争力指数为 0.46，2003 年升至 0.93 后维持在相对较高的水平，2020 年为 0.95。

4.4.4 显示性比较优势指数 （RCA）

中国牛肉的显示性比较优势指数持续偏低，不具有出口比较优势。如图 4 - 9 所示，中国牛肉显示性比较优势指数自 1995 年起均小于 0.8，表明中国牛肉出口处于弱势地位。

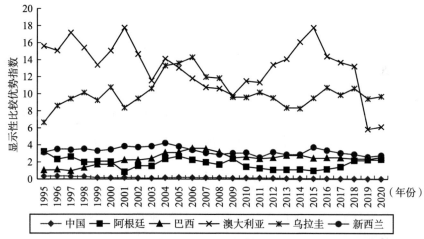

图 4 - 9　1995 ~ 2020 年中国与 5 个代表国牛肉出口显示性比较优势指数比较

资料来源：联合国粮农组织 （FAO） 数据库 （http：//www. fao. org/faostat/on/#home）。

如图 4 - 9 所示，从国际市场看，1995 ~ 2020 年澳大利亚牛肉显示性比较优势指数多大于 10，2001 年上升为 17.74，之后下降幅度较大，2009年牛肉显示性比较优势指数跌破 10，随后呈现强劲的上升趋势，2015 年攀升至 17.77，说明澳大利亚牛肉出口优势极其明显。乌拉圭牛肉显示性比较优势指数呈现 "上升—下降—再升" 趋势，1995 年牛肉显示性比较优势指数为 6.66，2020 年为 9.70，历年均值为 10.14，说明乌拉圭牛肉具有很强的出口优势。新西兰牛肉显示性比较优势指数均大于 2.5，具有很强的出口比较优势。阿根廷牛肉显示性比较优势指数变化较大，除 2001

年和 2015 年外，其他年份均大于 1，具有一定的出口比较优势。巴西牛肉显示性比较优势指数呈波动上升趋势，近年来稳定在 2.5 左右，具有很强的出口比较优势。

4.5 羊肉贸易竞争力测算分析

中国是典型的羊肉生产大国、进口大国和出口小国。从世界羊肉生产形势来看，近半个世纪，世界羊肉保持了较为稳定的上升趋势，中国、印度、澳大利亚、巴基斯坦和新西兰是世界前五大羊肉生产国。目前，绵羊肉和山羊肉分别约占世界羊肉总产量的 60%、40% 左右，中国、澳大利亚、新西兰、土耳其和英国是世界前五大绵羊肉生产国，中国、印度、巴基斯坦、尼日利亚和孟加拉国是世界前五大山羊肉生产国。从世界羊肉贸易形势来看，世界羊肉贸易量总体保持增长趋势，澳大利亚、新西兰、英国、爱尔兰和荷兰是世界前五大羊肉出口国。世界羊肉出口以绵羊肉为主（2020 年绵羊肉出口量占世界羊肉出口总量的比重超过 95%），澳大利亚、新西兰、英国、爱尔兰和荷兰是世界五大绵羊肉出口国，澳大利亚、中国、新西兰、巴西斯坦和法国是世界五大山羊肉出口国。本书选取了澳大利亚、新西兰、爱尔兰、英国和印度五国作为代表，同中国开展羊肉竞争力比较分析（测算结果见表 4 - 4）。

4.5.1 世界羊肉贸易总体情况

相比其他肉类，羊肉国际贸易量相对较小，2020 年羊肉贸易量不足世界肉类贸易总量 3%。2013 年以后，世界羊肉的进口贸易量在 110 万吨左右，出口贸易量在 120 万吨左右。2020 年进口额 74. 47 亿美元，出口额73. 97 亿美元。中国、印度、澳大利亚、巴基斯坦和新西兰作为世界五大

表 4 − 4　1995 ~ 2020 年羊肉竞争力指标测算结果

年份	国际市场占有率（%）						贸易竞争力指数						显示性比较优势指数					
	中国	澳大利亚	新西兰	英国	爱尔兰	印度	中国	澳大利亚	新西兰	英国	爱尔兰	印度	中国	澳大利亚	新西兰	英国	爱尔兰	印度
1995	0.273	19.054	37.594	20.972	20.972	0.865	−0.759	0.994	0.986	0.119	0.986	1.000	0.107	23.732	26.675	26.675	4.838	0.806
1996	0.215	17.994	39.063	18.386	18.386	0.867	−0.815	0.999	0.987	0.008	0.979	0.999	0.087	23.503	26.773	26.773	7.257	0.744
1997	0.176	19.741	43.284	15.094	15.094	0.697	−0.865	0.999	0.995	−0.062	0.959	1.000	0.067	26.408	30.286	30.286	6.299	0.606
1998	0.327	20.462	38.561	16.598	16.598	0.911	−0.780	0.999	0.995	0.010	0.943	0.999	0.130	24.524	30.300	30.300	6.238	0.831
1999	0.253	21.372	35.719	16.538	16.538	1.047	−0.846	0.999	0.990	0.027	0.958	0.997	0.098	22.024	26.694	26.694	7.024	0.983
2000	0.337	23.743	40.404	12.957	12.957	0.823	−0.806	0.997	0.985	−0.049	0.950	0.991	0.113	25.379	28.984	28.984	5.831	0.761
2001	0.270	25.884	40.671	4.996	4.996	0.293	−0.858	0.998	0.989	−0.429	0.962	0.988	0.089	25.952	27.295	27.295	9.086	0.255
2002	0.348	25.136	43.401	7.933	7.933	0.335	−0.842	0.997	0.989	−0.276	0.938	0.999	0.108	23.804	29.565	29.565	5.398	0.283
2003	0.703	21.996	42.574	10.160	10.160	0.783	−0.677	0.996	0.994	−0.144	0.935	0.999	0.216	18.491	29.638	29.638	4.886	0.740
2004	1.194	23.294	41.868	9.660	9.660	0.491	−0.519	0.997	0.994	−0.202	0.915	0.997	0.387	18.763	26.870	26.870	5.072	0.436
2005	1.404	24.012	40.992	9.593	9.593	0.446	−0.468	0.998	0.991	−0.148	0.918	0.986	0.415	19.340	26.695	26.695	4.979	0.368
2006	1.653	25.190	37.851	10.257	10.257	0.338	−0.390	0.996	0.990	−0.102	0.897	0.984	0.479	20.014	26.929	26.929	4.887	0.256
2007	1.310	25.350	40.174	8.382	8.382	0.680	−0.533	0.997	0.990	−0.213	0.892	0.994	0.381	19.865	28.307	28.307	4.998	0.472
2008	1.137	24.747	37.404	10.110	10.110	2.359	−0.617	0.995	0.986	−0.094	0.840	0.998	0.361	20.535	28.030	28.030	5.365	1.491

续表

年份	国际市场占有率（%）						贸易竞争力指数						显示性比较优势指数					
	中国	澳大利亚	新西兰	英国	爱尔兰	印度	中国	澳大利亚	新西兰	英国	爱尔兰	印度	中国	澳大利亚	新西兰	英国	爱尔兰	印度
2009	1.074	25.064	37.751	10.124	10.124	3.131	-0.659	0.993	0.985	-0.095	0.813	0.997	0.309	21.530	28.849	28.849	5.130	2.249
2010	1.536	27.211	36.754	9.265	9.265	1.124	-0.590	0.985	0.993	-0.089	0.841	0.995	0.403	25.367	25.444	25.444	4.836	0.659
2011	0.988	27.091	33.717	10.428	10.428	0.937	-0.778	0.987	0.994	-0.050	0.867	0.998	0.252	26.555	23.106	23.106	5.821	0.448
2012	0.788	28.589	35.985	9.431	9.431	1.002	-0.851	0.991	0.993	-0.021	0.843	0.993	0.197	30.020	24.726	24.726	5.975	0.391
2013	0.559	31.571	34.665	9.266	9.266	1.882	-0.938	0.994	0.991	-0.002	0.835	0.986	0.138	32.541	22.319	22.319	5.528	0.694
2014	0.673	34.574	34.038	8.494	8.494	1.796	-0.928	0.996	0.988	-0.029	0.820	0.980	0.158	35.755	20.581	20.581	4.247	0.734
2015	0.660	33.513	34.493	7.366	7.366	2.060	-0.910	0.995	0.989	-0.125	0.822	0.987	0.142	35.583	22.720	22.720	4.935	0.929
2016	0.679	33.767	31.646	7.477	7.477	2.146	-0.893	0.999	0.990	-0.029	0.865	0.983	0.142	34.965	21.073	21.073	5.947	1.025
2017	0.697	35.512	32.524	6.929	6.929	1.894	-0.909	0.998	0.991	0.037	0.844	0.972	0.154	37.124	20.538	20.538	5.415	0.846
2018	0.446	36.156	34.054	6.330	6.330	1.469	-0.949	0.997	0.991	-0.009	0.834	0.972	0.097	35.915	21.348	21.348	5.358	0.682
2019	0.270	37.777	32.340	6.313	4.234	1.267	-0.977	0.997	0.991	0.133	0.793	0.962	0.070	16.634	19.690	3.336	4.386	0.644
2020	0.262	35.646	34.234	7.632	5.274	0.654	-0.978	0.997	0.986	0.159	0.808	0.981	0.073	17.890	21.209	4.415	5.638	0.314

资料来源：笔者根据联合国粮农组织（FAO）数据库的数据测算而得。

羊肉主产国，羊肉产量占世界羊肉总产量的 45.91%。世界羊肉出口以绵羊肉为主，世界羊肉主要出口国基本保持了较为稳定的格局，新西兰、澳大利亚、英国、爱尔兰和西班牙一直占据前五大羊肉出口国的位置。其中，新西兰、澳大利亚一直是世界羊肉出口最多的两个国家，近年来新西兰羊肉出口量呈现下降趋势，而澳大利亚羊肉出口不断上升，澳大利亚超越新西兰成为世界第一大羊肉出口国。此外，就山羊肉而言，澳大利亚、中国、法国、巴基斯坦和新西兰是世界五大山羊肉出口国，其中澳大利亚是最主要的山羊肉出口国。

中国是羊肉生产和消费大国，自给能力不足，羊肉进口量较多，出口量较小。2020 年中国羊肉产量 492.00 万吨，出口量为 0.17 万吨，进口量为 35.50 万吨，进口量占到世界羊肉贸易总量的 30% 左右。从出口量变动趋势来看，2006 年前中国羊肉出口量整体呈上升趋势，2006 年达到历史最高峰 3.34 万吨后，呈现明显下跌趋势，2020 年出口量 0.17 万吨，较历史峰值下降幅度超过 90%。从进口量变动趋势来看，2014 年前中国羊肉进口平稳增长，之后，受国内经济增速放缓和国内突发疫病导致国内羊肉价格断崖式下跌影响，羊肉进口呈现出 2015 年和 2016 年大幅下降，之后又快速回温、大幅反弹增长的"V"字形变动趋势，2020 年进口量达到历史最高点 36.50 万吨，且有继续大幅增长的趋势。

从世界其他羊肉主产国和主要贸易国来看，澳大利亚以及新西兰是世界羊肉出口的主力国，2020 年澳大利亚共出口羊肉 44.68 万吨，占到世界羊肉总出口量的 40%，进口量相对较少，不足 1 000 吨。新西兰近几年出口羊肉数量均在 40 万吨左右，与澳大利亚两国占到世界羊肉出口量的近70%。英国羊肉进出口量大致相同，2020 年英国进口羊肉 5.96 万吨，出口羊肉 8.82 万吨，羊肉出口量稍多于进口量。爱尔兰每年出口羊肉 4 万 ~5 万吨，且呈现逐年上涨趋势；爱尔兰羊肉进口量也呈现逐年增加趋势，从 1997 年的 1 000 余吨已经增长至 2020 年的 6 378.27 余吨，但进口规模总体较小。印度作为世界第二大羊肉主产国，以山羊肉为主，但印度羊肉出口规模较小，近年来每年有 2 万吨左右的羊肉出口规模，2020 年羊肉出口量有所降低，只有 0.76 万吨，进口量不足 50 吨。

4.5.2 国际市场占有率（WMS）

中国羊肉国际市场占有率长期偏低，且近十年持续下降。中国属于典型的羊肉生产大国、贸易小国，1995～2020 年，中国羊肉国际市场占有率均值为 0.66%，历史最高值仅为 1.62%，2020 年更是降至 0.43%，长期处于较低水平，与澳大利亚、新西兰等发达国家有较大差距。

从国际市场看，澳大利亚、新西兰羊肉具有较强贸易竞争力，其次为爱尔兰和英国，印度没有明显的贸易竞争优势。近年来，全球羊肉贸易量约为 130 万吨，澳大利亚和新西兰占 70% 左右。澳大利亚和新西兰虽同为世界两大最主要羊肉出口国，但其出口羊肉国际市场占有率变动趋势存在显著差异，澳大利亚出口羊肉国际市场占有率近年上升迅速，1995 年为 19.05%，到 2020 年增长至 35.65%；新西兰羊肉国际市场占有率虽有所下滑，但仍保持在 30% 以上。继澳大利亚和新西兰之后，英国羊肉出口国际市场占有率居世界第三，但与澳大利亚和新西兰也存在明显差距，且近年来呈现缓慢的持续下降趋势，2020 年为 7.63%。同期，爱尔兰羊肉出口国际占有率波动中略有下降，1995 年爱尔兰羊肉的国际市场占有率为 7.52%，在 2001 年上升至 10.63%，但 2002 年随之下降为 6.32%，近年来爱尔兰国际市场占有率仍处于相对较低的状态，2020 年国际市场占有率为 5.27%。印度国际市场占有率与中国较为相似，长期以来占有率极低，近年来虽略有上升，但仍处于较低水平，从 1995 年 0.86% 波动上升至 2009 年最高点为 3.13%，2020 年降至 0.65%（见图 4－10）。

4.5.3 贸易竞争力指数（TC）

中国羊肉贸易竞争力指数多数年份为负且近年来持续下降，贸易逆差持续扩大。中国由于存在较大的羊肉供给缺口，净进口羊肉规模相对较大，贸易竞争力指数近年来趋近于 - 1。从指标变动趋势看，中国羊肉贸易竞争力指数大致呈现出"先降后升再降"的态势，1995 ~ 2004 年贸易竞争力指数持续下降且由正转负，1995 年中国羊肉贸易竞争力指数为 0. 29，2004 年为 - 0. 01，2005 年、2006 年经历短暂回升后，2007 ~ 2020 年贸易竞争力指数波动下降，贸易逆差持续扩大，竞争力持续减弱。

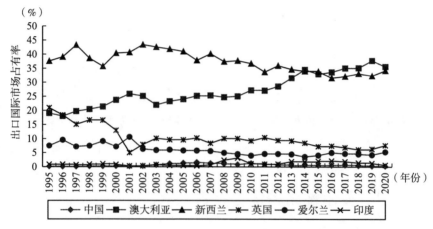

图 4 - 10　1995 ~ 2020 年中国与 5 个代表国羊肉出口国际市场占有率比较

资料来源：联合国粮农组织（FAO）数据库（http：//www. fao. org/faostat/on/#home）。

　　从国际市场看，与澳大利亚、新西兰、爱尔兰、印度等国家相比，中国羊肉贸易竞争力指数存在非常大的差距。澳大利亚、新西兰羊肉贸易竞争力指数多年连续接近于 1，1995 ~ 2020 年两国的羊肉贸易竞争力指数平均值均在 0. 98 以上，表现出十分强劲的贸易竞争力。其中，澳大利亚、新西兰为世界两大最主要的羊肉出口国，印度虽然出口规模不大，但进口规模更小，使其保持了长期净出口的状态。爱尔兰羊肉贸易竞争力指数也维持在相对较高的水平，近年来虽有小幅下降趋势，但仍保持在 0. 80 以上水平，2020 年其羊肉贸易竞争力指数为 0. 81。英国羊肉贸易竞争力指数长期为负值，说明英国羊肉贸易为逆差，但其羊肉贸易竞争力指数绝对值明显小于中国,表明中国羊肉出口贸易竞争力较英国更弱(见图 4 – 11)。

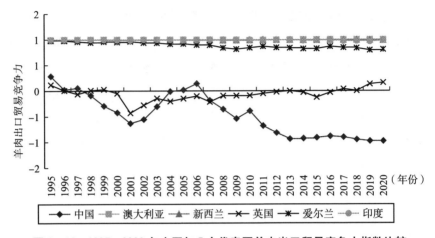

图 4 – 11 1995 ~ 2020 年中国与 5 个代表国羊肉出口贸易竞争力指数比较

资料来源:联合国粮农组织(FAO)数据库(http://www.fao.org/faostat/on/#home)。

4.5.4 显示性比较优势指数(RCA)

中国羊肉显示性比较优势指数持续偏低,不具有出口比较优势。1995 ~ 2020 年中国羊肉显示性比较优势指数均小于 0.8,不具有比较优势,国际竞争力较弱。

从国际市场看,澳大利亚和新西兰羊肉出口均呈现出较强的国际竞争力,显示性比较优势指数普遍在 20 以上。但近十年来两国羊肉出口显示性比较优势指数变动趋势显著不同,1995 年新西兰羊肉出口显示性比较优势指数大于澳大利亚,但 1995 年以后新西兰一直处于波动下降的趋势,而澳大利亚在 2003 年以后增长迅猛,2011 年超过新西兰后仍持续上升,2018 年澳大利亚羊肉显示性比较优势指数为 34.94,但 2019 ~ 2020 年降至 17 左右。英国和爱尔兰的羊肉显示性比较优势指数波动相对平稳,虽然与澳大利亚和新西兰相比存在较大差距,但是羊肉显示性比较优势指数均在

2.5 以上，仍具有很强的出口比较优势。印度羊肉出口显示性比较优势指数部分年份有明显波动，但整体明显偏低，虽然略高于中国，但明显低于上述其他几个国家，总体来看几乎不具备羊肉出口比较优势（见图4-12）。

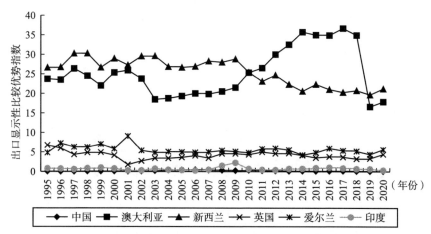

图4-12 1995~2020年中国与5个代表国羊肉出口显示性比较优势指数比较

资料来源：联合国粮农组织（FAO）数据库（http://www.fao.org/faostat/on/#home）。

4.6 鸡蛋贸易竞争力测算分析

中国是世界第一鸡蛋生产大国，鸡蛋在中国禽蛋产品贸易中占有重要地位。从世界鸡蛋生产形势来看，中国、印度、美国、印度尼西亚和巴西是世界前五大鸡蛋生产国；从世界鸡蛋贸易形势来看，荷兰、土耳其、美国、西班牙和德国是世界主要的鸡蛋产品出口国，其中荷兰和德国也是鸡蛋产品主要进口国。此外，波兰、马来西亚和比利时等国家鸡蛋出口也占据一定优势。本书选取了既是鸡蛋生产大国也是鸡蛋出口大国的美国、印度、巴西，以及出口大国荷兰、西班牙和德国这6个国家为代表，同中国开展鸡蛋贸易竞争力比较（测算结果见表4-5）。

表 4 - 5　　　　　1995～2020 年鸡蛋竞争力指标测算结果

年份	国际市场占有率（%）							贸易竞争力指数							显示性比较优势指数						
	中国	美国	印度	荷兰	德国	西班牙	巴西	中国	美国	印度	荷兰	德国	西班牙	巴西	中国	美国	印度	荷兰	德国	西班牙	巴西
1995	2.768	12.318	0.460	32.915	5.016	1.572	0.283	0.955	0.756	1.000	0.711	-0.654	0.048	-0.223	1.129	0.870	0.382	3.924	0.898	0.524	0.093
1996	2.834	12.106	1.859	33.106	6.433	1.916	0.330	0.946	0.776	1.000	0.726	-0.617	0.200	-0.188	1.203	0.844	1.508	4.104	1.127	0.591	0.106
1997	3.054	12.937	1.852	28.689	5.806	1.931	0.659	0.908	0.813	0.998	0.720	-0.620	0.307	0.157	1.205	0.941	1.541	4.069	1.074	0.579	0.186
1998	2.616	13.670	1.199	25.678	6.405	2.090	1.263	0.868	0.869	0.998	0.696	-0.566	0.229	0.510	1.059	1.038	1.032	3.694	1.104	0.611	0.359
1999	2.205	11.735	1.118	31.020	6.931	2.774	0.606	0.980	0.753	0.980	0.678	-0.487	0.444	0.441	0.897	0.924	1.041	3.736	1.213	0.818	0.181
2000	2.685	12.150	1.784	28.693	7.404	3.346	0.896	0.997	0.792	0.996	0.738	-0.449	0.460	0.808	0.952	0.878	1.577	4.187	1.255	0.974	0.285
2001	2.999	12.622	2.679	26.122	7.152	3.030	1.218	0.995	0.771	0.999	0.735	-0.477	0.251	0.742	1.083	0.918	2.229	3.851	1.209	0.860	0.310
2002	3.173	11.713	2.853	26.857	8.350	4.127	0.755	0.998	0.718	0.942	0.670	-0.447	0.450	0.224	1.069	0.929	2.401	3.621	1.396	1.105	0.197
2003	3.071	9.383	3.225	23.430	7.541	6.959	0.632	0.996	0.761	0.987	0.482	-0.501	0.568	0.298	1.044	0.788	2.749	2.911	1.202	1.699	0.157
2004	3.781	10.636	3.209	25.461	7.185	5.868	0.966	1.000	0.808	0.977	0.632	-0.533	0.504	0.210	1.460	1.008	2.912	3.209	1.107	1.461	0.212
2005	4.074	11.720	3.847	24.636	8.676	5.668	1.412	0.999	0.826	0.972	0.603	-0.453	0.551	0.277	1.413	1.172	2.990	3.143	1.328	1.473	0.295
2006	3.674	10.887	3.326	25.120	8.527	6.337	1.258	0.999	0.767	0.979	0.626	-0.471	0.580	0.230	1.280	1.097	2.274	3.270	1.291	1.705	0.258
2007	3.356	10.279	3.798	25.740	7.871	6.166	1.464	1.000	0.813	0.989	0.641	-0.464	0.588	0.333	1.121	0.967	2.090	3.302	1.187	1.732	0.295
2008	3.723	8.304	2.725	24.819	7.971	6.246	1.265	1.000	0.792	0.994	0.612	-0.453	0.611	0.420	1.390	0.736	1.795	3.341	1.191	1.823	0.231

续表

年份	国际市场占有率（%）							贸易竞争力指数							显示性比较优势指数						
---	中国	美国	印度	荷兰	德国	西班牙	巴西	中国	美国	印度	荷兰	德国	西班牙	巴西	中国	美国	印度	荷兰	德国	西班牙	巴西
2009	2.974	8.193	1.861	25.791	7.032	5.351	1.029	1.000	0.863	0.987	0.650	-0.534	0.561	0.643	1.025	0.771	1.212	3.285	1.045	1.561	0.183
2010	3.529	8.562	1.654	26.491	7.060	4.651	1.950	1.000	0.822	0.979	0.606	-0.550	0.525	0.600	1.136	0.775	0.978	3.688	1.139	1.428	0.325
2011	4.239	9.775	1.728	23.785	7.528	4.824	2.098	1.000	0.836	0.965	0.580	-0.460	0.473	0.672	1.378	0.912	0.817	3.490	1.230	1.554	0.335
2012	2.967	9.495	1.989	24.641	8.153	3.145	2.204	1.000	0.906	0.979	0.560	-0.424	0.302	0.713	0.931	0.879	0.747	3.800	1.364	0.986	0.361
2013	3.712	10.425	1.724	24.462	6.959	3.066	1.314	1.000	0.910	0.975	0.555	-0.423	0.421	0.549	1.157	0.988	0.628	3.734	1.143	0.934	0.214
2014	3.888	10.442	1.763	21.137	7.438	3.354	1.804	1.000	0.863	0.974	0.503	-0.379	0.394	0.671	1.133	0.970	0.693	3.522	1.252	0.997	0.317
2015	4.229	13.101	2.073	17.995	7.049	4.267	1.697	0.999	0.586	0.979	0.485	-0.391	0.500	0.529	1.107	1.229	0.922	3.129	1.243	1.265	0.298
2016	4.564	12.392	1.876	20.210	8.160	3.678	1.363	0.998	0.761	0.974	0.503	-0.400	0.345	0.519	1.148	1.160	0.914	3.306	1.427	1.042	0.253
2017	2.976	10.810	1.596	21.949	7.692	4.202	1.220	0.988	0.839	0.983	0.432	-0.402	0.455	0.473	0.788	1.080	0.740	3.227	1.372	1.206	0.217
2018	2.597	10.709	1.750	22.345	7.388	4.468	1.601	0.997	0.846	0.971	0.451	-0.430	0.471	0.429	0.674	1.089	0.829	3.250	1.335	1.262	0.282
2019	2.933	11.602	1.729	21.911	7.461	4.928	1.500	0.998	0.849	0.979	0.402	-0.394	0.521	0.259	0.744	1.203	0.854	3.254	1.387	1.371	0.273
2020	2.785	11.641	1.231	23.054	7.061	5.734	1.061	0.998	0.839	0.979	0.414	-0.434	0.616	0.063	0.746	1.175	0.573	3.413	1.326	1.519	0.186

资料来源：笔者根据联合国粮农组织（FAO）数据库的数据测算而得。

4.6.1 世界鸡蛋贸易总体情况

世界禽蛋贸易以鸡蛋为主,鸡蛋贸易占总禽蛋贸易量的 90% 以上。如图 4 – 13 所示,从世界鸡蛋贸易总体情况来看,鸡蛋贸易量呈持续增长的趋势。2020 年世界各国鸡蛋总进口量为 260.66 万吨,出口量 251.32 万吨。中国、美国、印度、巴西和印度尼西亚作为世界鸡蛋主要生产国家,鸡蛋产量约占世界鸡蛋产量的 70% 左右。荷兰、土耳其、美国、西班牙和德国是世界主要的鸡蛋产品出口国,鸡蛋出口量约占世界鸡蛋出口总量的 40%。此外,波兰、马来西亚和比利时等国家出口增长显著,成为近年出口鸡蛋产品较多的国家。

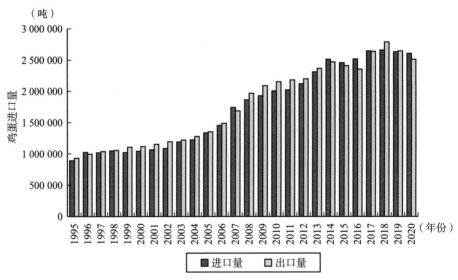

图 4 – 13　1995 ~ 2020 年世界鸡蛋进出口量

资料来源:联合国粮农组织 (FAO) 数据库 (http://www.fao.org/faostat/on/#home)。

鸡蛋产品贸易结构主要包括带壳蛋、蛋粉及液态蛋三种 (见图 4 – 14)。带壳蛋在全球鸡蛋产品贸易中占主要比重,占比超过 80%;液态蛋次之,占比 10% 左右；蛋粉贸易量在鸡蛋产品贸易量中占比不足 10%。

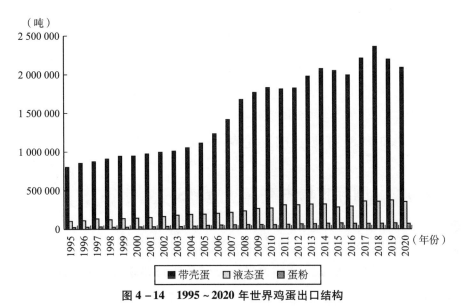

图 4-14 1995~2020 年世界鸡蛋出口结构

资料来源：联合国粮农组织（FAO）数据库（http：//www. fao. org/faostat/on/#home）。

中国作为鸡蛋生产大国，鸡蛋产品贸易以出口为主，进口量极小。2020 年，中国鸡蛋出口 8.48 万吨，近三年出口量在 8 万~10 万吨左右，进出口贸易中绝大多数为带壳蛋，占比 90% 以上，蛋粉和液态蛋出口量占比极低，不足 10%。从年度变化趋势来看，1995~2008 年中国鸡蛋出口量呈持续波动上涨的趋势，由 1995 年的 3.04 万吨增长到 2008 年的 15.27 万吨，达到历史最高点；2008~2012 年鸡蛋出口量呈断崖式下降，至 2012 年的 8.33 万吨，下降了近 1/2，主要是受国际经济变动导致的需求下降以及禽流感疫病的影响。2012 年至今，鸡蛋出口量缓慢恢复上升，相对较平稳。

美国同样作为鸡蛋生产大国，近年鸡蛋产品出口量保持在 19 万吨以上，占世界鸡蛋出口量 7% 以上的比重。印度的鸡蛋产品贸易常年保持顺差，2020 年出口鸡蛋 2.33 万吨，进口量极小。巴西是排名前五位的鸡蛋生产大国，2020 年出口鸡蛋 1.49 万吨，进口 0.03 万吨。长期以来，荷兰是世界最大的鸡蛋产品出口国，2020年出口量为53.36万吨，占世界鸡蛋出口总量的21.23%，出口带壳蛋占比最大，在70%以上，液态蛋占比20%左右，蛋粉占比仅占2%。德国是世界排名靠前的鸡蛋出口大国，2020年出口量为13.55万吨，占全球鸡蛋出口总量的5.40%。西班牙近年保持在15万吨左右的鸡蛋出口量，在世界占据一定优势。此外，这六个代表国家中，德国和荷兰两个国家还是世界鸡蛋进口大国，2020年进口量分别为46.21和29.81万吨，分别占世界鸡蛋进口量的17.73%和11.44%。

4.6.2 国际市场占有率（WMS）

中国鸡蛋国际市场占有率一直较稳定，维持在较低水平。中国虽然为世界鸡蛋生产第一大国，但其鸡蛋国际贸易市场份额不占优势。1995年中国出口鸡蛋产品的国际市场占有率为3.32%，随后小幅波动，但基本稳定在2%~4%，2016年达到历史最高点。总体看来，中国鸡蛋国际市场占有率偏低，与美国、德国和荷兰等国家有较大差距。

从国际市场看，荷兰作为鸡蛋产品第一出口大国，其国际市场占有率呈下降趋势，但仍然在鸡蛋产品国际市场上占有重要地位；美国仅次于荷兰，是鸡蛋产品国际市场份额排名第二的国家；西班牙国际市场占有率经历了从低于中国到超过中国再到基本与中国持平的过程；德国鸡蛋产品国际市场占有率高于中国；印度和巴西鸡蛋产品国际市场占有率偏低于中国。

1995~2020年，荷兰作为世界鸡蛋第一出口大国，其鸡蛋国际市场占有率相较于世界其他国家具有绝对优势。虽然其出口鸡蛋的国际市场占有率从1995年的32.92%下降到2020年23.05%，下降幅度较大，但仍然在鸡蛋产品国际市场上占有重要地位。其中1996~2003年为明显下降阶段，后下降速度趋缓；1996年为历史最高点33.11%，2015年为历史最低点17.99%。美国同时作为鸡蛋生产大国和出口大国，其鸡蛋产品的国际市场份额占有较大优势，基本稳定在10%左右。1995~2020年，其鸡蛋国际市场占有率较稳定，其间有小幅波动，2015 年为 13. 10%，处于历史最高位。

代表国家中，德国鸡蛋产品的国际市场占有率排名靠前，仅低于荷兰和美国。1995 ~ 2020 年德国鸡蛋产品国际市场平均占有率为 7. 32%。德国同时作为鸡蛋产品出口大国和进口大国，其出口国际市场份额较稳定。1995 年，西班牙鸡蛋产品国际市场占有率仅为 1. 57%，低于同时期中国的 3. 32%，随后其呈增长趋势，2003 年达到 6. 96%，至 2011 年一直高于中国市场份额，后又呈下降趋势，近年与中国呈基本持平状态。印度是鸡蛋生产大国之一，鸡蛋产品进口量极少，近年出口量保持在 1% 左右的国际市场占有率，相对较稳定，处于较低水平。与印度相似，同为鸡蛋生产大国，但其鸡蛋产品贸易出口的国际市场份额不占优势，同样维持在 1% 左右的占有率，最高值为 2012 年的 2. 20%（见图 4 – 15）。

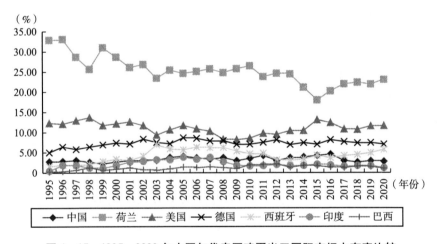

图 4 – 15 1995 ~ 2020 年中国与代表国鸡蛋出口国际市场占有率比较

资料来源：联合国粮农组织（FAO）数据库（http：//www. fao. org/faostat/on/#home）。

4.6.3 贸易竞争力指数（TC）

中国鸡蛋常年保持贸易顺差，贸易竞争力指数始终为正，且一直接近最高值 1。如图 4 - 16 所示，1995 ~ 2020 年，中国鸡蛋贸易竞争力指数基本稳定在 0.9 以上，贸易竞争力极强，分别在 2004 年以及 2008 ~ 2013 年达到最高值 1。

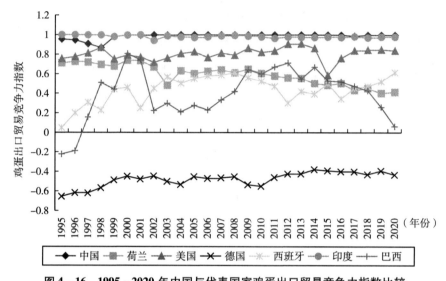

图 4 - 16　1995 ~ 2020 年中国与代表国家鸡蛋出口贸易竞争力指数比较

资料来源：联合国粮农组织（FAO）数据库（http：//www. fao. org/faostat/on/#home）。

从国际市场看，印度、美国、荷兰和西班牙均具有鸡蛋出口竞争优势，鸡蛋贸易竞争力指数均为正。其中，印度鸡蛋出口竞争优势强于其他国家，同中国一样，竞争力指数保持在 0.9 ~ 1.0；美国鸡蛋出口优势较明显，个别年份有波动，但贸易竞争力指数基本保持在 0.7 以上，最高值为 2013 年的 0.910。荷兰虽然是世界鸡蛋第一出口大国，但其同时也是鸡蛋进口大国，贸易竞争力指数呈下降趋势，由 1995 年的 0.711 下降到 2020 年的 0.414，近年处于历史低位。西班牙鸡蛋产品出口竞争优势呈波动增长趋势，由 1995 年的 0.048 增长到 2020 年的 0.616，其余年份基本保持在 0.4 ~ 0.5。巴西鸡蛋产品的贸易竞争力指数波动幅度明显，由 1995 年的贸易逆差迅速增长到 2000 年的 0.808，随后又断崖式下降到

2002 年的 0.224，近年保持在 0.2 以上。德国具有较高的鸡蛋产品国际市
场份额，但其同时作为鸡蛋进、出口大国，常年保持贸易逆差，鸡蛋产品
不具备出口竞争优势。

4.6.4 显示性比较优势指数 （RCA）

中国鸡蛋产品具有一定的出口比较优势，显示性比较优势指数无显著
变化，基本在 0.7 ~ 1.2 小幅波动。如图 4 - 17 所示，1995 ~ 2020 年，中国
鸡蛋显示性比较优势指数总体较稳定，在代表国家中处于中等水平，2004
年接近 1.46 的历史最高值，其余年份大多在 0.7 ~ 1.2 浮动，2018 年的 0.67
为历史最低位。整体看来，中国鸡蛋产品具有一定的出口比较优势。

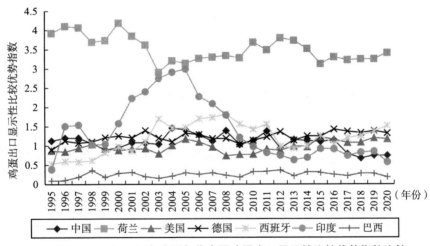

图 4 - 17 1995 ~ 2020 年中国与代表国鸡蛋出口显示性比较优势指数比较

资料来源：联合国粮农组织（FAO）数据库（http：// www. fao. org/faostat/on/#home）。

从国际市场看，荷兰鸡蛋产品显示性比较优势指数最高，巴西最低，
近年西班牙、德国和美国略强于中国，处于中等水平；印度鸡蛋产品
RCA 低于中国。1995 ~ 2020 年，荷兰鸡蛋产品的显示性比较优势指数虽
然处于下降趋势，但一直在 3.0 以上，2000 年曾达到 4.19 的最高值，直到

2002 年前都在 3.60 以上，近年也处于 3.0 以上的高位，鸡蛋产品具有较强的出口竞争力。西班牙和印度两个国家的鸡蛋产品显示性比较优势指数有明显波动，经历了先上升后下降的变化，其中，西班牙 2003 年显示性比较优势指数为 1.70，随后波动变化至今，近年处于大于 1.25 的区间（$RCA_i^k >$ 1.25），具有一定的出口比较优势；印度鸡蛋产品的显示性比较优势指数同样经历先上升后下降的趋势，2005 年 2.99 为历史最高值，其下降幅度高于西班牙，近年处于小于 0.8 的区间（$RCA_i^k < 0.8$），已不具有鸡蛋出口比较优势。德国相较于印度和西班牙，其鸡蛋产品的显示性比较优势指数较稳定，在 1.20 左右上下浮动，近年高于美国和印度，具有一定的出口比较优势。虽然近年美国鸡蛋产品显示性比较优势指数高于中国，但在 1995 ~ 2020 年，美国鸡蛋产品的显示性比较优势指数绝大多数年份低于中国，仅有个别年份显示性比较优势指数略高于 1.25。巴西始终处于小于 0.8 的区间（$RCA_i^k < 0.8$），其鸡蛋产品不具有出口比较优势。

4.7 奶产品贸易竞争力测算分析

中国是奶产品生产、消费和贸易大国，奶产品是城乡居民不可或缺的重要消费品。2008 年"三聚氰胺"事件之后，国产奶产品消费信心严重不足，致使奶产品进口持续快速增长，在补充国内奶产品市场供需缺口的同时，也对中国奶业及奶产品市场发展造成巨大冲击，中国奶业国际竞争力面临严峻挑战。从 2020 年世界奶产品生产形势看，印度、美国、巴基斯坦、中国、巴西是世界五大奶产品生产国；从世界奶产品贸易形势看，中国、德国、荷兰、阿尔及利亚和比利时是世界五大奶产品进口国，新西兰、德国、美国、荷兰和法国是世界五大奶产品出口国。本书选取澳大利亚、新西兰、美国、日本、德国 5 个具有代表性的国家，对中国奶业国际竞争力进行比较分析（测算结果见表 4 - 6）。

表4-6 1995~2020年奶业竞争力指标测算结果

年份	国际市场占有率（%）						贸易竞争力指数						显示性比较优势指数					
	中国	澳大利亚	新西兰	美国	日本	德国	中国	澳大利亚	新西兰	美国	日本	德国	中国	澳大利亚	新西兰	美国	日本	德国
1995	0.096	3.587	6.120	1.911	0.008	15.986	-0.361	0.793	0.986	-0.079	-0.994	0.175	0.038	1.437	4.343	0.140	0.010	2.918
1996	0.104	4.708	7.010	1.447	0.008	17.054	-0.290	0.803	0.980	-0.279	-0.994	0.183	0.042	1.604	4.805	0.107	0.011	3.166
1997	0.151	4.883	9.011	1.979	0.008	16.693	-0.215	0.817	0.987	-0.149	-0.994	0.182	0.057	1.550	6.305	0.153	0.011	3.323
1998	0.148	4.923	7.425	1.917	0.010	16.806	-0.364	0.818	0.984	-0.288	-0.992	0.200	0.059	1.928	5.834	0.156	0.014	3.038
1999	0.173	5.473	7.296	1.975	0.015	15.613	-0.566	0.787	0.985	-0.334	-0.989	0.191	0.067	1.961	5.453	0.164	0.019	2.896
2000	0.198	6.158	8.388	2.253	0.023	15.679	-0.622	0.820	0.983	-0.270	-0.983	0.231	0.066	2.059	6.017	0.173	0.029	2.945
2001	0.148	5.794	9.931	2.322	0.016	15.215	-0.690	0.808	0.988	-0.253	-0.988	0.235	0.049	1.913	6.665	0.183	0.018	2.775
2002	0.211	5.941	9.258	2.037	0.015	13.446	-0.661	0.817	0.982	-0.325	-0.990	0.100	0.066	2.006	6.307	0.173	0.019	2.388
2003	0.144	4.133	8.587	1.865	0.016	15.818	-0.765	0.752	0.984	-0.336	-0.986	0.128	0.044	1.725	5.978	0.167	0.022	2.695
2004	0.146	4.465	8.585	2.557	0.016	15.736	-0.775	0.758	0.983	-0.178	-0.986	0.163	0.047	1.581	5.509	0.251	0.022	2.635
2005	0.200	4.467	8.885	2.701	0.019	14.361	-0.697	0.730	0.974	-0.160	-0.983	0.176	0.059	1.785	5.786	0.276	0.028	2.266
2006	0.217	4.137	9.305	2.905	0.026	14.457	-0.711	0.714	0.976	-0.086	-0.976	0.146	0.063	1.758	6.620	0.295	0.037	2.265
2007	0.427	3.544	9.718	3.905	0.032	15.241	-0.509	0.684	0.974	0.158	-0.968	0.163	0.124	1.791	6.848	0.389	0.049	2.326
2008	0.464	3.445	9.246	4.601	0.031	14.485	-0.481	0.610	0.975	0.281	-0.971	0.164	0.147	1.770	6.929	0.441	0.049	2.237

续表

年份	国际市场占有率（%）						贸易竞争力指数						显示性比较优势指数					
	中国	澳大利亚	新西兰	美国	日本	德国	中国	澳大利亚	新西兰	美国	日本	德国	中国	澳大利亚	新西兰	美国	日本	德国
2009	0.109	3.185	9.741	3.066	0.081	14.442	-0.895	0.620	0.970	0.056	-0.919	0.166	0.031	1.596	7.444	0.302	0.121	2.216
2010	0.070	3.114	11.816	4.535	0.069	13.746	-0.956	0.553	0.977	0.337	-0.928	0.187	0.018	1.559	8.180	0.431	0.091	2.319
2011	0.110	2.744	9.110	5.075	0.026	14.268	-0.941	0.502	0.979	0.400	-0.975	0.179	0.028	1.210	6.243	0.497	0.038	2.492
2012	0.114	3.067	12.809	5.184	0.017	13.214	-0.950	0.556	0.970	0.396	-0.983	0.194	0.028	1.322	8.801	0.498	0.026	2.398
2013	0.068	2.644	13.165	6.114	0.016	13.301	-0.978	0.543	0.972	0.492	-0.982	0.217	0.017	1.218	8.476	0.602	0.025	2.331
2014	0.086	2.625	13.840	6.357	0.020	13.170	-0.977	0.516	0.972	0.495	-0.978	0.209	0.020	1.191	8.368	0.612	0.033	2.306
2015	0.068	2.693	12.218	5.770	0.028	12.619	-0.972	0.459	0.957	0.320	-0.973	0.162	0.015	1.169	8.048	0.552	0.043	2.293
2016	0.074	2.532	12.158	5.224	0.039	12.443	-0.972	0.376	0.966	0.269	-0.959	0.140	0.015	1.182	8.096	0.502	0.059	2.246
2017	0.063	2.313	12.960	5.071	0.036	12.522	-0.980	0.289	0.969	0.335	-0.964	0.126	0.014	0.953	8.184	0.518	0.056	2.336
2018	0.071	2.259	12.392	4.998	0.036	12.146	-0.979	0.283	0.962	0.310	-0.965	0.122	0.015	1.119	7.768	0.527	0.054	2.285
2019	0.065	2.099	12.881	5.407	0.037	12.191	-0.982	0.268	0.958	0.318	-0.966	0.137	0.014	1.063	7.826	0.585	0.056	2.348
2020	0.063	2.127	12.673	5.979	0.046	12.426	-0.985	0.248	0.960	0.383	-0.955	0.122	0.015	1.221	7.825	0.632	0.072	2.415

资料来源：根据联合国粮农组织（FAO）数据库的数据测算而得。

4.7.1 世界奶产品贸易形势

世界奶产品贸易总体呈现出持续增长态势。如图 4 – 18 所示，1995年，世界奶产品进出口量分别为 4 263.79 万吨和 4 317.06 万吨，此后进出口量总体呈现出持续波动增长态势，2020 年进出口量分别达到 8 165.31 万吨和 8 183.59 万吨，年均增长率分别为 2.63% 和 2.59%。如表 4 – 7 所示，从世界排名前 10 的进出口贸易国看，2020 年中国进口量最大，其次为德国，其他国家依次为荷兰、阿尔及利亚、比利时、法国、意大利、阿联酋、墨西哥和俄罗斯；奶产品出口量最大的国家为新西兰，其次为德国、美国和荷兰，其他国家依次为法国、比利时、爱尔兰、波兰、英国和白俄罗斯。

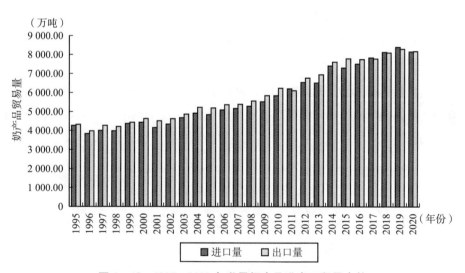

图 4 – 18　1995 ~ 2020 年世界奶产品进出口贸易走势

资料来源：联合国粮农组织（FAO）数据库（http：//www. fao. org/faostat/on/#home）。

表 4 – 7　　　　　　2020 年奶产品进出口贸易排名前 10 国家一览

排名	奶产品进口（万吨）		奶产品出口（万吨）	
	国家	进口量	国家	出口量
1	中国	980.14	新西兰	1 822.78
2	德国	557.26	德国	764.38
3	荷兰	430.42	美国	699.13
4	阿尔及利亚	312.00	荷兰	619.45
5	比利时	310.09	法国	501.27
6	法国	273.58	比利时	475.69
7	意大利	269.82	爱尔兰	393.46
8	阿联酋	265.53	波兰	251.77
9	墨西哥	226.96	英国	226.74
10	俄罗斯	217.42	白俄罗斯	222.67

资料来源：联合国粮农组织（FAO）数据库（http://www.fao.org/faostat/on/#home）。

从代表性国家奶产品进出口贸易形势看，中国奶产品进口量近年持续增加，出口量长期处于低位。中国奶产品进口量从 1995 年的 21.32 万吨增至 2020 年的 980.14 万吨，年均增长率达到 16.55%；出口量则呈现出先增长后下滑的态势，2020 年维持在 5.30 万吨的水平上。1995 年，澳大利亚、新西兰、美国、日本、德国奶产品进口量分别为 6.19 万吨、0.49 万吨、6.62 万吨、80.61 万吨和 164.44 万吨，2020 年分别为 75.77 万吨、9.77 万吨、53.01 万吨、44.18 万吨和 557.26 万吨，年均增长率分别为 10.54%、12.75%、8.68%、-2.38% 和 5.00%。就奶产品出口而言，澳大利亚呈现出下滑态势，1995~2020 年年均下降 1.97%；新西兰、美国、日本、德国则呈现出增长态势，年均增长率分别为 5.25%、7.06%、11.01% 和 0.78%。

4.7.2 国际市场占有率（WMS）

中国奶产品国际市场占有率近年呈现下滑态势，国际市场竞争优势不强。1995 年，中国奶产品国际市场占有率为 0.10%，之后呈现出波动上升态势，2008 年国际市场占有率达到最大值，为 0.46%。此后，奶产品国际市场占有率呈现出波动下滑态势，2020 年维持在 0.06% 的水平以上。与 5 个代表性国家比较来看，2020 年新西兰和德国奶产品国际市场占有率明显高于其他几个国家，分别达到 12.67% 和 12.43%；美国和澳大利亚分别为 5.98% 和 2.13%；仅日本奶产品国际市场占有率低于中国，仅为 0.05%。单从国际市场占有率这一指标来看，中国奶产品国际竞争优势不强，且该种弱势近年来处于持续加强的态势（见图 4 - 19）。

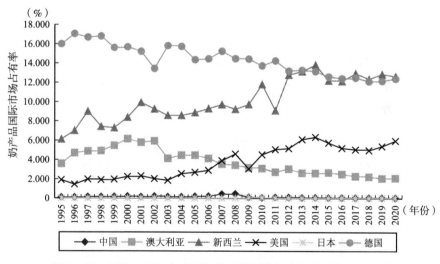

图 4 - 19　1995 ~ 2020 年中国与代表性国家奶产品国际市场占有率

资料来源：联合国粮农组织（FAO）数据库（http：//www. fao. org/faostat/on/#home）。

从国际市场变化趋势看，新西兰和美国奶产品国际市场占有率总体呈现出增长态势，德国和澳大利亚奶产品国际市场占有率呈现出下滑态势，日本奶产品国际市场占有率一直在低位波动。1995 年，新西兰奶产品国际市场占有率为 6.12%，此后不断波动增长，2012 年之后市场占有率一直保持在 12% 以上，最高为 2014 年的 13.84%，2020 年回落至 12.67%。美国奶产品国际市场占有率从 1995 年的 1.91% 增长至 2020 年的 5.98%，其间最高为 2014 年的 6.36%。1995 年德国奶产品国际市场占有率为 15.99%，最高为 1996 年的 17.05%，此后不断波动下滑，2020 年维持在 12.43% 的水平上。澳大利亚奶产品国际市场占有率前期较高，后期呈现出下滑态势，从 1995 年的 3.59% 增长至 2000 年的 6.16%，2020 年下滑至 2.13% 的水平上。日本奶产品国际市场占有率一直保持在较低水平，但总体呈现出一定的上升态势，从 1995 年的 0.01% 增长至 2020 年的 0.05%。

4.7.3 贸易竞争力指数（TC）

中国奶产品贸易竞争力指数持续下滑，国际市场竞争处于弱势地位。1995 年，中国奶产品贸易竞争力指数为 -0.36，此后两年呈现出一定增长态势，1997 年增至 -0.22；1998 年之后贸易竞争力指数呈现出波动下滑态势，2007~2008 年出现短暂回升，2009 年之后继续波动下滑，2020 年维持在 -0.98 的水平上。与其他五个代表性国家比较来看，2020 年除日本奶产品贸易竞争力指数为 -0.95 外，澳大利亚、新西兰、美国、德国奶产品贸易竞争力指数均为正值，分别为 0.25、0.96、0.38 和 0.12，其中新西兰奶产品贸易竞争优势最为明显。从贸易竞争力指数这一指标来看，中国奶产品贸易竞争优势与日本相似，与新西兰、澳大利亚、美国、德国相比较，还存在极大差距（见图 4-20）。

从国际市场变化趋势看，澳大利亚奶产品贸易竞争力指数下滑趋势最为明显，1995~2002 年基本维持在 0.80 左右，2003 年之后贸易竞争力指数呈现出明显下滑态势，2007 年跌破 0.70，2015 年进一步跌破 0.50，

2020 年贸易竞争力指数仅维持在 0.25 的水平上。新西兰奶产品贸易竞争力指数虽然呈现出一定的下滑态势，但一直维持在较高水平，1995 年为 0.99，2020 年下滑至 0.96，贸易竞争力指数最低值处在 2015 年。美国奶产品贸易竞争力指数在 2007 年之前一直为负，1995～2006 年呈现出先下滑后回升的趋势，2007 年由负转为正，达到 0.16；此后年份总体呈现出增长态势；贸易竞争力指数最高值为 2014 年的 0.50，2020 年维持在 0.38 的水平上。德国奶产品贸易竞争力指数波动幅度较大，但总体呈现出下滑态势，从 1995 年的 0.18 下滑至 2020 年的 0.12。日本奶产品贸易竞争力指数长期处于低位，1995 年为 -0.99，此后贸易竞争力指数虽有所提升，但依旧维持在 -0.95 的水平上。

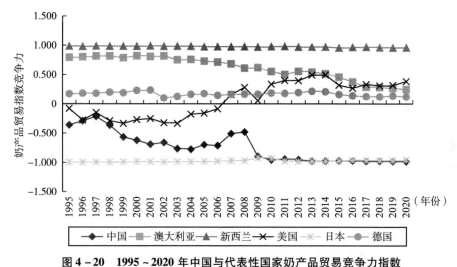

图 4 - 20　1995～2020 年中国与代表性国家奶产品贸易竞争力指数

资料来源：联合国粮农组织（FAO）数据库（http://www.fao.org/faostat/on/#home）。

4.7.4　显示性比较优势指数（RCA）

中国奶产品显示性比较优势指数较低且处于下滑态势，奶产品国际竞争优势不足。1995 年中国奶产品显示性比较优势指数为 0.04，此后年份呈现出一定的增长态势，2008 年显示性比较优势指数达到最高值 0.15；2009 年之后奶产品显示性比较优势指数呈现出持续波动下滑态势，2020 年维持在 0.01 的水平上。与其他五个代表性国家相比，中国奶产品显示性比较优势指数最低。2020 年，新西兰、德国、澳大利亚、美国和日本奶产品显示性比较优势指数分别为 7.82、2.41、1.22、0.63 和 0.07。总体来看，显示性比较优势指数测算结果显示，中国奶产品国际市场竞争优势极低，与新西兰、德国、澳大利亚、美国等国家差距较大，甚至低于日本（见图 4 - 21）。

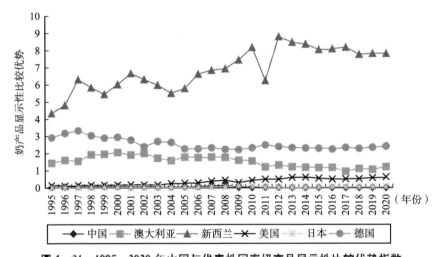

图 4 - 21 1995 ~ 2020 年中国与代表性国家奶产品显示性比较优势指数

资料来源：联合国粮农组织（FAO）数据库（http：//www.fao.org/faostat/on/#home）。

从国际市场变化趋势看，澳大利亚、德国奶产品显示性比较优势指数呈现出下滑态势，新西兰、美国和日本则呈现出上升态势。具体地，1995 年澳大利亚奶产品显示性比较优势指数为 1.44，此后呈现出一定增长态势，2000 年达到最大值 2.06；2001 年之后奶产品显示性比较优势指数呈现出波动下滑态势，2020 年维持在 1.22 的水平上。新西兰奶产品显示性比较优势指数前期呈现出波动增长态势，近期出现一定下滑；从 1995 年的 4.34 波动增长至 2020 年的 7.82，其中最大值为 2012 年的 8.80。1995 年，美国和日本奶产品显示性比较优势指数分别为 0.14 和 0.01，此后年份波动增长，2020 年两国奶产品显示性比较优势指数分别增至 0.63 和 0.07。德国奶产品显示性比较优势指数在早期呈现出一定的增长态势，1995 年为 2.92，1997 年增至 3.32；此后年份显示性比较优势指数总体呈现出波动下滑态势，2020 年维持在 2.41 的水平上。

第5章
基于产业发展视角的竞争力分析

近年来中国畜产品贸易发展迅速，出现了与以往不同的新特征，第4章基于传统的贸易视角对中国猪肉、鸡肉、牛肉、羊肉、鸡蛋和奶产品六大主要畜禽品种竞争力进行测算分析，本章则进一步从产业发展视角，基于资源、生产、消费、贸易四个方面构建畜牧业竞争力评价指标体系，对生猪、肉鸡和蛋鸡三大食粮型畜种产业竞争力进行测算分析。

5.1 畜牧业国际竞争力评价体系构建

5.1.1 构建原则

畜牧业国际竞争力评价体系的构建根据"两优相权取其重，两劣相衡取其轻"的思想，结合各畜种产业特点，从产业系统的角度，从资源、生产、消费、贸易四个方面选择指标，指标应尽量全面，能体现出产业的优势和不足，国际比较能体现出差距。指标选择既要重视现实竞争力，也要考虑潜在竞争力。结合畜牧业的自身特点,指标体系应遵循以下五个原则。

第一,比较优势原则。比较优势原则强调了畜牧业国际竞争力体系指标应具有经济学意义。依据比较优势理论,一个国家的畜牧业是否具有竞争力取决于其在国际分工中的比较优势。

第二,客观性原则。畜牧业国际竞争力体系指标的客观性是评价某国畜牧业国际竞争力,也是比较不同国家之间畜牧业竞争力的重要前提之一。指标的提出应有现实依据,能全面具体地反映畜牧业的国际竞争力。指标的选择尽可能不受主观因素影响,与现实情况一致,即使不能完全满足现实,也要尽量减少与现实情况之间的误差。指标所反映的现象和数据都是客观存在的。

第三,可操作性原则。畜牧业国际竞争力体系指标应具有可操作性,具体表现在指标概念明确,定义清晰;指标可量化,并能方便地收集数据;指标计算方法简明易懂,避免复杂计算对评价工作带来的麻烦;指标所反映的结果与畜牧业国际竞争力相关,并且是动态的,能反映一段时间内的畜牧业国际竞争力的变化情况。

第四,数据可获得性原则。数据可获得性是指在设置指标时,尽量选择数据容易获得的指标,数据不可得的指标可以作舍弃处理。在数据的选择上,应尽量选择权威部门的统计数据,原则上优先选择国际组织的统计数据。

第五,独立性原则。所谓独立性,就是产业国际竞争力体系指标在同一层次上应具有相互独立,彼此间不存在因果关系,不相互重叠。其中显而易见的包含关系应该尽量避免,相对隐形的相关关系要尽量消除或减弱。

5.1.2 框架设计——食粮型畜禽产业国际竞争力

畜牧业国际竞争力指标体系构建,基于比较优势理论和竞争优势理论(波特钻石模型)理论,遵循指标的可获得性、客观性、可操作性、独立性和比较优势原则，结合各畜种产业特点，从产业系统出发，从资源可能性、生产实际情况、消费实际情况、贸易实际情况四个方面设置、选取指标。

其一，畜牧业是农业的组成部分，一个国家（地区）畜牧业的发展需立足于自然农业资源，受农业资源支持，也受农业资源约束。一个国家（地区）资源禀赋是否适合某一畜种的发展至关重要。不同的国家（地区），受到其自身的地理位置、气候条件和自然资源等农业资源的现实条件方面的影响，畜牧业发展的情况不同。充足的农业资源禀赋对该国家（地区）的畜牧业（或某一畜种）发展利好，会有助于其畜牧业（或某一畜种）具备一定竞争优势。因此，在资源可能性上，设置了资源禀赋竞争力（$B1$）指标。该指标主要从两个方面论述。

一方面，从农业生产最基础最重要的自然资源禀赋出发，选取了资源结构指标（$C11$）。自然条件的地理差异是农业生产地域分工的自然基础，资源结构指标主要是考虑了土地资源禀赋的差异对畜牧业养殖结构的影响，以农田面积与草地面积的比值来表现。比值越小，则草地面积大于农田面积，说明该国家（地区）更适合饲养牛、羊等草饲畜种，对草饲畜种的饲养偏好也越强，草饲畜种发展更有竞争优势；相反比值越大，说明该国家（地区）更适合饲养猪、家禽等粮饲畜种，当地对粮饲畜种的饲养偏好越强，粮饲畜种发展更具有竞争优势。

另一方面，对于食饲畜种，如牛猪、肉鸡、蛋鸡等，饲料主要成分是玉米和豆粕，占到了85%以上，因此，饲料粮的稳定供应对于食粮型畜牧业的稳定生产至关重要。基于饲料粮和其他作物的关系和饲料粮自给程度，设置饲料粮种植比重（$C12$）和饲料自给率（$C13$）指标。饲料粮种植比重指标以饲料粮与粮食作物的收获面积的比值来表现。以玉米和大豆收获面积的总和来表示饲料粮的收获面积。饲料粮种植比重越大，即说明该国家（地区）在粮食生产中对饲料粮的生产比其他作物更重视，食粮型畜牧业饲料供应稳定得以保障，国内资源配置有助于食粮型畜牧业向积极的方向发展。饲料自给率指标以饲料粮产量与饲料粮消费量的比值来表现。饲料消费量以该国家（地区）玉米大豆的产量加玉米大豆的进口量来计算。饲料自给率越高，该国家（地区）在粮饲畜种养殖过程中的饲料供应越稳定。

其二，在比较了各个国家（地区）的资源禀赋后，从各国家（地区）畜牧业生产的实际情况出发，设置了生产竞争力指标（$B2$），该指标考察了各国家（地区）某一畜种自身发展，以及与其他畜种的相对比较优势两方面。选取经济效率指标（$C21$）、技术效率指标（$C22$）表现某一畜种发展情况。经济效率指标是从经济视角出发，用生产者价格和饲料生产者价格的比值反映该国某一畜种生产的经济效益；技术效率指标是从技术效率视角出发，用产肉量和存栏的比值关系体现该国生产技术和生产能力。此外，生产比重指标（$C23$），即国内肉鸡生产量和肉类生产总量的比值。通过对产量的比较，表现各个国家（地区）的某一畜种产品与其他畜种产品之间的生产竞争优势。

其三，从社会再生产的过程来看，生产和消费是一切经济活动的起点和终点，生产决定了消费，消费也制约和影响生产，两者相互影响，密不可分。消费竞争优势对产业结构升级改革有促进作用。消费竞争力不仅影响生产竞争力，也是国际竞争力的重要组成。畜牧业竞争力评价体系设置消费竞争力（$B3$）指标。消费竞争力，不仅体现了国内畜产品市场需求情况和消费潜力情况，同时也反映该国畜产品生产能力。设置某一畜产品的人均消费量（$C31$）指标、人均消费差距（$C32$）指标、国内消费比重（$C33$）指标、人均消费增长率（$C34$）指标。人均畜产品消费量指标直观表现了某国家（地区）平均每人的某一种类畜产品消费量的大小。人均畜产品消费差距指标，计算各国人均某一种类畜产品消费量与最高国家的差距比最高国家人均消费量的值，反映某一种类畜产品消费潜力。国内畜产品消费比重是通过某国家（地区）国内某一种类畜产品消费量和该大类消费总量的比值，例如猪肉占肉类总消费的比重，来分析该国家（地区）国内消费者的消费结构和消费偏好。人均畜产品消费增长率是人均某一种类畜产品消费量在一定时期内的增长幅度，表示一定时期内该国家（地区）人民对于某一类畜产品消费选择意愿的增长情况。

其四，设置畜产品贸易竞争力指标（$B4$），对畜产品的贸易情况进行评价分析。一个国家的畜牧业首先要满足国内市场需求，对此设置国内市场自给率（$C41$）指标，用某一种类畜产品产量和净进口量的比值关系，比较该国家（地区）畜产品生产是否满足国内市场需求的能力。在满足国内市场需求的前提下，剩余部分流入世界市场参与国际贸易，对此设置国际市场占有率（$C42$）指标和贸易竞争力指数（$C43$）指标，来反映该国畜产品生产对世界畜产品贸易的贡献程度。其中，国际市场占有率反映该国家（地区）某一种类畜产品出口份额；贸易竞争优势指数表示某国家（地区）某一种类产品的净进口占该国家（地区）进出口总额的比重，其综合了进口和出口两个因素，作为一个与贸易总额的相对值，剔除了经济膨胀、通货膨胀等宏观因素方面波动的影响。

综上所述，畜牧业国际竞争力指标体系由 3 个层次，两级指标构成。不同畜种有所差异，在后续对每个分品种产业进行评价分析时将具体说明。以食粮型畜牧业的生猪、肉鸡和蛋鸡 3 个产业为例，可以做如下表述：

$$A = \{B1、B2、B3、B4\}$$
$$B1 = \{C11、C12、C13\}$$
$$B2 = \{C21、C22、C23\}$$
$$B3 = \{C31、C32、C33、C34\}$$
$$B4 = \{C41、C42、C43\}$$

详细解释如下：

第一层：即畜牧业国际竞争力（A），为目标层；

第二层：即一级指标（B），对畜牧业国际竞争力的评价包括 4 个方面，分别是资源禀赋竞争力（$B1$）、生产竞争力（$B2$）、贸易竞争力（$B3$）和消费竞争力（$B4$），全面评价畜牧业的国际竞争力；

第三层：即二级指标（C），将 4 个一级指标分为 13 个二级指标。其中，资源禀赋竞争力主要由资源结构（C11）、饲料粮种植比重（C12）、饲料自给率（C13）构成；生产竞争力主要由经济效率（C21）、技术效率（C22）、国内生产比重（C23）构成；消费竞争力主要由人均消费量（C31）、人均消费差距（C32）、国内消费比重（C33）、人均消费增长率（C34）构成；贸易竞争力主要由国内市场自给率（C41）、国际市场占有率（C42）、贸易竞争力指数（C43）构成。

5.1.3 数据标准化及权重确定

1. 数据标准化

由于各项指标的计量单位不统一，为了使数据具有可比性，需要对指标进行标准化处理。正向指标的处理为 $X = \dfrac{X_{ij} - X_{i,\min}}{X_{i,\max} - X_{i,\min}}$；负向指标的处理为 $X = \dfrac{X_{i,\max} - X_{ij}}{X_{i,\max} - X_{i,\min}}$。其中，$X$ 为标准化后的指标，X_{ij} 为原始数据，$X_{i,\max}$、$X_{i,\min}$ 分别为第 j 项指标的最大值和最小值。

对原始数据进行标准化处理后，采用线性加权法得到畜牧业国际竞争力总指数和各级分指数。以竞争力总指数为例，$I = \sum_{1}^{i} I_{Bi} w_i$，其中，$I_{Bi}$ 表示一级指标，w_i 表示一级指标对应的权重。同理，每个一级指标指数都由其相对应的二级指标加权得出。

2. 权重确定

赋权方法有包括专家打分法、层次分析法等的主观赋权法，还有包括主成分分析法、熵权法、变异系数法等的客观赋权法。为最大程度降低主观性，增强评价结果的科学性，本书选用变异系数法求权重。变异系数法是一种客观的赋权方法，通过指标数据信息的差异反映权重。这种方法的基本思想为，在指标体系中，取值差异越大的指标，其反映的信息相对充分，更能反映被评价单位的差距，能够作为评价的主要依据。变异系数法的优势在于：一是评价指标对于评价目标而言比较模糊时，一般使用变异系数法进行评价；二是该方法也适用各个构成要素内部指标权数的确定；三是客观的权重能真实地反映指标数据的变异情况；四是计算相对简便。具体方法如下：

第一步，计算第 i 项指标的平均值 $\overline{X}_i$ 和标准差 σ_i（$i = 1, 2, 3, \cdots, n$）；

第二步，计算第 i 项指标的变异系数 $CV_i = \dfrac{\sigma_i}{\overline{X}_i}$；

第三步，计算权重 $w_i = \dfrac{CV_i}{\sum\limits_{i=1}^{n} CV_i}$（$i = 1, 2, 3, \cdots, n$）。

5.2　生猪产业国际竞争力评价[*]

本书对中国生猪产业国际竞争力进行评价，并与美国、巴西、德国、西班牙、俄罗斯五国在资源禀赋竞争力、生产竞争力、消费竞争力、贸易竞争力四方面进行对比分析。找出中国生猪产业发展的不足之处，清晰地认识中国生猪产业的国际地位，为提高生猪产业发展质量，提升中国生猪产业竞争力提供参考。

5.2.1　生猪产业国际竞争力评价指标体系

根据前面所述，生猪产业国际竞争力指标体系主要由三个层次，两级

* 本节内容已发表在《中国农业资源与区划》2022 年第 1 期，笔者在原有基础上对相关数据及部分观点进行了更新补充。

指标构成：

$$A = \{B1、B2、B3、B4\}$$
$$B1 = \{C11、C12、C13\}$$
$$B2 = \{C21、C22、C23\}$$
$$B3 = \{C31、C32、C33、C34\}$$
$$B4 = \{C41、C42、C43\}$$

详细解释如下：

第一层：即生猪产业国际竞争力（A），为目标层；

第二层：即一级指标（B），对生猪产业国际竞争力的评价分为资源禀赋竞争力（$B1$）、生产竞争力（$B2$）、贸易竞争力（$B3$）、消费竞争力（$B4$）共 4 个方面，全面评价生猪产业的国际竞争力；

第三层：即二级指标（C），将 4 个一级指标分为 13 个二级指标。其中，资源禀赋竞争力主要由资源结构（$C11$）、饲料粮种植比重（$C12$）、饲料自给率（$C13$）构成，生产竞争力主要由经济效率（$C21$）、技术效率（$C22$）、国内猪肉生产比重（$C23$）构成，消费竞争力主要由人均猪肉消费量（$C31$）、人均猪肉消费差距（$C32$）、国内猪肉消费比重（$C33$）、人均猪肉消费增长率（$C34$）构成，贸易竞争力主要由国内市场自给率（$C41$）、国际市场占有率（$C42$）、贸易竞争力指数（$C43$）构成。

5.2.2 数据来源、指标计算及权重确定

根据世界生猪生产量以及指标数据的可获得性，选择美国、巴西、德国、西班牙和俄罗斯五个国家，与中国进行生猪产业国际竞争力的比较分析。时间段为 1995～2020 年。所有数据均来源于 FAO 数据库，少数国家极个别指标缺少的统计数据，根据相邻年份的变化趋势进行插值处理。

评价指标的具体计算方法为：

1. 资源禀赋竞争力 （*B*1）

（1）资源结构（*C*11）。该指标是从农业大资源出发，主要考察了自然资源禀赋的差异对畜牧业养殖结构的影响，以农田面积与草地面积的比值来表现。即：

$$C11 = \frac{S_{farmland}}{S_{grassland}} \tag{5-1}$$

其中，*C*11 表示资源结构，$S_{farmland}$ 为农田面积，$S_{grassland}$ 为草地面积。比值越小，则草地面积大于农田面积，说明该国家（地区）更适合饲养牛、羊等草饲动物，对草饲动物的饲养偏好也越强；相反比值越大，说明该国家（地区）更适合饲养猪、家禽等粮饲动物，当地对粮饲动物的饲养偏好越强，即生猪产业更具有竞争优势，是正向指标。

（2）饲料粮种植比重（*C*12）。饲料粮种植比重指标，以饲料粮与粮食作物的收获面积的比值来表现。在具体计算时，粮食作物收获面积数据包括谷类作物（包括稻谷、玉米、小麦、大麦等）、薯类作物（包括马铃薯、甘薯、木薯等）、豆类作物（包括大豆、蚕豆、豌豆、绿豆等）的收获面积数据的总和。饲料粮的收获面积为玉米和大豆收获面积的总和。即

$$C12 = \frac{S_{feedgrain}}{S_{grain}} = \frac{S_{maize} + S_{soybean}}{S_{grain}} \tag{5-2}$$

其中，*C*12 表示饲料粮比重，$S_{feedgrain}$ 为饲料粮收获面积，S_{maize} 为玉米的收获面积、$S_{soybean}$ 为大豆的收获面积；S_{grain} 为粮食收获面积，其数据选取 FAO 谷类（编号 1717）、薯类（编号 1720）、豆类（编号 1726），由于 FAO 将大豆归为油料作物，故另外加上大豆（编号 236）的收获面积数据。饲料粮种植比重越大，即说明该国家（地区）在粮食生产中对饲料粮的生产比其他作物更重视，生猪饲料供应稳定得以保障，国内资源配置对生猪产业向积极的方向发展，是正向指标。

（3）生猪饲料自给率（*C*13）。生猪饲料自给率指标，以饲料粮产量与饲料粮消费量的比值来表现。计算时饲料粮消费量以该国家（地区）

玉米大豆的产量加玉米大豆的进口量来计算：

$$C13 = \frac{Y_{feedgrain}}{C_{feedgrain}} = \frac{Y_{maize} + Y_{soybean}}{Y_{maize} + Y_{soybean} + I_{maize} + I_{soybean}} \qquad (5-3)$$

其中，$C13$ 表示生猪饲料自给率，$Y_{feedgrain}$、$C_{feedgrain}$ 表示饲料粮产量和消费量，Y_{maize}、$Y_{soybean}$、I_{maize}、$I_{soybean}$ 分别表示玉米大豆的产量和净进口量。生猪饲料的自给率越高，该国家（地区）在生猪养殖过程中的饲料供应越稳定，是正向指标。

2. 生产竞争力（B2）

（1）经济效率（$C21$）。由于指标数据获得难度大，本书用生猪的生产者价格和饲料生产者价格的比值反映经济效率：

$$C21 = \frac{Pr_{hog}}{Pr_{feedgrain}} = \frac{Pr_{hog}}{Pr_{maize} + Pr_{soybean}} \qquad (5-4)$$

其中，$C21$ 表示经济效率，Pr_{hog}、$Pr_{feedgrain}$ 分别表示生猪、饲料粮的生产者价格，计算时饲料粮的生产者价格用玉米 Pr_{maize}、大豆 $Pr_{soybean}$ 的生产者价格之和替代。经济效率越大，对生猪产业发展越有利，是正向指标。

（2）技术效率（$C22$）。本书利用产肉量和存栏的比值关系反映技术效率的变化趋势。

$$C22 = \frac{X_{mp}}{X_s} \qquad (5-5)$$

其中，$C22$ 表示技术效率，X_{mp} 为生猪产肉量，X_s 为生猪存栏量。当指标值越高，说明该国家（地区）生猪的生产技术水平、管理水平、生产能力更强，为正向指标。

（3）国内生猪生产比重（$C23$）。国内生猪生产比重指标，以国内生猪生产量和肉类生产总量的比值表示。

$$C23 = \frac{P_{hog}}{P_{meat}} \qquad (5-6)$$

其中，$C23$ 为国内生猪生产比重，P_{hog} 为国内生猪产量，P_{meat} 为国内肉类生产总量。

3. 消费竞争力（B3）

（1）人均生猪消费量（C31）。人均生猪消费量指标直观地体现了该国家（地区）生猪的消费情况。即：

$$C31 = \frac{C_{hog}}{X_{population}} \qquad (5-7)$$

其中，C31 表示人均生猪消费量，C_{hog} 表示生猪消费量，$X_{population}$ 表示该国（地区）人口数量。人均猪肉消费量越大，消费竞争优势越大，为正向指标。

（2）人均生猪消费差距（C32）。人均生猪消费差距指标，通过计算各国人均生猪消费量与最高国家的差距与最高国家人均生猪消费量的比值来表现该国家（地区）生猪的消费潜力。

$$C32 = \frac{C_{\max} - C31}{C_{\max}} \qquad (5-8)$$

其中，C32 为人均生猪消费差距，C31 为人均生猪消费量，$C_{\max}$ 为人均生猪消费量最高国家的值。如果该指标越大，说明与人均猪肉消费量最高的国家之间差距越大，因此该国家（地区）生猪消费潜力越大，是正向指标。

（3）国内生猪消费比重（C33）。国内生猪消费比重指标，通过计算某国家（地区）国内生猪消费量和肉类消费总量的比值，分析该国家（地区）国内消费者在肉类消费中对于生猪的消费的选择情况。

$$C33 = \frac{C_{hog}}{C_{meat}} \qquad (5-9)$$

其中，C33 为国内生猪消费比重，C_{hog} 为国内生猪消费量，C_{meat} 为国内肉类消费总量。当比值越高，说明该国家（地区）在选择肉类消费时，更多地选择生猪产品，是正向指标。

（4）人均生猪消费增长率（C34）。人均生猪消费增长率是研究一定时期内该国人民对于生猪消费选择意愿的增长情况，是人均生猪消费量在一定时期内的增长幅度。

$$C34 = \frac{C_{hog \cdot t} - C_{hog \cdot (t-1)}}{C_{hog \cdot (t-1)}} \times 100\% \qquad (5-10)$$

其中，$C34$ 为人均生猪消费增长率，$C_{hog \cdot t}$ 为 t 年生猪消费量，$C_{hog \cdot (t-1)}$ 为上一年生猪消费量。当某国家（地区）的人均生猪消费增长率越大，说明该国家（地区）对生猪消费意愿增强，是正向指标。

4. 贸易竞争力（B4）

（1）国内市场自给率（$C41$）。国内市场自给率指标，通过生猪产量和生猪净进口量的比值关系来反映。

$$C41 = \frac{P_{hog}}{P_{hog} + I_{hog}} \qquad (5-11)$$

其中，$C41$ 为国内市场自给率，P_{hog} 为生猪产量，I_{hog} 为生猪净进口量。当国内市场自给率越高，说明国内生猪产业能够满足国内市场需求的能力越强，生猪进口依赖性越小，为正向指标。

（2）国际市场占有率（$C42$）。国际市场占有率指标，从出口市场份额的角度来反映该国生猪产业对世界生猪贸易的贡献程度。国际市场占有率指标在本书中是指某一国家（地区）生猪的出口总额与世界生猪出口总额比值的百分数。反映该国家（地区）生猪出口量占世界出口市场的比重。公式为：

$$C42 = \frac{X_i}{X_w} \times 100\% \qquad (5-12)$$

其中，$C42$ 表示 i 国生猪的国际市场占有率，X_i 为 i 国家（地区）生猪出口额，X_w 为世界生猪出口额。如果生猪的国际市场占有率越高，说明在国际市场上该国家（地区）生猪产品竞争力越强，反之则越弱。该指标为正向指标。

（3）贸易竞争力指数（$C43$）。贸易竞争优势指数，从进出口的角度反映该国生猪产业对世界生猪贸易的贡献程度。该指标表示某国家（地区）

生猪产品的净进口占该国家（地区）进出口总额的比重，综合了进口和出口两个因素，作为一个与贸易总额的相对值，剔除了经济膨胀、通货膨胀等宏观因素方面波动的影响。取值在区间［-1，1］上。本书中，用某国家（地区）生猪产品的净进口占该国家（地区）进出口总额的比重计算。

$$C43 = \frac{X_{it} - M_{it}}{X_{it} + M_{it}} \tag{5-13}$$

其中，$C43$ 表示生猪贸易竞争力指数，X_{it} 表示 i 国生猪出口额，M_{it} 表示 i 国生猪进口额，$C43$ 越接近于 -1 表示该国家（地区）生猪竞争力越弱，越接近于 0 表示竞争力越接近于平均水平，越接近于 1 则表示竞争力越大，为正向指标。

按照前面所述，对指标数据进行标准化处理后，通过变异系数法求权重。各指标权重结果见表5-1。

表5-1 生猪产业国际竞争力评价指标体系

一级指标	二级指标	属性	权值（%）
资源禀赋竞争力 27.77%	资源结构	正向指标	9.39
	饲料粮种植比重	正向指标	11.14
	生猪饲料自给率	正向指标	7.24
生产竞争力 23.30%	经济效率	正向指标	7.88
	技术效率	正向指标	5.22
	国内生猪生产比重	正向指标	10.20
消费竞争力 27.49%	人均猪肉消费量	正向指标	8.38
	国内猪肉消费比重	正向指标	7.99
	人均猪肉消费差距	正向指标	7.96
	人均猪肉消费增长率	正向指标	3.15
贸易竞争力 21.44%	国内市场自给率	正向指标	5.40
	国际市场占有率	正向指标	9.61
	贸易竞争力指数	正向指标	6.44

资料来源：笔者计算整理。

5.2.3　中国生猪产业国际竞争力测算结果分析

1. 生猪产业国际竞争力评价

如图 5 - 1 所示，1995 ~ 2020 年中国生猪产业国际竞争力平均为
12.46，6 个国家中位列第二。其中，资源禀赋竞争力平均贡献 3.65，生
产竞争力平均贡献 2.73，消费竞争力平均贡献 4.45，贸易竞争力平均贡
献 1.62。可以看到，贸易竞争力明显不足。总体来看，中国生猪产业国
际竞争力水平呈现波动下降的趋势，生猪产业国际竞争力从 1995 年的
13.02 跌至 2020 年的 10.36。

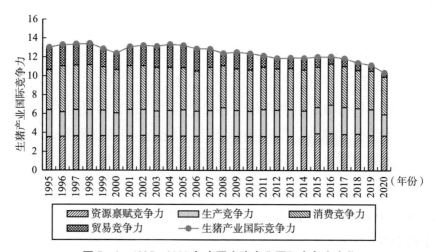

图 5 - 1　1995 ~ 2020 年中国生猪产业国际竞争力变化

资料来源：笔者计算整理。

其中，贸易竞争力水平下降幅度最大，其贡献值由 1995 年的 2.38 跌至
2020 年的 0.45，降幅为 81.09%；生产竞争力次之，从 2.86 跌至 2.25，降
幅为 21.33%，可见中国生猪产业面临市场和资源的双重约束；2000 ~
2004 年中国生猪产业国际竞争力逐年增长，2004 年增至 13.33，但距历史

最高 1998 年的 13.44 仍略有差距。2005 ~ 2020 年中国生猪产业国际竞争力再次呈现下降趋势，2020 年降至 10.36，为历史最低。其中，贸易竞争力降至 0.45，仅为 2004 年的 18%；生产竞争力由 2005 年的 2.76 降至 2020 年的 2.25，其他两个分项竞争力波动幅度较小。总体来看，中国生猪产业国际竞争力中，贸易竞争力明显不足，且有持续下降趋势，加之生产竞争力略有下降，中国生猪产业竞争力波动下滑。

2. 生猪产业分项国际竞争力评价——资源禀赋竞争力

如图 5 - 2 所示，1995 ~ 2020 年中国生猪资源禀赋竞争力平均为 13.12。其中，资源结构指标平均贡献 6.36，饲料粮比重指标平均贡献 3.49，生猪饲料自给率指标贡献 2.86。总体来看，中国生猪资源禀赋竞争力呈现波动上升趋势。由 1995 年的 12.71 增长为 2020 年的 13.19，其中 2016 年达到最高为 13.99。其中，饲料粮种植比重评价指标值小幅上升，1995 年为 3.54，2020 年上升为 5.57；但资源结构评价指标值与饲料粮自给率明显下降，指标值分别由 1995 年的 6.36、2.79 下降至 2020 年的 5.72、1.90。饲料粮自给率是用饲料粮产量和饲料粮消费量的比值来表现。饲料粮自给率越高，说明饲料粮供给越稳定。测算结果显示，中国饲料粮自给率逐年下降，由 1995 年 96.18% 下降到 2020 年的 71.53%。生猪养殖过程中，饲料粮是最主要的要素投入，饲料成本约占生猪生产总成本的 50% ~ 60%，其中，作为饲料主要构成的玉米和豆粕成本超过饲料总成本的 75%。

3. 生猪产业分项国际竞争力评价——生产竞争力

如图 5 - 3 所示，1995 ~ 2020 年中国生猪生产竞争力平均为 11.72。其中，经济效率指标平均贡献为 1.06，技术效率指标平均贡献为 1.83，国内生猪生产比重贡献为 8.83。国内生猪生产比重是拉高国内生猪生产竞争力的影响因素。中国生猪生产竞争力呈现多次周期性波动，总体处于 9 至 12 的区间内。2020 年中国生猪生产竞争力水平为 9.65，较 1995 年

12.26 降幅接近 21%。国内生猪生产比重下降是导致中国生猪生产竞争力优势减弱的主要因素。国内生猪生产比重评分由 1995 年的 10.20 降至 2020 年的 7.14，对中国生猪生产竞争力产生了一定的影响。

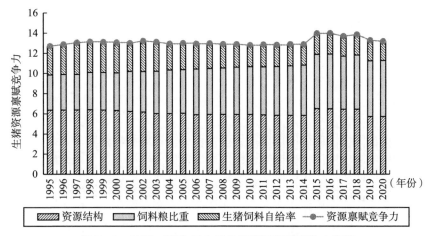

图 5-2　1995~2020 年中国生猪资源禀赋竞争力变化

资料来源：笔者计算整理。

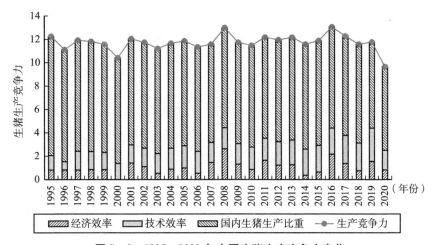

图 5-3　1995~2020 年中国生猪生产竞争力变化

资料来源：笔者计算整理。

4. 生猪产业分项国际竞争力评价——消费竞争力

如图 5 - 4 所示，1995 ~ 2020 年中国生猪产业消费竞争力略有下降，波动相对平缓。中国生猪消费竞争力优势明显，评分在 14.58 ~ 17.80，平均得分为 16.23。其中，人均猪肉消费量指标平均贡献 3.49，人均猪肉消费差距指标平均贡献 4.31，国内猪肉消费比重指标平均贡献 6.79，人均猪肉消费增长率比重指标平均贡献 1.64。

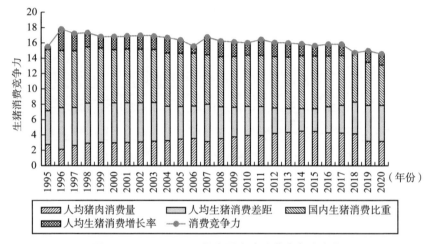

图 5 - 4　1995 ~ 2020 年中国生猪消费竞争力变化

资料来源：笔者计算整理。

从图 5 - 4 可以明显看出国内猪肉消费比重指标对中国生猪产业消费竞争力贡献极大，但其仍处于下降趋势，1995 年评分为 7.96，到 2020 年评分仅为 5.24，降幅达到 34% 左右。随着经济发展和人民生活水平的提高，中国人均猪肉消费量从 29.28 千克增长为 32.06 千克，在指标评分上直接反映为从 1995 年的 2.75 增长至 2020 年的 3.17。虽然人均猪肉消费增长率指标平均贡献为 1.64，但处于波动下降的趋势，2020 年为 1.48，较历史最高 1996 年的 2.79，降幅约为 47%。人均猪肉消费差距评分逐年减小，20 世纪末期评分在 5 左右，2004 年则跌破 4，甚至 2009 年降至 3

以下，这在一定程度上反映出中国与人均猪肉最高国家之间的差距在逐年缩小。

5. 生猪产业分项国际竞争力评价——贸易竞争力

如图 5 - 5 所示，1995～2020 年中国生猪贸易竞争力平均为 7.56。其中，国内市场自给率平均贡献为 2.05，国际市场占有率贡献为 1.51，贸易竞争力指数平均贡献为 4.00。中国生猪贸易竞争力处于弱势地位，国内市场自给率和国际市场占有率指数是拉低中国生猪产业贸易竞争力的主要原因。

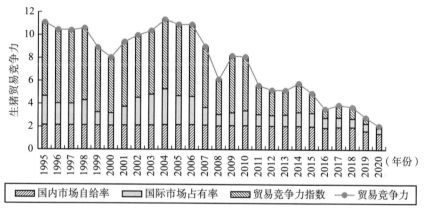

图 5 - 5　1995～2020 年中国生猪贸易竞争力变化

资料来源：笔者计算整理。

总体来看，中国生猪产业贸易竞争力呈现"周期性下降"的趋势。生猪产业贸易竞争力评分在 1999 年有所下降，1995～1998 年平均评分为 10.64，而 1999 年、2000 年测评得分分别为 8.90、8.04。2000～2004 年呈现上升趋势，2004 年评分升至 11.35。2006 年之后又急剧下降，经 2009 年和 2010 两年短暂回升后，仍在逐年递减。2020 年生猪产业贸易竞争力测评得分仅为 2.08，距 1995 年评分下降了 81.27%。中国生猪产业贸易竞争力评分急剧变化与中国贸易竞争力指数变动息息相关，中国贸易竞争力指数波动频繁且剧烈，其变动趋势与生猪产业贸易竞争力评分趋势一致。国际市场占有率变动趋势与生猪产业贸易竞争力评分趋势一致但较为缓和。国内市场自给率较为稳定，基本在 1.42 ~ 2.18 内波动。

5.2.4 中国生猪产业国际竞争力的国际比较分析

1. 生猪产业国际竞争力比较

生猪产业国际竞争力评价的综合结果显示，在考察的 6 个国家中，1995 年中国生猪国际竞争力居于前列，高于其他考察国家（见表 5 - 2 和图 5 - 6）。1999 年，美国生猪产业国际竞争力超越中国，形成了美国第一，中国、巴西分别为位列第二、第三，随后是德国、西班牙以及俄罗斯。从竞争力的变动趋势来看，美国的生猪产业竞争力有逐年增长的趋势，由 1995 年的 12.56 增长到 2020 年的 14.32；巴西和德国分别从 1995 年的 8.29、8.26 增长到 2020 年的 12.42、11.43；西班牙和俄罗斯的生猪产业竞争力也有一定上涨，分别从 1995 年的 6.93、7.53 增长到 2020 年的 10.83、10.47。与五国情况相反的是中国的生猪产业。1995 年中国的生猪国际竞争力居于考察 6 国中的第一，但二十余年以来中国的生猪产业国际竞争力呈现持续下滑趋势，分别于 1999 年被美国、2012 年被德国、2018 年被巴西、2020 年被西班牙和俄罗斯超越，当前中国生猪产业国际竞争力在 6 国中排名最末位。

表 5 - 2 生猪产业国际竞争力比较

年份	中国	美国	巴西	德国	西班牙	俄罗斯
1995	13.02	12.56	8.29	8.26	6.93	7.53
2000	12.40	14.12	9.72	9.70	8.44	7.92
2005	13.21	13.83	11.12	11.04	8.73	8.97

年份	中国	美国	巴西	德国	西班牙	俄罗斯
2010	12. 36	13. 86	10. 83	12. 06	8. 56	8. 72
2015	12. 01	14. 26	11. 67	11. 74	9. 06	9. 35
2020	10. 36	14. 32	12. 42	11. 43	10. 83	10. 47

资料来源：笔者计算整理。

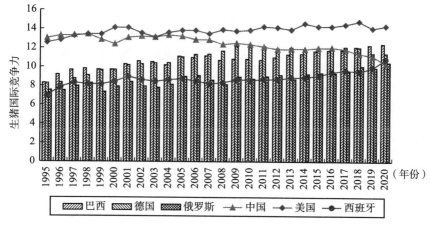

图 5 – 6　1995 ~ 2020 年生猪国际竞争力比较

资料来源：笔者计算整理。

　　巴西拥有生猪产业发展得天独厚的资源禀赋优势，在政府的支持下畜牧业发展迅速并成为畜牧业出口大国，近几年生猪生产效率不断提升，竞争力水平也在平稳上升。带动德国生猪竞争力提升的主要指标为消费竞争力，德国在二十余年来人均猪肉消费量持续提升，猪肉占肉类消费的比重也不断加大，直接带动了德国生猪产业竞争力的上涨，当然随着欧盟对农业的投入，近年来生猪产业现代化、规模化程度不断提高，技术效率显著增加也是德国生猪产业竞争力持续增长的重要因素。从整个产业系统综合评价国际竞争力的国际比较结果来看，中国生猪产业国际竞争力略有不足。具体来看，与巴西、美国等优势国家相比，随着国内人民生活水平的提高以及膳食结构的逐渐优化，猪肉占肉类消费的比重逐年下降，消费增长率也保持在较低的水平，造成在竞争比较中的消费竞争不占优势，在国际贸易中，中国生猪产业长年保持逆差，不具备出口比较优势，多原因混合造成中国生猪产业竞争力逐年下降的局面。因此要继续重视提高中国生猪生产、贸易、消费竞争力，扎实推进中国生猪产业的发展。

2. 生猪产业分项国际竞争力比较——资源禀赋竞争力

由于各国的资源禀赋短期内很难有较大改变，如表 5-3 所示，从1995～2020 年 6 个考察国家的资源禀赋竞争力水平整体仅呈现小幅波动趋势。从各个国家来看，美国和巴西的资源禀赋竞争力得分相对较高，尤其巴西在 20 余年的变化中，资源禀赋竞争力水平增长幅度较大，从 1995年的 11.67 增长到 2020 年的 20.58。美国的生猪产业资源禀赋竞争力总体上没有太大的变化，从 1995 年的 21.90 到 2020 年的 20.99，总体上表现较为稳定。这主要是由于美国农业区划分范围相对稳定，种植结构没有发生太大的变化所导致。

表 5-3　　　　　　　　　　生猪产业资源禀赋竞争力比较

年份	中国	美国	巴西	德国	西班牙	俄罗斯
1995	12.71	21.90	11.67	1.13	1.18	8.92
2000	13.06	21.60	14.81	1.30	1.62	8.17
2005	12.99	21.15	16.30	1.57	1.47	9.03
2010	12.79	21.33	17.43	1.72	1.14	8.87
2015	13.97	20.94	19.66	1.44	1.19	10.50
2020	13.19	20.99	20.58	1.19	0.70	9.71

资料来源：笔者计算整理。

经测算，中国的生猪产业资源禀赋竞争力在考察 6 国中排名第三，中国的生猪产业资源禀赋竞争力在二十余年间也未发生太大的变化（见

图 5 - 7 ）。分析中国生猪产业资源禀赋竞争力主要的短板是资源结构，中国耕地面积相对较小，粮食作物种植优势不明显，生猪饲养饲料自给率水平也不高，生猪产业在资源禀赋方面不占优势。俄罗斯的生猪产业资源禀赋竞争力有所波动，主要是由于国内生猪饲料自给率的波动造成的，但从总体上来看其竞争力还是不断上升的，饲料粮种植比重的持续提高是其主要带动因素。而德国和西班牙生猪产业资源禀赋竞争力在考察 6 国中属于较低水平，农田面积不足严重限制了其竞争力水平提高。

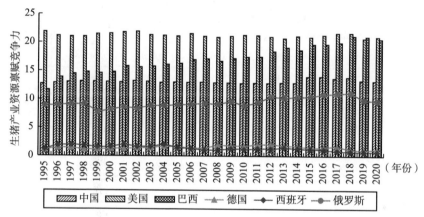

图 5 - 7　1995 ~ 2020 年生猪产业资源禀赋竞争力比较

资料来源：笔者计算整理。

3. 生猪产业分项国际竞争力比较——生产竞争力

由于生猪产业的生产面临着市场以及疫病风险等多重风险，因此从整体上看考察 6 国的生猪产业生产竞争力均存在着一定的波动，但实际上除中国外各国生产竞争力水平整体呈明显增长或略有下降。近些年德国的生猪产业竞争力处于考察 6 国中的首位，且近几年仍有小幅增长趋势。

如表 5 - 4 所示，中国生猪生产竞争力在波动大幅下降，从 1995 年的 12. 26 下降至 2020 年的 9. 65，主要下降指标为国内生猪生产比重。俄罗斯的生猪生产竞争力波动尤其大，在 1995 年俄罗斯的生产竞争力为 8. 51，在 2005 年左右迅速增至 13.32，而到了 2020 年又降至 11.74，其剧烈变动受国内的生猪生产者价格和饲料生产者价格的比值表示的经济效率影响较大。如图 5-8 所示，美国的生猪产业生产竞争力波动较大，总体处于上升—下降—上升—下降的趋势。巴西虽然作为生猪生产大国，但其生产竞争力水平现在看来稍显不足，但是增长幅度相当明显，随着巴西国内生猪养殖技术效率的提高以及规模化程度的提高，预计巴西生猪生产竞争力将会持续提高。

表 5-4　　　　　　　　　　生猪产业生产竞争力比较

年份	中国	美国	巴西	德国	西班牙	俄罗斯
1995	12.26	6.89	2.64	14.08	4.94	8.51
2000	10.40	9.12	3.28	15.13	5.75	8.40
2005	11.86	9.33	3.21	16.48	5.72	13.32
2010	11.47	6.84	2.36	15.84	3.64	12.05
2015	11.88	8.17	3.55	15.27	3.42	11.82
2020	9.65	6.55	4.93	14.57	4.28	11.74

资料来源：笔者计算整理。

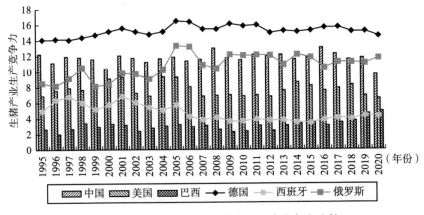

图 5-8　1995~2020 年生猪产业生产竞争力比较

资料来源：笔者计算整理。

4. 生猪产业分项国际竞争力比较——消费竞争力

从 6 国消费竞争力水平进行测算结果可以看出消费竞争力相对稳定，主要是由于猪肉的消费具有一定的饮食习惯背景。在消费竞争力的测算中，考察 6 国中中国的生猪消费竞争力水平位于首位，主要原因在于中国是猪肉消费大国，猪肉占肉类消费的比重均在 60% 以上。但随着国内其他畜产品的发展以及居民膳食结构的调整，中国的人均猪肉消费占比有所下降，由此带动生猪产业消费竞争力的不断下滑（见表 5 - 5）。

表 5 - 5　　　　　　　　　　　生猪产业消费竞争力比较

年份	中国	美国	巴西	德国	西班牙	俄罗斯
1995	15.50	9.81	9.94	14.50	13.67	10.36
2000	16.83	11.19	9.93	16.16	15.90	12.50
2005	16.38	10.66	10.32	16.10	14.91	12.12
2010	16.01	10.66	9.97	16.04	14.92	12.19
2015	15.65	10.80	9.95	15.24	15.25	12.21
2020	14.58	11.15	9.69	15.64	17.43	12.33

资料来源：笔者计算整理。

如图 5 - 9 所示，德国以及西班牙的生猪产业消费竞争力水平比较接近，这是由于欧洲国家人均猪肉消费量也巨大，这与国家的饮食习惯有一定的关联，值得注意的是德国与中国一样，消费竞争力也面临着下滑的趋势。俄罗斯的生猪产业消费竞争力次于以上三国，但消费竞争力保持着相对的稳定，大致维持在 12 左右。美国的猪肉消费竞争力不高，位于考察 6 国中的第五，主要是由于美国人均猪肉消费量不高，与中国、德国、西班牙相比差距较大，因此消费竞争力相比他国有一定的差距。巴西虽然为生猪生产大国，但巴西在考察 6 国中消费竞争力处于末位，2004 年巴西的消费竞争力达到最低水平仅有 8.47，近些年巴西消费竞争力恢复在 9 左右。

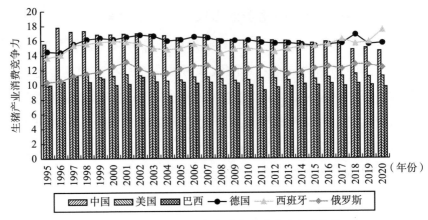

图 5 - 9 1995 ~ 2020 年生猪产业消费竞争力比较

资料来源：笔者计算整理。

5. 生猪产业分项国际竞争力比较——贸易竞争力

如表 5 - 6 和图 5 - 10 所示，从 1995 ~ 2020 年贸易竞争力来看，当前考察国家之间贸易竞争力悬殊。近两年西班牙的贸易竞争力始终在 20 以上，尤其是国内市场自给率指标为贸易竞争力指标贡献了绝大多数。这表明西班牙的生猪基本可以自给，猪肉进口量相对较少。近些年德国和美国的贸易竞争力相近，而德国和美国贸易竞争力构成有较大的不同，美国猪肉国际市场占有率水平高于德国，但美国生猪产品的净进口占国内进出口总额的比重较德国小，这表明德国拥有比美国更高的贸易竞争力指数。巴西的猪肉贸易竞争水平在二十余年间保持平稳增长的势头。中国、俄罗斯的贸易竞争力相对较差，分别位于 6 国中的第五和第六。中国由于每年需要大量的进口猪肉来满足国内消费，而优势国家的生猪国内市场不仅完全自己，还能大量出口使得净进口量为负。中国生猪生产与国内需求还有一定差距，是造成中国生猪贸易竞争力在国际比较中不足的主要原因之一。

表 5 - 6　　　　　　　　　　　　生猪产业贸易竞争力比较

年份	中国	美国	巴西	德国	西班牙	俄罗斯
1995	11.09	10.11	7.94	3.23	7.98	1.06
2000	8.04	13.60	9.84	6.43	10.69	1.21
2005	10.92	13.29	14.00	10.97	13.55	0.11
2010	8.11	15.85	12.57	16.30	15.41	0.48
2015	4.93	16.64	12.32	16.80	17.49	1.52
2020	2.08	18.13	13.46	15.92	22.68	7.72

资料来源：联合国粮农组织（FAO）数据库（http://www.fao.org/faostat/on/#home）。

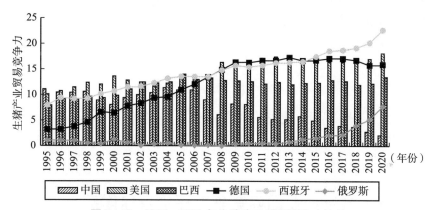

图 5 - 10　1995 ~ 2020 年生猪产业贸易竞争力比较

资料来源：笔者计算整理。

5.2.5　结论

首先对中国自 1995 ~ 2020 年生猪产业国际竞争力进行测算和分析，然后对美国、巴西、德国、西班牙和俄罗斯的生猪国际竞争力从各分项角度进行测算，得出以下结论：中国生猪产业国际竞争力总体实力较强，资源禀赋及消费竞争力指标优势显著。资源禀赋竞争力指标中，饲料粮种植比重提升最为显著，但资源结构、饲料粮自给率水平有所下降；生猪生产竞争力中，生产份额虽有明显降低但仍是拉升竞争力的重要因素，经济效益变化较小，生产效率小幅提升；消费竞争力指标中，人均猪肉消费增长率与人均猪肉消费量有较明显的提高，人均猪肉消费差距和猪肉在肉类消费中比重有所降低；贸易竞争力指标中，国内市场自给率、国际市场占有率以及贸易竞争力指数均呈现出显著的下降趋势。

　　因此中国在现有的资源禀赋情况下发展生猪产业应该做到以下几点：一是完善产业基础设施、提高生产加工设备及人力投入的效率，充分发挥规模化养殖在提高资源利用率和综合生产力的优势。二是要增强企业资源利用效率意识，降低生产成本，提高经济效益。三是建立适合生猪产业的风险防范机制，预防和减小疫病风险以及市场风险对生猪产业系统带来的冲击。

5.3　肉鸡产业国际竞争力评价

5.3.1　肉鸡产业国际竞争力评价指标体系

　　根据前面所述，肉鸡产业国际竞争力指标体系由三个层次，两级指标构成：

$$A = \{B1、B2、B3、B4\}$$
$$B1 = \{C11、C12、C13\}$$
$$B2 = \{C21、C22、C23\}$$
$$B3 = \{C31、C32、C33、C34\}$$
$$B4 = \{C41、C42、C43\}$$

　　详细解释如下：

第一层：即肉鸡产业国际竞争力（*A*），为目标层；

第二层：即一级指标（*B*），对肉鸡产业国际竞争力的评价分为资源禀赋竞争力（*B1*）、生产竞争力（*B2*）、贸易竞争力（*B3*）、消费竞争力（*B4*）4 个方面，全面评价肉鸡产业的国际竞争力；

第三层：即二级指标（*C*），将 4 个一级指标分为 13 个二级指标。其中，资源禀赋竞争力主要由资源结构（*C11*）、饲料粮种植比重（*C12*）、饲料自给率（*C13*）构成；生产竞争力主要由经济效率（*C21*）、技术效率（*C22*）、国内肉鸡生产比重（*C23*）构成；消费竞争力主要由人均肉鸡消费量（*C31*）、人均肉鸡消费差距（*C32*）、国内肉鸡消费比重（*C33*）、人均肉鸡消费增长率（*C34*）构成；贸易竞争力主要由国内市场自给率（*C41*）、国际市场占有率（*C42*）、贸易竞争力指数（*C43*）构成。

5.3.2 数据来源、指标计算及权重确定

肉鸡产业国际竞争力比较分析，从 2020 年世界肉鸡生产量排名前 15 的国家中，根据指标数据的可获得性，选择了阿根廷、巴西、中国、欧盟、印度、印度尼西亚、墨西哥、俄罗斯、南非、泰国、土耳其、美国 12 个国家（地区）。时间段为 1995 ~ 2020 年。用来分析的所有数据均来源于联合国粮农组织（FAO）数据库。

评价指标的具体计算方法为：

1. 资源禀赋竞争力（*B1*）

（1）资源结构（*C11*）。该指标是从农业大资源出发，主要考察了自然资源禀赋的差异对畜牧业养殖结构的影响，以农田面积与草地面积的比值来表现。即：

$$C11 = \frac{S_{farmland}}{S_{grassland}} \tag{5-14}$$

其中，*C11* 表示资源结构，$S_{farmland}$ 为农田面积，$S_{grassland}$ 为草地面积。比值

越小，则草地面积大于农田面积，说明该国家（地区）更适合饲养牛、羊等草饲动物，对草饲动物的饲养偏好也越强；相反比值越大，说明该国家（地区）更适合饲养猪、家禽等粮饲动物，当地对粮饲动物的饲养偏好越强，即肉鸡产业更具有竞争优势，是正向指标。

（2）饲料粮种植比重（C12）。饲料粮种植比重指标，以饲料粮与粮食作物的收获面积的比值来表现。在具体计算时，粮食作物收获面积数据包括谷类作物（包括稻谷、玉米、小麦、大麦等）、薯类作物（包括马铃薯、甘薯、木薯等）、豆类作物（包括大豆、蚕豆、豌豆、绿豆等）的收获面积数据的总和。饲料粮的收获面积为玉米和大豆收获面积的总和。

$$C12 = \frac{S_{feedgrain}}{S_{grain}} = \frac{S_{maize} + S_{soybean}}{S_{grain}} \qquad (5-15)$$

其中，C12 表示饲料粮比重，$S_{feedgrain}$ 为饲料粮收获面积、S_{maize} 为玉米的收获面积、$S_{soybean}$ 为大豆的收获面积；S_{grain} 为粮食收获面积，其数据选取 FAO 谷类（编号 1717）、薯类（编号 1720）、豆类（编号 1726），由于 FAO 将大豆归为油料作物，故另外加上大豆（编号 236）的收获面积数据。饲料粮种植比重越大，即说明该国家（地区）在粮食生产中对饲料粮的生产比其他作物更重视，肉鸡饲料供应稳定得以保障，国内的资源配置有利于肉鸡产业向积极的方向发展，是正向指标。

（3）肉鸡饲料自给率（C13）。肉鸡饲料自给率指标，以饲料粮产量与饲料粮消费量的比值来表现。计算时饲料消费量以该国家（地区）玉米大豆的产量加玉米大豆的净进口量来计算。

$$C13 = \frac{Y_{feedgrain}}{C_{feedgrain}} = \frac{Y_{maize} + Y_{soybean}}{Y_{maize} + Y_{soybean} + I_{maize} + I_{soybean}} \qquad (5-16)$$

其中，C13 表示肉鸡饲料自给率，$Y_{feedgrain}$、$C_{feedgrain}$ 表示饲料粮产量和消费量，Y_{maize}、$Y_{soybean}$、I_{maize}、$I_{soybean}$ 分别表示玉米大豆的产量和净进口量。肉鸡饲料的自给率越高，该国家（地区）在肉鸡养殖过程中的饲料供应越稳定，是正向指标。

2. 生产竞争力（B2）

（1）经济效率（C21）。由于指标数据获得难度大，本书用肉鸡的生产者价格和饲料生产者价格的比值反映经济效率。

$$C21 = \frac{Pr_{broiler}}{Pr_{feedgrain}} = \frac{Pr_{broiler}}{Pr_{maize} + Pr_{soybean}} \qquad (5-17)$$

其中，C21 表示经济效率，$Pr_{broiler}$、$Pr_{feedgrain}$ 分别表示肉鸡、饲料粮的生产者价格，计算时饲料粮的生产者价格用玉米Pr_{maize}、大豆$Pr_{soybean}$ 的生产者价格之和替代。经济效率越大，对肉鸡产业发展越有利，是正向指标。

（2）技术效率（C22）。本书利用产肉量和存栏的比值关系反映技术效率的变化趋势。

$$C22 = \frac{X_{mp}}{X_s} \qquad (5-18)$$

其中，C22 表示技术效率，X_{mp} 为肉鸡产肉量，X_s 为肉鸡存栏量。当指标值越高，说明该国家（地区）肉鸡的生产技术水平、管理水平、生产能力更强，为正向指标。

（3）国内肉鸡生产比重（C23）。国内肉鸡生产比重指标，以国内肉鸡生产量和肉类生产总量的比值表示。

$$C23 = \frac{P_{broiler}}{P_{meat}} \qquad (5-19)$$

其中，C23 为国内肉鸡生产比重，$P_{broiler}$ 为国内肉鸡总产量，P_{meat} 为国内肉类总产量。

3. 消费竞争力（B3）

（1）人均肉鸡消费量（C31）。人均肉鸡消费量指标直观地体现了该国家（地区）肉鸡的消费情况。即：

$$C31 = \frac{C_{broiler}}{X_{population}} \qquad (5-20)$$

其中，C31 为人均肉鸡消费，$C_{broiler}$ 表示肉鸡消费量，$X_{population}$ 表示该国家

（地区）人口数量。人均鸡肉消费量越大，消费竞争优势越大，为正向指标。

（2）人均肉鸡消费差距（$C32$）。人均肉鸡消费差距指标，通过计算各国人均肉鸡消费量与最高国家的差值和最高国家人均肉鸡消费量的比值来表现该国家（地区）肉鸡的消费潜力。

$$C32 = \frac{C_{\max} - C31}{C_{\max}} \qquad (5-21)$$

其中，$C32$ 为人均肉鸡消费差距，$C31$ 为人均肉鸡消费量，$C_{\max}$ 为人均肉鸡消费量最高国家的值。如果该指标越大，说明与人均鸡肉消费量最高的国家之间差距越大，因此该国家（地区）肉鸡消费潜力越大，是正向指标。

（3）国内肉鸡消费比重（$C33$）。国内肉鸡消费比重指标，通过计算某国家（地区）国内肉鸡消费量和肉类消费总量的比值，分析该国家（地区）国内消费者在肉类消费中对于肉鸡的消费的选择情况。

$$C33 = \frac{C_{broiler}}{C_{meat}} \qquad (5-22)$$

其中，$C33$ 为国内肉鸡消费比重，$C_{broiler}$ 为国内肉鸡消费量，C_{meat} 为国内肉类消费总量。计算时肉鸡的数据取家禽数据的 70%。当比值越高，说明该国家（地区）在选择肉类消费时，更多地选择肉鸡产品，是正向指标。

（4）人均肉鸡消费增长率（$C34$）。人均肉鸡消费增长率是研究一定时期内该国人民对于肉鸡消费选择意愿的增长情况，是人均肉鸡消费量在一定时期内的增长幅度。

$$C34 = \frac{C_{broiler \cdot t} - C_{broiler \cdot (t-1)}}{C_{broiler \cdot (t-1)}} \times 100\% \qquad (5-23)$$

其中，$C34$ 为人均肉鸡消费增长率，$C_{broiler \cdot t}$ 为 t 年肉鸡消费量，$C_{broiler \cdot (t-1)}$ 为上一年肉鸡消费量。当某国家（地区）的人均肉鸡消费增长率越大，说明该国家（地区）对肉鸡消费意愿增强，是正向指标。

4. 贸易竞争力（B4）

（1）国内市场自给率（C41）。国内市场自给率指标，通过肉鸡产量和肉鸡净进口量的比值关系来反映。

$$C41 = \frac{P_{broiler}}{P_{broiler} + I_{broiler}} \tag{5-24}$$

其中，$C41$ 为国内市场自给率，$P_{broiler}$ 为肉鸡产量，$I_{broiler}$ 为肉鸡净进口量。国内市场自给率越高，说明国内肉鸡产业能够满足国内市场需求的能力越强，肉鸡进口依赖性越小，为正向指标。

（2）国际市场占有率（C42）。国际市场占有率指标，从出口市场份额的角度来反映该国肉鸡产业对世界肉鸡贸易的贡献程度。国际市场占有率指标在本书中是指某一国家（地区）肉鸡的出口总额与世界肉鸡出口总额比值的百分数。反映该国家（地区）肉鸡出口量占世界出口市场的比重。公式为：

$$C42 = \frac{X_i}{X_w} \times 100\% \tag{5-25}$$

其中，$C42$ 表示 i 国肉鸡的国际市场占有率，X_i 为 i 国肉鸡出口额，X_w 为世界肉鸡出口额。如果肉鸡的国际市场占有率越高，说明在国际市场上该国家（地区）肉鸡产品竞争力越强，反之则越弱。该指标为正向指标。

（3）贸易竞争力指数（C43）。贸易竞争力优势指数，从进出口的角度反映该国肉鸡产业对世界肉鸡贸易的贡献程度。该指标表示某国家（地区）肉鸡产品的净进口占该国家（地区）进出口总额的比重，综合了进口和出口两个因素，作为一个与贸易总额的相对值，剔除了经济膨胀、通货膨胀等宏观因素方面波动的影响。取值在区间 [-1，1] 上。本书中，用某国家（地区）肉鸡产品的净进口占该国家（地区）进出口总额的比重计算。

$$C43 = \frac{X_{it} - M_{it}}{X_{it} + M_{it}} \tag{5-26}$$

其中，$C43$ 表示肉鸡贸易竞争力指数，X_{it} 表示 i 国肉鸡出口额，M_{it} 表示 i 国肉鸡进口额。$C43$ 越接近于 -1 表示该国家（地区）肉鸡竞争力越弱，越接近于 0 表示竞争力越接近于平均水平，越接近于 1 则表示竞争力越大，为正向指标。

按照前面所述，对指标数据进行标准化处理后，通过变异系数法求权重。各指标权重结果见表 5 – 7。

表 5 – 7　　　　　　　　　肉鸡产业国际竞争力评价指标体系

一级指标	二级指标	属性	权值（%）
资源禀赋竞争力 27.2%	资源结构	正向指标	14.6
	饲料粮种植比重	正向指标	9.3
	肉鸡饲料自给率	正向指标	3.3
生产竞争力 18.8%	经济效率	正向指标	5.8
	技术效率	正向指标	6.4
	国内肉鸡生产比重	正向指标	6.6
消费竞争力 22.6%	人均肉鸡消费量	正向指标	8.6
	国内肉鸡消费比重	正向指标	5.7
	人均肉鸡消费差距	正向指标	5.3
	人均肉鸡消费增长率	正向指标	3.0
贸易竞争力 31.4%	国内市场自给率	正向指标	4.2
	国际市场占有率	正向指标	19.1
	贸易竞争力指数	正向指标	8.2

资料来源：笔者整理。

根据肉鸡国际竞争力指标体系和测定方法，首先对中国 1995 ~ 2020 年肉鸡国际竞争力进行测算，分析了总体和各分项竞争力指标的变动原因。然后对考察的 12 个国家（地区）的肉鸡国际竞争力分别从总体和不同分项的角度上进行测算,对不同区域的肉鸡竞争力进行比较分析,得出相应结论。

5.3.3　中国肉鸡产业国际竞争力测算结果分析

1. 肉鸡产业国际竞争力评价

如图 5 - 11 所示,1995 ~ 2020 年,中国肉鸡产业国际竞争力平均为 8,水平较弱。其中资源禀赋竞争力平均贡献 2.7,生产竞争力平均贡献 0.7,消费竞争力平均贡献 1.8,贸易竞争力平均贡献 2.8。可以看到,生产竞争力和消费竞争力明显不足。

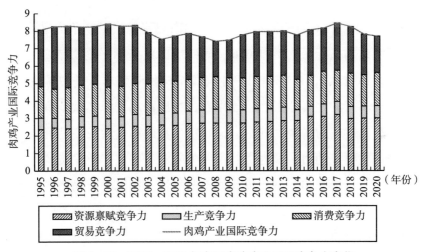

图 5 - 11　1995 ~ 2020 年中国肉鸡产业国际竞争力变化

资料来源:笔者计算整理。

竞争力水平呈现先增加后波动的变化趋势,分成平稳发展阶段和波动变化阶段。其中,1995 ~ 2002 年为稳步发展阶段。该阶段肉鸡产业国际竞争力保持在 8 左右。从产业系统来看,各个分项竞争力占比基本稳定,肉鸡产业呈现平稳发展的趋势。2003 ~ 2020 年为波动变化阶段。该阶段肉鸡产业国际竞争力波动变化明显，特别是在 2004 年和 2014 年，国内肉鸡产业受到 H5N1、H7N9 疫情冲击，肉鸡产业国际竞争力分别下降到 7.2 和 7.5。2008～2009 年受次贷危机影响，肉鸡产品出口受阻，贸易量明显下降，受国际市场对中国肉鸡产品的信心不足和贸易壁垒的影响，贸易竞争力明显减弱，肉鸡产业国际竞争力下降到 7.1。尽管随着禽流感疫情的缓解，国际经济的复苏，贸易竞争力下降的趋势也有所缓解，生产竞争力和消费竞争力也开始增加，但总体看增长动力不足，2017 年后继续呈现下降趋势。总体来看，中国肉鸡产业国际竞争力较弱，消费竞争力和生产竞争力不足是影响中国肉鸡产业国际竞争力水平总体不高的短板。

2. 肉鸡产业分项国际竞争力评价——资源禀赋竞争力

如图 5－12 所示，1995～2020 年中国肉鸡资源禀赋竞争力平均为 10。其中，资源结构指标平均贡献 0.6，饲料粮比重指标平均贡献 7，肉鸡饲料自给率指标贡献 2.4。中国的农业资源结构优势较弱，是中国资源禀赋竞争力得分不高的主要原因。总体来看，中国肉鸡资源禀赋竞争力呈稳中有进，增长速度较为平缓。其中，饲料粮比重的不断增长，是资源禀赋竞争力增长的主要推动力，国内资源配置朝有利于肉鸡产业发展的方向。近年来，随着人口增长和城镇化步伐的不断加快，居民肉蛋奶消费量不断提高，猪肉、禽肉、禽蛋等动物源食品需求的快速增长，引致养殖业的发展必须以充足的饲料粮供给为基础。以玉米、豆粕为主的肉鸡饲料粮种植面积来看，从 1995～2020 年，玉米收获面积由 2 285 万公顷增加到 4 129 万公顷，增长了近 1 倍。大豆收获面积从 813 万公顷增长到 989 万公顷，增长了 21.6%。中国饲料粮收获面积的逐渐扩大，促进了肉鸡产业资源禀赋竞争力的提高，有利于肉鸡产业发展。

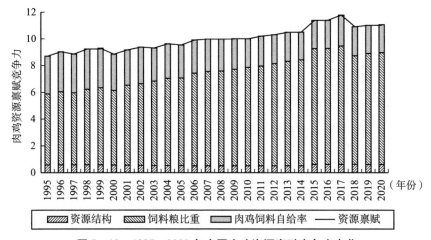

图 5 - 12　1995 ~ 2020 年中国肉鸡资源禀赋竞争力变化

资料来源：笔者计算整理。

　　然而，尽管饲料粮收获面积增加，饲料粮供需缺口较为明显，为补充国内饲料粮供给缺口，近年来加大了大豆、豆粕等的进口，尤其是中国大豆进口量连创新高，1995 ~ 2020 年，大豆进口量从 291 万吨增长到 10 294 万吨，增长了近 35 倍，这使得肉鸡饲料自给率呈现下降趋势，在一定程度上拉低了资源禀赋竞争力的得分，说明中国饲料粮资源依然不足。资源结构竞争力在肉鸡产业国际竞争力评价中占有举足轻重的地位，因此，在农业大自然资源不利的前提下，增加饲料粮种植比重、寻找传统饲料粮代替品成为提高中国肉鸡资源禀赋竞争力的主要目标。

　　3. 肉鸡产业分项国际竞争力评价——生产竞争力

　　如图 5 - 13 所示，1995 ~ 2020 年中国肉鸡生产竞争力平均为 3.6。其中，国内肉鸡生产比重指标平均贡献 0.6，经济效率指标平均贡献 1.1，技术效率指标平均贡献 1.9。中国肉鸡技术效率是拉高肉鸡国内生产竞争力的重要因素。

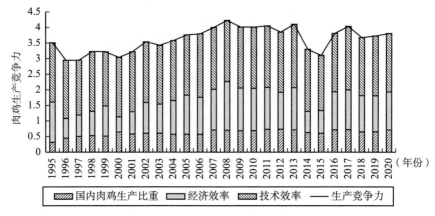

图 5 - 13　1995～2020 年中国肉鸡生产竞争力变化

资料来源：笔者计算整理。

　　总体来看，中国肉鸡产业生产竞争力呈现"N"型波动变化。经济效率的变化是导致肉鸡产业生产竞争力变化的主要因素。经济效率的变化也表现为"N"型波动趋势。肉鸡价格的变动、饲料成本和疫病风险是影响中国肉鸡经济效率的主要原因。在中国加入 WTO 之前，一方面受到亚洲金融危机对国民经济的冲击；另一方面由于国内消费不足，养殖业不旺，导致饲料粮价格长期低迷，同时肉鸡价格也随之降低，肉鸡经济效率下降，从 1995 年的 2.51 下降到 2000 年仅为 1.11，降幅超过 200%，使得肉鸡生产竞争力从 3.5 降到 0.3，优势减弱。随着国民经济度过了金融危机的影响期，市场回暖，促使玉米价格不断上升。

　　加入世界贸易组织（WTO）以来，中国玉米价格也未受影响，取消玉米出口补贴政策也没有给市场带来过大压力，玉米价格也一直保持稳步小幅增长。与此同时肉鸡的价格也增长较快，使得肉鸡经济效率也不断提高，生产竞争力也开始增长并超过 4。但受到 2013 年禽流感疫情的影响，2014 年开始，肉鸡市场低迷，价格大幅下降，在饲料粮成本继续增长的情况下，肉鸡经济效率出现跳水，同时肉鸡的生产竞争力也较大幅度下降，到 2015 年下降 3.1，和 2000 年基本持平，倒退了近 10 年。而 2016

年，随着玉米收储制度的取消，禽流感疫情也得到有效控制，饲料粮价格开始回落，肉鸡价格有回暖的趋势，肉鸡经济效率开始波动反弹，促进了肉鸡生产竞争力的增加。

中国肉鸡技术效率的大小对于生产竞争力影响较大，但技术效率的变化不明显，对生产竞争力变化影响较小。另外需要说明的是，由于国内肉鸡养殖存在品种多样性，一方面是产能较高的白羽肉鸡，另一方面，黄羽肉鸡在中国深受消费者喜爱，它的养殖范围和数量较大，也形成了规模。但黄羽肉鸡的养殖周期长，养殖技术效率低，拉低了中国肉鸡技术效率数值。此外，尽管中国肉鸡生产比重的增加对肉鸡生产竞争力的提升有着积极向好的促进作用。但是国内肉鸡生产比重不高，是造成中国肉鸡生产竞争力不高的主要原因。说明中国肉鸡产品与其他畜产品间的生产竞争优势较弱，是肉鸡消费不足反映到生产上的结果。肉鸡的生产竞争力受到技术效率不足的制约，肉鸡价格的不稳定、较高的饲料成本和低迷的消费也不利于肉鸡生产，此外肉鸡生产还受到疫病风险等外部不确定因素的影响。

4. 肉鸡产业分项国际竞争力评价——消费竞争力

如图 5 - 14 所示，1995 ~ 2020 年中国肉鸡产业消费竞争力有小幅增长，总体水平不高，保持在 6.6 ~ 9，平均为 8。其中，人均肉鸡消费量指标平均贡献 1.7，人均肉鸡消费差距指标平均贡献 4.2，人均肉鸡消费增长率指标平均贡献 1.1，国内肉鸡消费比重指标平均贡献 1.1。

人均肉鸡消费量、人均肉鸡消费增长率、国内肉鸡消费比重较低，是中国肉鸡的消费竞争力低的主要原因。中国人均肉鸡消费量不断增长，2020 年达到 13.8 千克，贸易竞争力也从 7.9 增长为 8.3，起到促进作用。另外人均肉鸡消费差距也比较大，说明中国肉鸡消费具有较大的发展潜力。随着中国经济的发展和人民生活水平的不断提高，肉类消费结构也不断变革，以猪肉为代表的红肉消费逐年递减，而以肉鸡为代表的白肉消费正逐年递增。肉鸡在肉类消费结构中的比重不断提高，肉鸡有可能成为未来大众肉类膳食结构的主流。尽管如此，目前中国肉鸡消费比重依然较低，仅占20%左右，说明消费者对肉鸡的选择并不强烈，拉低了消费竞争优势。这说明虽然消费者的肉类消费结构正在发生变化，但消费者的消费观念却没有跟上。在南方，活禽仍是肉鸡消费主导，因此食品质量安全问题影响了一部分消费者的选择行为。另外，消费者对于肉鸡养殖科学的知识薄弱，不能有效甄别一些误导性的信息，最终反映在肉鸡消费竞争力上。

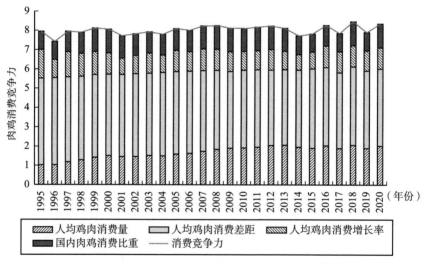

图 5 – 14   1995~2020 年中国肉鸡消费竞争力变化

资料来源：笔者计算整理。

5. 肉鸡产业分项国际竞争力评价——贸易竞争力

如图 5 – 15 所示，1995~2020 年中国肉鸡贸易竞争力平均为 8.8。其中，国内市场自给率指标平均贡献 1.6，国际市场占有率指标平均贡献 3.2，贸易竞争力指数指标平均贡献 4。中国肉鸡国内市场自给率一直保持在 90% 以上，基本自给。中国肉鸡在国际贸易市场上的竞争力较强，国际贸易优势不足是导致中国肉鸡贸易竞争力不强的主要原因。

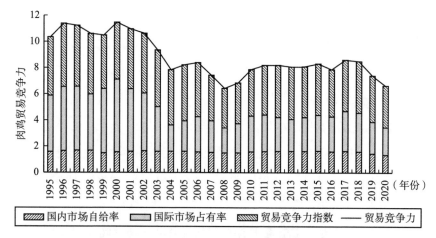

图 5 – 15　1995～2020 年中国肉鸡贸易竞争力变化

资料来源：笔者计算整理。

　　总体来看，中国肉鸡产业贸易竞争力波动下降，而这种变化与国际经济形势息息相关。一方面肉鸡产品出口增加的同时，进口也不断增加，使得贸易竞争力指数不高，接近平均水平，使得整体得分不高；另一方面国际市场占有率指标的变化影响了贸易竞争力整体的变化。1996 年，国际市场占有率 15%，仅次于欧盟和美国。肉鸡贸易竞争力指数为 0.17，国内市场自给率 97%，均为历史高位，这时中国肉鸡贸易竞争力也达到最高。1997～2008 年，肉鸡贸易竞争力在此期间经历了金融危机、禽流感和次贷危机的影响，3 次呈现波动下降，分别降到了 10、7、6，下降了 7%、19%、15%。尽管在加入世界贸易组织（WTO）前后，表现依然强劲，但在遭受禽流感之后，市场恢复疲软，动力不足。2009～2016 年，中国肉鸡贸易竞争力基本稳定在 8，除了疫病影响和非关税型贸易壁垒以外，出口的肉鸡产品在严格的检疫检测中曾反映出的一些食品安全问题导致消费者信心的下降，也是导致中国肉鸡出口增长缓慢、贸易竞争力增长难度大的主要原因。受非洲猪瘟、中美贸易战、新兴市场经济体国家出口增加和新冠疫情的接连冲击，中国肉鸡出口减少，贸易竞争力有所下降。

5.3.4 中国肉鸡产业国际竞争力的国际比较分析

1. 肉鸡产业国际竞争力比较

肉鸡国际竞争力评价的综合结果显示（见表 5－8），在考察的 12 个国家（地区）中，美国、欧盟、巴西的肉鸡国际竞争力居于前列，在 2010 年后形成了巴西第一、美国第二、欧盟第三的局面。从变化情况来看，巴西和阿根廷的增长引人注目，其中，巴西肉鸡产业国际竞争力排名升至第一，得益于其产业系统中各竞争优势的同步提升。阿根廷从最低第十上升到第四，竞争优势明显提高，特别是近年来阿根廷肉鸡产业生产能力明显改善，一方面，生产现代化、规模化程度不断提高，肉鸡技术效率显著增加；另一方面，肉鸡产品质量标准化水平和可追溯性技术加速应用，促进了肉鸡产业生产竞争力的快速提升，带动整个产业竞争力在国际市场上逐渐领先。

表 5－8　　　　1995～2020 年 12 个国家（地区）肉鸡国际竞争力比较

国家（地区）	1995 年	2000 年	2005 年	2010 年	2015 年	2020 年	平均
阿根廷	6.99（10）	7.47（10）	10.06（5）	10.95（5）	11.36（4）	11.39（4）	9.32（6）
巴西	10.48（3）	11.22（3）	13.27（1）	14.15（1）	14.74（1）	15.29（1）	12.76（1）
中国	8.07（8）	8.40（9）	7.71（10）	7.78（10）	8.06（10）	7.69（11）	7.74（10）
欧盟	11.78（2）	11.32（2）	11.47（3）	11.03（4）	11.2（5）	13.84（3）	11.91（3）
印度	10.25（4）	10.49（4）	11.03（4）	11.51（3）	12.07（3）	10.95（6）	10.95（4）
印度尼西亚	9.14（5）	8.51（8）	8.98（7）	10.01（6）	9.69（6）	11.18（5）	9.37（5）
墨西哥	6.65（11）	6.89（11）	7.37（11）	7.20（11）	7.22（11）	7.19（12）	7.03（11）
俄罗斯	4.56（12）	4.94（12）	5.65（12）	5.81（12）	7.08（12）	8.59（10）	5.84（12）

国家（地区）	1995 年	2000 年	2005 年	2010 年	2015 年	2020 年	平均
南非	7.27（9）	8.59（7）	8.27（9）	8.71（9）	8.88（9）	8.78（8）	8.45（9）
泰国	9.05（6）	9.18（5）	8.75（8）	8.98（8）	9.41（8）	9.86（7）	9.18（7）
土耳其	8.35（7）	8.64（6）	9.53（6）	9.56（7）	9.52（7）	8.61（9）	8.94（8）
美国	12.89（1）	13（1）	12.82（2）	12.52（2）	12.51（2）	13.99（2）	12.73（2）

注："（）"内的数字为排名。

资料来源：联合国粮农组织（FAO）数据库（http：//www.fao.org/faostat/on/#home）。

中国的肉鸡国际竞争力基本维持在 7 ~ 9，在世界肉鸡生产大国中优势不足，差距显著，进步空间较大。与巴西、美国等优势国家相比，2020年，中国竞争力仅为巴西的 50% 和美国的 55%，排名第十一。

2. 肉鸡产业分项国际竞争力比较——资源禀赋竞争力

在考察的 12 个国家（地区）中，印度的资源禀赋竞争力排名第一，平均为 18.56。印度农田面积较大，是草地面积近 5 倍，有利于肉鸡等饲料型畜牧业发展。另外，印度的肉鸡饲料基本自给，保障稳定。印度尼西亚排名第二，为 15.72，其资源结构比值为 3.43，有利于发展肉鸡产业。美国、巴西、南非紧随其后，在 12 个国家中资源禀赋竞争力水平排名第三、第四、第五。泰国的资源禀赋的平均得分最低，其农田面积与草地面积比值为 0.1，饲料粮比重为 0.1，从养殖结构和饲料供给稳定性上，资源禀赋竞争优势较低。俄罗斯增长最为显著，2020 年，资源禀赋竞争力水平较 1995 年提高了 64%，主要原因是俄罗斯饲料比重快速上升和肉鸡饲料自给率提高。泰国、土耳其、南非、墨西哥的资源禀赋竞争力为负增长，其中下降最快的国家为泰国，其饲料粮比重和肉鸡饲料自给率均下降明显。阿根廷资源禀赋竞争力排名基本保持在第六，表现在近年来阿根廷的农田面积与草地面积比重增加，饲料粮种植比重也增加了 66%，促进了资源禀赋竞争优势的保持（见表 5 - 9）。

表 5 – 9　　　　　　　12 个国家（地区）肉鸡资源禀赋竞争力比较

国家（地区）	1995 年	2000 年	2005 年	2010 年	2015 年	2020 年	平均
阿根廷	9.78 (6)	10.15 (6)	11.41 (6)	12.64 (4)	12.37 (5)	10.75 (6)	10.77 (6)
巴西	11.05 (4)	11.22 (5)	11.94 (4)	12.48 (5)	13.34 (3)	13.42 (3)	12 (4)
中国	8.70 (8)	8.85 (7)	9.54 (7)	10.00 (7)	11.07 (7)	11.07 (5)	9.71 (7)
欧盟	8.14 (10)	8.43 (9)	8.43 (9)	8.26 (9)	8.28 (9)	8.57 (8)	8.26 (9)
印度	17.84 (1)	8.01 (1)	18.67 (1)	18.97 (1)	19.33 (1)	19.45 (1)	18.56 (1)
印度尼西亚	13.41 (2)	14.57 (2)	16.57 (2)	17.44 (2)	17.28 (2)	17.83 (2)	15.72 (2)
墨西哥	8.71 (7)	8.83 (8)	9.13 (8)	9.05 (8)	8.76 (8)	7.15 (10)	8.8 (8)
俄罗斯	6.90 (11)	5.91 (11)	6.93 (11)	6.38 (11)	7.38 (10)	7.39 (9)	6.49 (11)
南非	9.80 (5)	11.47 (4)	11.47 (5)	11.77 (6)	11.71 (6)	10.11 (7)	10.99 (5)
泰国	4.42 (12)	3.47 (12)	3.17 (12)	2.98 (12)	2.84 (12)	3.03 (12)	3.59 (12)
土耳其	8.56 (9)	6.99 (10)	7.66 (10)	6.85 (10)	6.73 (11)	7.09 (11)	7.61 (10)
美国	11.83 (3)	12.45 (3)	12.49 (3)	12.66 (3)	12.57 (4)	12.94 (4)	12.33 (3)

注:"（）"内的数字为排名。

资料来源：联合国粮农组织（FAO）数据库（http://www.fao.org/faostat/on/#home）。

尽管 2020 年中国资源禀赋竞争力排名增长到第五，但竞争力水平较依然存在较大进步空间，2020 年为 11.07，仅为印度的 57%。从国内资源配置看，饲料粮比重逐步增加，与巴西、美国等优势国家差距缩小，向着肉鸡产业有利方向发展。但需要注意的是，中国农田面积远小于草地面积，自身资源结构一定程度上限制了肉鸡产业发展。同时肉鸡饲料自给率未达到优势国家水平，饲料资源供给稳定性有待提高。

3. 肉鸡产业分项国际竞争力比较——生产竞争力

在考察的 12 个国家中，南非的生产竞争力水平最高，平均为 9.57。南非鸡价高、粮价低，肉鸡经济效率较高，带动生产竞争力提高。阿根廷紧随其后，生产竞争力水平为 8.94，生产技术提升拉动了阿根廷肉鸡生产竞争优势。巴西、美国排名第三、第四，生产竞争力平均为 8.49、

8.47。中国的生产竞争力平均得分最低，竞争力最弱。泰国的生产竞争力排名下降最快，1995~2020年从第三下降到第六，泰国的肉鸡价格低廉，经济效率较低，是拉低泰国肉鸡生产竞争力的主要原因。印度尼西亚生产竞争力增长快，排名从第八上升到第三。其肉鸡生产比重较高，占其肉类生产的53%，经济效率也逐渐增加，生产竞争优势扩大。

中国肉鸡生产竞争力仅在3~5，水平较低，排名长期倒数，2020年生产竞争力为3.81，与阿根廷（11.59）、巴西（10.67）等优势国家之间差距显著，主要原因是肉鸡生产占肉类生产比重较低，经济效率不高（见表5–10）。

表5–10 12个国家（地区）肉鸡生产竞争力比较

国家（地区）	1995年	2000年	2005年	2010年	2015年	2020年	平均
阿根廷	7.50 (2)	7.99 (4)	8.91 (4)	9.90 (1)	10.84 (2)	11.59 (2)	8.94 (2)
巴西	5.86 (6)	7.73 (5)	7.86 (1)	9.61 (2)	11.36 (1)	10.67 (5)	8.49 (3)
中国	3.51 (12)	3.04 (12)	3.76 (12)	4.01 (12)	3.1 (12)	3.81 (12)	3.56 (12)
欧盟	5.80 (7)	5.05 (10)	5.62 (11)	4.99 (11)	5.88 (11)	7.13 (10)	5.61 (11)
印度	3.91 (11)	3.93 (11)	5.75 (10)	6.41 (10)	7.76 (10)	8.41 (9)	5.89 (10)
印度尼西亚	5.55 (8)	6.41 (8)	8.29 (4)	8.74 (4)	8.62 (6)	11.37 (3)	7.62 (7)
墨西哥	6.87 (5)	8.78 (2)	9.59 (2)	8.61 (6)	9.02 (5)	9.75 (7)	8.43 (5)
俄罗斯	4.14 (9)	5.55 (9)	7.50 (8)	7.80 (8)	8.48 (7)	11.29 (4)	7.09 (8)
南非	8.58 (1)	9.48 (1)	9.90 (1)	9.46 (4)	9.43 (4)	12.46 (1)	9.57 (1)
泰国	7.45 (3)	7.40 (6)	7.28 (9)	7.39 (9)	8.33 (8)	8.95 (8)	7.63 (6)
土耳其	4.07 (10)	6.56 (7)	8.37 (6)	8.64 (5)	8.17 (9)	6.73 (11)	6.69 (9)
美国	7.30 (4)	8.27 (3)	9.26 (3)	8.27 (7)	9.52 (3)	10.64 (6)	8.47 (4)

注："（）"内的数字为排名。

资料来源：联合国粮农组织（FAO）数据库（http：//www.fao.org/faostat/on/#home）。

4. 肉鸡产业分项国际竞争力比较——消费竞争力

如表5–11所示，在考察的12个国家中，南非的消费竞争力最强，

1995~2020 年平均为 11.65，人均肉鸡消费量、国内肉鸡消费比重和人均肉鸡消费增长率均处于领先位置。巴西肉鸡消费竞争力提升较快，从 1995 年的 9.89 上升到 2020 年 15.58，排名从第五上升至第二。巴西人均肉鸡消费量年均 30.32 千克/人，仅次于美国；国内肉鸡消费比重为 38%，消费竞争优势显著。印度的消费竞争力的较低，印度国内经济低迷使得印度肉类消费量不足，与欧美等发达国家差距明显，尽管肉鸡消费占肉类消费的比重和人均肉鸡消费增长率略有提高，但整体来看印度的肉鸡消费竞争力增长疲乏，不具有竞争优势。

表 5-11　　　　　　　　12 个国家（地区）肉鸡消费竞争力比较

国家（地区）	1995 年	2000 年	2005 年	2010 年	2015 年	2020 年	平均
阿根廷	8.50（8）	9.06（9）	9.32（9）	10.38（8）	11.71（6）	15.2（3）	10.12（8）
巴西	9.89（5）	10.40（5）	9.91（7）	11.61（4）	12.74（2）	15.58（2）	11.25（3）
中国	7.94（10）	8.06（11）	8.09（12）	8.10（12）	7.82（12）	8.35（11）	7.88（11）
欧盟	8.00（9）	8.48（10）	8.95（10）	8.96（11）	9.44（11）	11.76（7）	9.03（10）
印度	6.84（12）	7.66（12）	8.55（11）	9.65（10）	10（10）	5.3（12）	7.79（12）
印度尼西亚	10.14（4）	11.06（3）	10.51（6）	11.14（6）	11.23（7）	11.75（8）	10.71（6）
墨西哥	9.68（7）	10.36（6）	11.66（4）	11.54（5）	12.04（4）	13.02（4）	11.01（4）
俄罗斯	7.94（11）	9.36（8）	9.81（8）	9.75（9）	11.13（8）	12.47（5）	9.64（9）
南非	10.35（3）	11.27（1）	11.86（3）	12.87（1）	12.67（3）	12.19（6）	11.65（2）
泰国	10.51（1）	10.33（7）	10.61（5）	10.39（7）	10.53（9）	9.71（10）	10.21（7）
土耳其	9.76（6）	10.67（4）	12.02（2）	12.32（3）	11.81（5）	10.23（9）	10.84（5）
美国	10.39（2）	11.20（2）	12.41（1）	12.34（2）	13.18（1）	16.96（1）	12.32（1）

注："（）"内的数字为排名。

资料来源：笔者计算整理。

尽管中国消费竞争力不断提高，与其他国家相比消费竞争力排名较后，不具有竞争优势。人均肉鸡消费量和国内肉鸡消费比重低是中国肉鸡消费竞争力与优势国家之间差距较大的最重要的原因。受传统消费习惯的影响，中国居民依然偏好消费猪肉，短期内难以改变国内肉类消费结构。

5. 肉鸡产业分项国际竞争力比较——贸易竞争力

由表 5 - 12 所示，在考察的 12 个国家中，欧盟的贸易竞争力水平最高，平均为 20.93。欧洲肉鸡不仅满足了国内需求，肉鸡出口量较大，国际市场占有率超过 30%，肉鸡贸易竞争优势强。巴西排名第二，贸易竞争力水平平均为 17.06，其中，国内市场自给率超过 100%，出口量占据近 20% 的国际市场，贸易竞争力指数接近 1，贸易竞争优势较强，特别是 2005 年以后，超过欧盟，跃居第一位。俄罗斯贸易竞争力平均得分最低，竞争力最弱。

表 5 - 12　　　　　　　　12 个国家（地区）肉鸡贸易竞争力比较

国家（地区）	1995 年	2000 年	2005 年	2010 年	2015 年	2020 年	平均
阿根廷	3.16 (9)	3.68 (8)	10.13 (5)	10.53 (5)	10.56 (6)	9.62 (6)	7.73 (8)
巴西	13.19 (3)	13.88 (4)	20.08 (1)	20.14 (1)	19.42 (1)	19.45 (2)	17.06 (2)
中国	10.35 (5)	11.47 (5)	8.22 (8)	7.87 (8)	8.32 (8)	6.64 (8)	8.43 (7)
欧盟	21.25 (1)	19.61 (1)	19.43 (2)	18.53 (2)	18.18 (2)	23.93 (1)	20.93 (1)
印度	9.94 (6)	9.94 (6)	9.38 (7)	9.42 (7)	9.85 (7)	9.19 (7)	9.66 (6)
印度尼西亚	6.87 (8)	2.68 (10)	1.72 (10)	3.54 (9)	2.64 (11)	4.88 (10)	3.96 (9)
墨西哥	1.69 (11)	1.58 (11)	1.41 (11)	1.63 (11)	1.33 (12)	1.51 (12)	1.79 (12)
俄罗斯	0.36 (12)	0.56 (12)	0.43 (12)	1.27 (12)	3.08 (10)	5.25 (9)	1.81 (11)
南非	2.09 (10)	3.63 (9)	1.93 (10)	2.62 (10)	3.36 (9)	2.96 (11)	3.27 (10)
泰国	12.98 (4)	14.36 (3)	13.12 (4)	14.11 (4)	14.95 (3)	16.43 (3)	14.23 (4)
土耳其	9.71 (7)	9.86 (7)	10.06 (6)	10.49 (6)	11.08 (5)	9.87 (5)	10.08 (5)
美国	18.94 (2)	17.62 (2)	15.53 (3)	15.07 (3)	13.78 (4)	14.76 (4)	15.91 (3)

注："（　）" 内的数字为排名。

资料来源：笔者计算整理。

中国的肉鸡贸易竞争力水平不断下降。一方面，中国肉鸡国内市场自给率为88%，与优势国家的国内市场绝对满足还有一定差距，是造成中国肉鸡贸易竞争力在国际比较中不足的主要原因之一；另一方面，近年来，受中美贸易战和新兴市场经济体国家出口增加，肉鸡出口市场份额下降，同时国内非洲猪瘟和新冠疫情影响，肉鸡出口受阻，贸易竞争力有所下降。

5.3.5 结论

中国肉鸡产业国际竞争力水平呈现先增加后波动的变化趋势，分为平稳发展阶段和波动变化阶段。消费竞争力和生产竞争力不足是影响中国肉鸡产业竞争力总体不高的短板。中国肉鸡产业国际竞争力水平变化受贸易竞争力变化影响较大，国际国内环境的变化和疫病、疫情等特殊因素都能引起贸易竞争力的变化。

分别从四个分项竞争力来看，从资源禀赋竞争力来看，尽管饲料粮比重增加，推动了资源禀赋竞争力的增长，国内资源配置更有利于肉鸡产业发展，但中国农田面积小于草地面积的农业资源结构特征，总体不利于肉鸡产业发展，是中国资源禀赋竞争力得分不高的主要原因。肉鸡饲料自给率的下降也一定程度上拉低了得分。从生产竞争力来看，肉鸡的生产竞争力受到技术效率不足的制约，肉鸡价格的不稳定、较高的饲料成本和低迷的消费也不利于肉鸡生产，此外肉鸡生产还受到疫病、疫情等外部不确定因素的影响。从消费竞争力来看，中国人均肉鸡消费量在不断增加，人均肉鸡消费差距也比较大，说明中国肉鸡消费具有较大的发展潜力，但目前中国肉鸡消费比重依然较低，说明消费者对肉鸡的选择并不强烈，拉低了消费竞争优势。从贸易竞争力来看，中国肉鸡国内市场基本自给，国际市场上优势不足，这也是导致中国肉鸡贸易竞争力不强的主要原因。一方面，肉鸡产品出口增加的同时，进口也不断增加，使得贸易竞争力指数不高，接近平均水平，使得整体得分不高；另一方面，国际市场占有率指标的变化影响了贸易竞争力整体的变化，近几年中国肉鸡出口市场份额表现出了下降并增长难度大的趋势。

在国际比较中，中国竞争优势并不明显。从资源禀赋竞争力来看，印度的资源禀赋竞争力最强，中国发展向好，排名提升到第五，但竞争优势不明显，竞争力依然存在较大进步空间。从生产竞争力来看，南非的生产竞争力最强，中国长期排名倒数，不具有竞争优势。从消费竞争力来看，南非的消费竞争力最强。中国消费竞争力不断提高，与其他国家相比消费竞争力排名较后，不具有竞争优势。从贸易竞争力来看，欧盟和巴西的贸易竞争力较强，而中国近 15 年都排名靠后，水平不断下降，也不具有明显的竞争优势。

5.4　蛋鸡产业国际竞争力评价 [*]

5.4.1　蛋鸡产业国际竞争力评价指标体系

根据前面所述，蛋鸡产业国际竞争力指标体系由三个层次，两级指标构成：

$$A = \{B1、B2、B3、B4\}$$
$$B1 = \{C11、C12、C13\}$$
$$B2 = \{C21、C22、C23\}$$
$$B3 = \{C31、C32、C33、C34\}$$

---

[*] 本节内容已发表在《农业经济与管理》2021 年第 6 期，作者在原有基础上对相关数据及部分观点进行了更新补充。

$$B4 = \{C41、C42、C43\}$$

详细解释如下:

第一层:即蛋鸡产业国际竞争力(A),为目标层;

第二层:即一级指标(B),对蛋鸡产业国际竞争力的评价分为资源禀赋竞争力($B1$)、生产竞争力($B2$)、贸易竞争力($B3$)、消费竞争力($B4$)4个方面,全面评价蛋鸡产业的国际竞争力;

第三层:即二级指标(C),将4个一级指标分为13个二级指标。其中,资源禀赋竞争力主要由资源结构($C11$)、饲料粮种植比重($C12$)、饲料自给率($C13$)构成;生产竞争力主要由经济效率($C21$)、技术效率($C22$)、国内鸡蛋生产比重($C23$)构成;消费竞争力主要由人均鸡蛋消费量($C31$)、人均鸡蛋消费差距($C32$)、国内鸡蛋消费比重($C33$)、人均蛋鸡消费增长率($C34$)构成;贸易竞争力主要由国内市场自给率($C41$)、国际市场占有率($C42$)、贸易竞争力指数($C43$)构成。

5.4.2 数据来源、指标计算及权重确定

蛋鸡产业国际竞争力比较分析,根据指标数据的可获得性,从2020年世界鸡蛋生产量排名前15的国家中,选择了5个国家,分别为美国、墨西哥、巴西、俄罗斯和西班牙。所有数据均来源于FAOSATA,时间段为1995~2020年。

评价指标的具体计算方法为:

1. 资源禀赋竞争力($B1$)

(1)资源结构($C11$)。该指标是从农业大资源出发,主要考察了自然资源禀赋的差异对畜牧业养殖结构的影响,以农田面积与草地面积的比值来表现。即:

$$C11 = \frac{S_{farmland}}{S_{grassland}} \qquad (5-27)$$

其中，$C11$ 表示资源结构，$S_{farmland}$ 为农田面积，$S_{grassland}$ 为草地面积。比值越小，则草地面积大于农田面积，说明该国家（地区）更适合饲养牛、羊等草饲动物，对草饲动物的饲养偏好也越强；相反，比值越大，说明该国家（地区）更适合饲养猪、家禽等粮饲动物，当地对粮饲动物的饲养偏好越强，即蛋鸡产业更具有竞争优势，是正向指标。

（2）饲料粮种植比重（$C12$）。饲料粮种植比重指标，以饲料粮与粮食作物的收获面积的比值来表现。在具体计算时，粮食作物收获面积数据包括谷类作物（包括稻谷、玉米、小麦、大麦等）、薯类作物（包括马铃薯、甘薯、木薯等）、豆类作物（包括大豆、蚕豆、豌豆、绿豆等）的收获面积数据的总和。饲料粮的收获面积为玉米和大豆收获面积的总和。即

$$C12 = \frac{S_{feedgrain}}{S_{grain}} = \frac{S_{maize} + S_{soybean}}{S_{grain}} \qquad (5-28)$$

其中，$C12$ 表示饲料粮比重，$S_{feedgrain}$ 为饲料粮收获面积，S_{maize} 为玉米的收获面积、$S_{soybean}$ 为大豆的收获面积；S_{grain} 为粮食收获面积，其数据选取 FAO 谷类（编号 1717）、薯类（编号 1720）、豆类（编号 1726），由于 FAO 将大豆归为油料作物，故另外加上大豆（编号 236）的收获面积数据。饲料粮种植比重越大，即说明该国家（地区）在粮食生产中对饲料粮的生产比其他作物更重视，蛋鸡饲料供应稳定得以保障，国内资源配置对蛋鸡产业向积极的方向发展，是正向指标。

（3）蛋鸡饲料自给率（$C13$）。蛋鸡饲料自给率指标，以饲料粮产量与饲料粮消费量的比值来表现。计算时饲料消费量以该国家（地区）玉米大豆的产量加玉米大豆的进口量来计算。

$$C13 = \frac{Y_{feedgrain}}{C_{feedgrain}} = \frac{Y_{maize} + Y_{soybean}}{Y_{maize} + Y_{soybean} + I_{maize} + I_{soybean}} \qquad (5-29)$$

其中，$C13$ 表示蛋鸡饲料自给率，$Y_{feedgrain}$、$C_{feedgrain}$ 表示饲料粮产量和消费量，Y_{maize}、$Y_{soybean}$、I_{maize}、$I_{soybean}$ 分别表示玉米大豆的产量和净进口量。蛋鸡饲料的自给率越高，该国家（地区）在蛋鸡养殖过程中的饲料供应越

稳定，是正向指标。

2. 生产竞争力（B2）

（1）经济效率（C21）。由于指标数据获得难度大，本书用鸡蛋的生产者价格和饲料生产者价格的比值反映经济效率。

$$C21 = \frac{Pr_{egg}}{Pr_{feedgrain}} = \frac{Pr_{egg}}{Pr_{maize} + Pr_{soybean}} \qquad (5-30)$$

其中，C21 表示经济效率，Pr_{egg}、$Pr_{feedgrain}$ 分别表示鸡蛋、饲料粮的生产者价格，计算时饲料粮的生产者价格用玉米Pr_{maize}、大豆$Pr_{soybean}$的生产者价格之和替代。经济效率越大，对蛋鸡产业发展越有利，是正向指标。

（2）技术效率（C22）。本书利用产蛋量和存栏的比值关系反映技术效率的变化趋势。

$$C22 = \frac{X_{ep}}{X_s} \qquad (5-31)$$

其中，C22 表示技术效率，X_{ep} 为蛋鸡产蛋量，X_s 为蛋鸡存栏量。当指标值越高，说明该国家（地区）蛋鸡的生产技术水平、管理水平、生产能力越强，为正向指标。

（3）国内鸡蛋生产比重（C23）。国内鸡蛋生产比重指标，以国内鸡蛋生产量和肉类生产总量的比值表示。

$$C23 = \frac{P_{layingegg}}{P_{meat}} \qquad (5-32)$$

其中，C23 为国内鸡蛋生产比重，$P_{layingegg}$ 为国内鸡蛋产量，P_{meat} 为国内肉类生产总量。

3. 消费竞争力（B3）

（1）人均鸡蛋消费量（C31）。人均鸡蛋消费量指标直观地体现了该国家（地区）鸡蛋的消费情况。即：

$$C31 = \frac{C_{egg}}{X_{population}} \qquad (5-33)$$

其中，$C31$ 为人均鸡蛋消费，C_{egg} 表示鸡蛋消费量，$X_{population}$ 表示该国家（地区）人口数量。人均鸡蛋消费量越大，消费竞争优势越大，为正向指标。

（2）人均鸡蛋消费差距（$C32$）。人均鸡蛋消费差距指标，通过计算各国人均鸡蛋消费量与最高国家的差距与最高国家人均鸡蛋消费量的比值来表现该国家（地区）鸡蛋的消费潜力。

$$C32 = \frac{C_{max} - C31}{C_{max}} \qquad (5-34)$$

其中，$C32$ 为人均鸡蛋消费差距，$C31$ 为人均鸡蛋消费量，C_{max} 为人均鸡蛋消费量最高国家的值。如果该指标越大，说明与人均鸡蛋消费量最高的国家之间差距越大，因此该国家（地区）鸡蛋消费潜力越大，是正向指标。

（3）国内鸡蛋消费比重（$C33$）。国内鸡蛋消费比重指标，通过计算某国家（地区）国内鸡蛋消费量和蛋类消费总量的比值，分析该国家（地区）国内消费者在蛋类消费中对于鸡蛋的消费的选择情况。

$$C33 = \frac{C_{layingegg}}{C_{poultryegg}} \qquad (5-35)$$

其中，$C33$ 为国内鸡蛋消费比重，$C_{layingegg}$ 为国内鸡蛋消费量，$C_{poultryegg}$ 为国内蛋类消费总量。计算时鸡蛋的数据取禽蛋数据的 80%。当比值越高，说明该国家（地区）在选择蛋类消费时，更多地选择鸡蛋产品，是正向指标。

（4）人均鸡蛋消费增长率（$C34$）。人均鸡蛋消费增长率是研究一定时期内该国（地区）人民对于鸡蛋消费选择意愿的增长情况，是人均鸡蛋消费量在一定时期内的增长幅度。

$$C34 = \frac{C_{egg \cdot t} - C_{egg \cdot (t-1)}}{C_{egg \cdot (t-1)}} \times 100\% \qquad (5-36)$$

其中，$C34$ 为人均鸡蛋消费增长率，$C_{egg \cdot t}$ 为 t 年鸡蛋消费量，$C_{egg \cdot (t-1)}$ 为上一年鸡蛋消费量。当某国家（地区）的人均鸡蛋消费量增长率越大，说明该国家（地区）对鸡蛋消费意愿增强，是正向指标。

4. 贸易竞争力（$B4$）

（1）国内市场自给率（$C41$）。国内市场自给率指标，通过鸡蛋产量和鸡蛋净进口量的比值关系来反映。

$$C41 = \frac{P_{egg}}{P_{egg} + I_{egg}} \tag{5 - 37}$$

其中，$C41$ 为国内市场自给率，P_{egg} 为鸡蛋产量，I_{egg} 为鸡蛋净进口量。当国内市场自给率越高，说明国内蛋鸡产业能够满足国内市场需求的能力越强，鸡蛋进口依赖性越小，为正向指标。

（2）国际市场占有率（$C42$）。国际市场占有率指标，从出口市场份额的角度来反映该国家（地区）蛋鸡产业对世界鸡蛋贸易的贡献程度。在本书中，国际市场占有率指标是指某一国家（地区）鸡蛋的出口总额与世界鸡蛋出口总额比值的百分数。反映该国家（地区）鸡蛋出口量占世界出口市场的比重。公式为：

$$C42 = \frac{X_i}{X_w} \times 100\% \tag{5 - 38}$$

其中，$C42$ 表示 i 国鸡蛋的国际市场占有率，X_i 为 i 国鸡蛋出口额，X_w 为世界鸡蛋出口额。如果鸡蛋的国际市场占有率越高，说明在国际市场上该国家（地区）蛋鸡产业竞争力越强，反之则越弱。该指标为正向指标。

（3）贸易竞争力指数（$C43$）。贸易竞争优势指数，从进出口的角度反映该国蛋鸡产业对世界鸡蛋贸易的贡献程度。该指标表示某国家（地区）鸡蛋产品的净进口占该国家（地区）进出口总额的比重，综合了进口和出口两个因素，作为一个与贸易总额的相对值，剔除了经济膨胀、通货膨胀等宏观因素方面波动的影响。取值在区间 ［-1，1］上。本书中，用某国家（地区）鸡蛋产品的净进口占该国家（地区）进出口总额的比重计算。

$$C43 = \frac{X_{it} - M_{it}}{X_{it} + M_{it}} \qquad (5-39)$$

其中，$C43$ 表示鸡蛋贸易竞争力指数，X_{it} 表示 i 国鸡蛋出口额，M_{it} 表示 i 国鸡蛋进口额。$C43$ 越接近于 -1 表示该国家（地区）鸡蛋产品竞争力越弱，越接近于 0 表示竞争力越接近于平均水平，越接近于 1 则表示竞争力越大，为正向指标。

按照前面所述，对指标数据进行标准化处理后，通过变异系数法求权重。各指标权重结果见表 5 - 13。

表 5 - 13　　　　　　　　蛋鸡产业国际竞争力评价指标体系

一级指标	二级指标	属性	权值（%）
资源禀赋竞争力 31.73%	资源结构	正向指标	19.24
	饲料粮种植比重	正向指标	7.10
	蛋鸡饲料自给率	正向指标	5.38
生产竞争力 16.12%	经济效率	正向指标	5.37
	技术效率	正向指标	2.98
	国内鸡蛋生产比重	正向指标	7.77
消费竞争力 25.22%	人均鸡蛋消费量	正向指标	5.01
	国内鸡蛋消费比重	正向指标	10.49
	人均鸡蛋消费差距	正向指标	7.69
	人均鸡蛋消费增长率	正向指标	2.03
贸易竞争力 26.93%	国内市场自给率	正向指标	8.42
	国际市场占有率	正向指标	12.61
	贸易竞争力指数	正向指标	5.90

资料来源：笔者整理而得。

根据蛋鸡产业国际竞争力指标体系和测定方法，首先对中国 1995 ~

2020 年蛋鸡国际竞争力进行测算，分析了总体和各分项竞争力指标的变动原因。其次对考察的 5 个国家（地区）的蛋鸡产业国际竞争力分别从总体和不同分项的角度上进行测算，对不同区域的蛋鸡产业竞争力进行比较分析，得出相应结论。

5.4.3　中国蛋鸡产业国际竞争力测算结果分析

1. 蛋鸡产业国际竞争力评价

如图 5 – 16 所示，1995 ~ 2020 年，中国蛋鸡产业国际竞争力指数平均值为 7.48，处于中等水平。其中资源禀赋竞争力平均贡献 1.20，生产竞争力平均贡献 1.17，消费竞争力平均贡献 2.62，贸易竞争力平均贡献 2.49。可以看到，资源禀赋竞争力和生产竞争力明显不足。

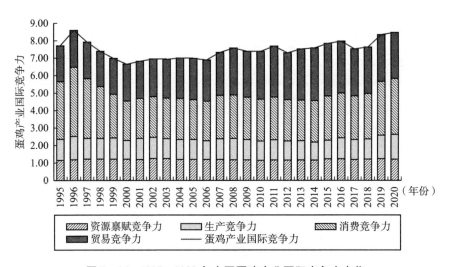

图 5 – 16　1995 ~ 2020 年中国蛋鸡产业国际竞争力变化

资料来源：笔者计算整理。

竞争力水平整体呈现小幅波动变化趋势，基本稳定在 6.0 ~ 8.0。分成三个阶段来看，第一阶段：稳中有降阶段（1995～2000 年），蛋鸡产业国际竞争力呈现稳中下降趋势，特别是 1996～2000 年阶段，从 8.59 下降到 6.65，年均下降率为 3.64%。在该阶段中，除资源禀赋竞争力外，生产竞争力、消费竞争力和贸易竞争力均有所下降，消费竞争力下降得最为明显，由 3.96 下降到 2.26，下降 14.40%，该阶段中国蛋鸡产业国际竞争力主要受蛋类消费竞争力稳中有降的影响。

第二阶段：稳步发展阶段（2001～2011 年），该阶段蛋鸡产业国际竞争力稳定在 6.5～8.0；其中，资源禀赋竞争力稳定在 1.20 左右，生产竞争力在 1.10 左右，消费竞争力和贸易竞争力稳定在 2.50 和 2.30 左右，即各分项竞争力指标均呈现较稳定的状态，蛋鸡产业呈现稳步发展的趋势。

第三阶段：稳中有升阶段（2012～2020 年），蛋鸡产业国际竞争力呈现稳中有升变化，由 7.30 增长到 8.47，年均增长率为 1.86%，在 2020 年达到历史最高值 8.47。该阶段各分项竞争力均有不同程度的增长，其中消费竞争力增长较为显著，由 2.38 增长到 3.21，年均增长 3.82%，随着人民生活水平不断提高，肉蛋奶的消费结构随之优化，对蛋类的消费水平逐步提高。总体来看，中国蛋鸡产业国际竞争力处于中等偏上水平，资源禀赋竞争力和生产竞争力不足是影响中国蛋鸡产业总体国际竞争力水平不高的关键制约因素。

2. 蛋鸡产业分项国际竞争力评价——资源禀赋竞争力

如图 5-17 所示，1995～2020 年中国蛋鸡资源禀赋竞争力平均为 3.78。其中，资源结构指标平均贡献 0.05，饲料粮比重指标平均贡献 1.93，蛋鸡饲料自给率指标贡献 1.79。中国农业资源结构是中国资源禀赋竞争力较弱的主要短板。中国蛋鸡资源禀赋竞争力总体呈稳中有进、缓慢增长的势态。其中，饲料粮比重的不断增长，是蛋鸡产业资源禀赋竞争力增长的关键推动力，可见，国内资源结构的调节和配置逐渐有利于蛋鸡产业发展。

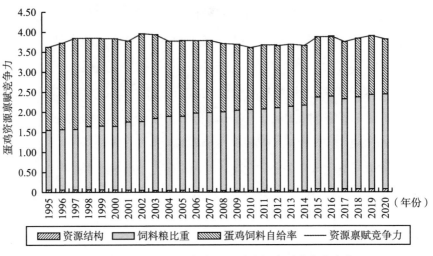

图5-17 1995~2020年中国蛋鸡资源禀赋竞争力变化

资料来源：笔者计算整理。

近年来，随着肉蛋奶消费量的不断增长，对饲料粮的需求不断提升，其中以玉米等能量饲料和豆粕等蛋白质饲料为主要组成结构。国内供给能力加快提高，饲料粮种植面积的增加和生产效率的增强提升了蛋鸡产业资源禀赋竞争力，为产业发展打下逐步坚实的基础。然而，虽然饲料粮比重呈上升趋势，但蛋鸡饲料自给率逐渐下降，说明中国进口饲料粮占比逐步加大，国内供给依然不足以支撑蛋鸡产业发展对饲料粮的需求。作为影响蛋鸡产业整体国际竞争力的瓶颈之一，资源结构竞争力的弱势需要进一步提高生产力和调整产业结构以及寻求有效替代饲料来弥补供需缺口。

3. 蛋鸡产业分项国际竞争力评价——生产竞争力

如图5-18所示，1995~2020年，中国蛋鸡生产竞争力平均为7.26。其中，国内蛋鸡生产效率指标平均贡献0.69，技术效率指标平均贡献1.62，国内鸡蛋生产比重指标平均贡献4.95。中国鸡蛋生产比重的增长是影响蛋鸡生产竞争力增强的重要因素，生产效率和技术效率较低是影响中国蛋鸡产业竞争力的制约因素。

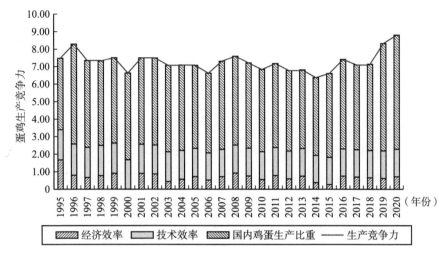

图 5 - 18　1995 ~ 2020 年中国蛋鸡生产竞争力变化

资料来源：笔者计算整理。

　　总体来看，中国蛋鸡产业生产竞争力呈现缓慢波动下降的趋势变化。经济效率和技术效率的下降是导致蛋鸡产业生产竞争力变化的主要因素。经济效率主要受鸡蛋市场价格变化、养殖饲料成本和疾病风险的影响。具体来看，中国加入 WTO 以前，国内加单需求量较低，蛋价低迷，蛋鸡养殖效益不高，经济效率在 2000 年处于历史最低位 0.01；蛋鸡生产竞争力由 1995 年的 7.48 下降到 2000 年的 6.63，下降 11.43%。随着加入 WTO，国际市场进一步开放，鸡蛋价格有所增长，使得蛋鸡养殖的经济效率有所回升。但受 2005 年禽流感疫情大面积暴发影响，养殖风险显著提高，国内鸡蛋产量下降，同时技术效率始终呈现缓慢下降的状态，其对生产力的影响程度高于经济效率，导致蛋鸡生产竞争力再次下降，至 2006 年的历史低点 6.62。此外，2014 ~ 2015 年 H7N9 禽流感的暴发再次让蛋鸡养殖经济效率处于低点，技术效率和国内鸡蛋生产比重变化不大，经济效率的降低导致生产竞争力下降。虽然中国蛋鸡养殖规模化进程持续推进，但仍呈现"大规模，小群体"的格局，养殖水平参差不齐是导致养殖效率不高的主要原因。整体而言，中国国内鸡蛋生产比重高低对于生产竞争力影响最大，其次为技术效率，经济效率的变化不明显，对生产竞争力变化影响较小。

4. 蛋鸡产业分项国际竞争力评价——消费竞争力

如图 5 - 19 所示，1995 ~ 2020 年，中国蛋鸡产业消费竞争力有小幅波动，总体变化不大，保持在 9.0 ~ 12.0，平均为 10.39，处于较高档次。其中，人均鸡蛋消费量指标平均贡献 2.47，人均鸡蛋消费差距指标平均贡献 0.77，国内鸡蛋消费比重指标平均贡献 5.87，人均鸡蛋消费增长率指标的平均贡献为 1.27。

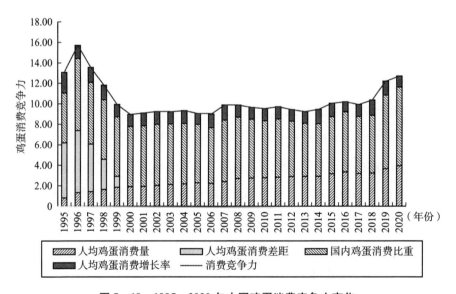

图 5 - 19 1995 ~ 2020 年中国鸡蛋消费竞争力变化

资料来源：笔者计算整理。

人均鸡蛋消费量、国内鸡蛋消费比重均是促进中国鸡蛋的消费竞争力增长的重要因素。具体来看，中国人均鸡蛋消费量由 1995 年的 10.80 千克增长到 2020 年的 20.86 千克，对鸡蛋消费竞争力起到促进作用；同时，人均鸡蛋消费差距逐年降低，说明中国鸡蛋消费与世界鸡蛋消费大国的差距逐渐减小。随着人民生活水平不断提升，人们对营养膳食中优质蛋白质来源蛋类的消费日渐提高，蛋类在肉类消费结构中的比重也相对稳定。三者共同作用促使中国鸡蛋消费竞争力保持在较高档次。中国人均鸡蛋消费量增长速度稳定，1995～2020 年年均增速为 2.39%，对鸡蛋消费竞争力的贡献较小。

5. 蛋鸡产业分项国际竞争力评价——贸易竞争力

如图 5-20 所示，1995～2020 年，中国鸡蛋贸易竞争力平均为 9.23，处于中上等档次。其中，国内市场自给率指标平均贡献 1.22，国际市场占有率指标平均贡献 2.15，贸易竞争力指数指标平均贡献 5.86。中国鸡蛋国内市场自给率达到 100%，基本自给；贸易竞争力较强，处于中上等档次。

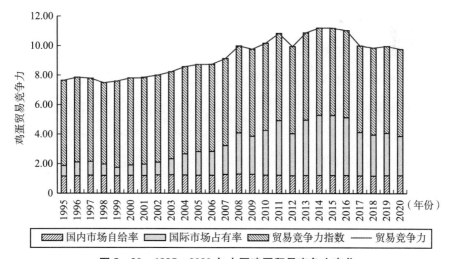

图 5-20 1995～2020 年中国鸡蛋贸易竞争力变化

资料来源：笔者计算整理。

总体来看，中国蛋鸡产业贸易竞争力呈缓慢波动上升变化，但近年有所下降。作为鸡蛋净出口国，中国鸡蛋进口量极小，使得贸易竞争力指数较高，贸易竞争力指数对蛋鸡贸易竞争力贡献较大，进而拉动产业贸易竞争力的提高。影响较大的是国际市场占有率指标的变化，相较于贸易力竞争指数，中国鸡蛋国际市场占有率波动较明显，其也是影响蛋鸡产业贸易竞争力波动的重要因素，其波动趋势与产业整体贸易竞争力趋势相似。2008 年后，中国蛋鸡产业贸易竞争力波动较明显，一方面是受金融震荡影响，全球经济增速放缓，产品贸易受到影响；另一方面是近年贸易保护主义抬头，加剧了国际贸易市场的不稳定性，中国鸡蛋出口竞争力波动变化。此外，受致命性禽流感疫病影响，鸡蛋进出口贸易均存在不确定性变化。综上所述，中国鸡蛋国内市场自给率和贸易竞争力指数均保持稳定，虽然贸易竞争力指数贡献较大，但国际市场占有率的变化才是蛋鸡产业贸易竞争力波动变化的主要影响因素。

5.4.4 中国蛋鸡产业国际竞争力的国际比较分析

1. 蛋鸡产业国际竞争力比较

蛋鸡产业国际竞争力评价的综合结果显示（见表 5 - 14），考察的 6 个国家的得分排名依次是西班牙、美国、中国、巴西、墨西哥和俄罗斯，近年巴西有赶超中国的趋势。从变化情况来看，西班牙得分有明显波动，巴西近年得分有所上升，其余国家得分相对稳定。西班牙蛋鸡产业竞争力稳居六个国家中的第一位，其资源禀赋竞争力、生产竞争力和贸易竞争力均处于前列；俄罗斯排名靠后主要是因为其资源禀赋竞争力和贸易竞争力得分较低。

中国蛋鸡产业国际竞争力得分始终排名在六个国家中的第三或第四，整体相对稳定，2015 年后被巴西赶超，源于巴西资源禀赋竞争力的提升，近年来，巴西农田面积以 1.04% 的速度逐年增加，与 1995 年相比，2020 年其农田面积增长了 27.03%，主要得益于其得天独厚的农业资源，巴西尚有大面积的土地资源未被利用，而且仍处于拓展农业边疆阶段。中国蛋鸡国际竞争力在 6 个国家中处于中等档次，在资源禀赋竞争力和生产竞争力方面与美国和西班牙优势国家相比仍有差距。

表 5 - 14　　　　　　　　　　代表国家蛋鸡国际竞争力比较

项目	中国	美国	墨西哥	巴西	俄罗斯	西班牙
1995	7.71	7.18	6.07	6.07	3.85	10.17
2000	6.65	7.51	6.31	7.35	6.62	12.07
2005	6.97	8.02	6.38	6.77	5.67	14.03
2010	7.39	9.64	6.63	5.48	6.86	14.65
2015	7.84	11.85	6.59	8.31	4.69	13.80
2020	8.47	11.34	6.58	8.35	10.20	13.76
平均	7.48	9.19	6.40	6.99	5.82	12.95

资料来源：笔者计算整理。

2. 蛋鸡产业分项国际竞争力比较——资源禀赋竞争力

如表 5 - 15 所示，1995 ~ 2020 年，6 个国家的资源禀赋竞争力水平除西班牙外，整体均呈小幅增加趋势，向有利于蛋鸡产业发展的方向变化，资源结构的调整和饲料粮生产比重的增加均是提高资源禀赋竞争力的推动力，但与其他国家相比，中国增长速度较慢。

表 5 - 15　　　　　　　　　代表国家蛋鸡资源禀赋竞争力比较

项目	中国	美国	墨西哥	巴西	俄罗斯	西班牙
1995	3.62	7.44	5.04	5.91	3.19	18.85
2000	3.83	7.17	4.56	6.44	2.64	18.70

续表

项目	中国	美国	墨西哥	巴西	俄罗斯	西班牙
2005	3.79	7.07	4.71	7.24	3.31	18.51
2010	3.60	7.34	4.67	7.81	3.06	18.15
2015	3.88	7.21	4.50	9.18	4.16	16.93
2020	3.82	7.69	4.54	9.25	4.07	15.45
平均	3.78	7.25	4.61	7.72	3.52	17.88

资料来源：笔者计算整理。

从各个国家（地区）来看，资源禀赋竞争力得分最高的是西班牙，以平均 17.88 的得分始终保持第一，其次依次是巴西、美国、墨西哥、中国和俄罗斯，资源禀赋竞争力平均得分为 7.72、7.25、4.61、3.78 和 3.52。西班牙主要以其资源结构更倾向于蛋鸡产业发展而得分较高，其农田面积是草原面积的 16 倍，有利于饲料粮生产，虽然其饲料粮比重和自给率均不高，但其资源结构有提供饲料粮较大潜力。巴西排在第二位，该国家资源禀赋竞争力水平呈增长趋势，从低于美国到近年超过美国并逐年拉大差距，巴西土地资源丰富，且近年正在拓展农业疆土，农田面积逐年增加，有利于食粮型畜牧业的发展。美国位居 6 个国家中的第三，资源禀赋竞争力处于中等水平，主要是其资源结构得分不高，农田面积为草地面积的 65%，更适于牛、羊等草食畜牧业发展。墨西哥和中国紧随其后，分别位于第四和第五，仍然是因其资源结构不倾向于蛋鸡产业发展而得分较低，两国农田面积仅为草地面积的 30% 左右。俄罗斯资源禀赋排名最后，虽然其资源结构向蛋鸡产业倾斜，但其饲料粮比重最低，得分仅为 0.20，排名末位。

中国的资源禀赋竞争力在 6 个国家中排名靠后，得分仅高于俄罗斯，虽然有增长趋势，但速度十分缓慢，在资源结构、饲料粮比重和自给率三方面得分均较低，最为突出的短板就是资源结构，其次是饲料粮自给率。

美国、巴西等国家饲料粮基本自给，饲料粮产量高于消费量，中国饲料粮产量仅为需求的75%，且近年呈下降趋势，饲料粮进口量明显增长，玉米和大豆进口量增长尤为突出。与资源禀赋竞争力优势国家相比，中国饲料粮生产比重也不利于蛋鸡产业发展，饲料粮种植面积为粮食种植面积的35%，而美国、墨西哥和巴西饲料粮与粮食种植面积的比值在60%~80%。虽然中国蛋鸡饲料粮比重有所提高，但与优势国家相比，国内资源配置仍有明显差距，中国蛋鸡资源禀赋竞争力仍需进一步提升。

3. 蛋鸡产业分项国际竞争力比较——生产竞争力

如表5-16所示，1995~2020年，6个国家的生产竞争力水平有所波动，俄罗斯和巴西波动较明显。俄罗斯生产竞争力水平的变动主要是国内鸡蛋生产比重变化波动所导致，巴西生产竞争力水平的变动是经济效率波动所致。其余国家生产竞争力水平相对较稳定。

表5-16　　　　　代表国家（地区）蛋鸡生产竞争力比较

项目	中国	美国	墨西哥	巴西	俄罗斯	西班牙
1995	7.48	5.76	6.84	6.63	5.10	6.30
2000	6.63	6.14	11.00	5.13	11.93	7.49
2005	7.07	5.18	10.48	3.09	13.11	6.79
2010	6.83	5.01	10.51	2.81	9.95	6.33
2015	6.60	8.90	11.31	5.60	8.29	5.78
2020	8.80	4.68	11.00	6.59	7.77	2.85
平均	7.26	5.75	10.44	4.63	10.18	6.52

资料来源：笔者计算整理。

从各个国家（地区）生产竞争力水平得分情况来看，墨西哥生产竞争力水平平均得分最高，为10.44。墨西哥的鸡蛋国内生产比重指标平均得分6.80，鸡蛋生产占肉类生产的比重较高，在6个国家中排名第一；鸡蛋价高、饲料粮价低，使得产蛋经济效率较高，综合来看，墨西哥鸡蛋生产竞争力具有较强的竞争优势。俄罗斯排名第二，生产竞争力水平平均得分为10.18，略低于墨西哥，其国内鸡蛋生产比重位居第二，占到40%左右，同时，该国蛋料价格比同样具有一定优势。美国技术效率高于其余5个国家（地区），处于绝对优势，但国内鸡蛋生产比重指标得分较低，从而拉低了总体水平；中国的生产竞争力中，经济效率和技术效率均是短板，且近年技术效率略有下降趋势。巴西的生产竞争力排名最后，技术效率和国内鸡蛋生产比重均为制约因素，其中技术效率最低，低于其余5个国家。

中国的鸡蛋生产竞争力长期排名中等，国内鸡蛋生产比重具有一定优势，但经济效率和技术效率处于弱势，尤其是经济效率，低于其余5个国家，排名末位。饲料粮价格高、鸡蛋价格低是中国蛋鸡经济效率处于低水平的主要原因，玉米和大豆的价格是美国的两倍之多，蛋价却低于美国，高成本低效益致使经济效率得分较低；同时中国蛋鸡生产技术效率也与优势国家有一定的差距，拉低了中国鸡蛋生产竞争力。

4. 蛋鸡产业分项国际竞争力比较——消费竞争力

如表5-17所示，1995～2020年，6个国家的消费竞争力水平整体呈波动变化，巴西和墨西哥个别年份波动较大，其中巴西主要是由于人均消费差距指标得分降低导致消费竞争力水平的波动，墨西哥是由于国内鸡蛋消费比重变化导致的明显波动。

表5-17　　　　　　　代表国家（地区）鸡蛋消费竞争力比较

年份	中国	美国	墨西哥	巴西	俄罗斯	西班牙
1995	13.07	4.74	12.26	8.71	6.16	6.35
2000	8.96	6.20	11.08	10.54	9.13	9.65
2005	9.05	7.29	11.35	9.80	7.66	12.96

年份	中国	美国	墨西哥	巴西	俄罗斯	西班牙
2010	9.52	10.45	11.83	1.85	14.86	13.97
2015	10.04	11.90	12.49	9.64	7.41	14.63
2020	12.71	12.34	12.76	11.47	28.23	14.70
平均	10.39	8.83	11.80	8.31	9.53	12.02

资料来源：联合国粮农组织（FAO）数据库（http：//www.fao.org/faostat/on/#home）。

从各个国家（地区）来看，西班牙消费竞争力水平平均得分最高
（12.02），始终稳定在6个国家的首位。细分指标中，国内鸡蛋消费比重
得分贡献最大，其次是人均鸡蛋消费差距，其在人均鸡蛋消费量、人均鸡
蛋消费差距、国内鸡蛋消费比重、人均鸡蛋消费增长率四个方面的得分均
处于6个国家前列，反映了该国鸡蛋消费具有较强的潜力和竞争力。排名
第二的是墨西哥，消费竞争力得分11.80，该国家在人均鸡蛋消费量水平
和国内鸡蛋消费比重方面占据绝对优势，位于6个参考国家首位，因其本
身消费水平较高，人口较少，所以消费潜力上升空间较小，得分相对较
低，综合排名第二。中国消费竞争力水平排名第三（10.39），其在人均
鸡蛋消费量和国内鸡蛋消费比重方面占据一定优势。俄罗斯、美国和巴西
排名在第四、第五、第六，美国在国内鸡蛋消费比重、人均鸡蛋消费差距
和人均鸡蛋消费增长率方面均处于弱势。

中国消费竞争力在6个参考国家中排名第三，从1995～2020年变化
情况来看，变动情况较小。人均鸡蛋消费量呈增长趋势，年均增速
2.39%；与高消费国家的人均鸡蛋消费差距逐年缩小；国内鸡蛋消费比重
一直较稳定在30%左右；人均鸡蛋消费增长速度逐年放缓。综合来看，
中国鸡蛋消费竞争力处于优势地位。

5. 蛋鸡产业分项国际竞争力比较——贸易竞争力

如表5-18所示，1995～2020年，6个国家的贸易竞争力水平整体呈

波动变化，西班牙波动幅度最大是因为其国内市场自给率、国际市场占有率和贸易竞争力指数均有明显起伏变化。从国家（地区）来看，美国贸易竞争力指数得分最高（13.87），其国际市场份额居于6个国家首位，占据绝对优势。虽然西班牙贸易竞争力指数变化波动较大，但其贸易竞争力水平平均得分仅次于美国，为11.84，排名第二；其国内市场自给率长期在100%以上，2006年达到121%的历史最高值。中国排在第三，贸易竞争力水平平均得分为9.23，从国内市场来看，国内市场自给率为100%，供需基本平衡；分指标中，贸易竞争力指数位于6个参考国家首位，但国际市场占有率不占优势，得分1.22，与美国的6.85得分差距较大。排名第四的是巴西，贸易竞争力指数平均得分6.30，其国内市场自给率100%，国际市场份额较低，贸易竞争力指数处于中等水平。俄罗斯和墨西哥排名第五、第六，两国贸易竞争力指数常年得分为负数，鸡蛋产品贸易竞争力处于劣势。

表5-18　　　　　　　国家（地区）蛋鸡贸易竞争力比较

项目	中国	美国	墨西哥	巴西	俄罗斯	西班牙
1995	7.65	10.02	1.04	3.47	1.71	5.84
2000	7.81	9.97	1.09	6.76	5.79	9.25
2005	8.73	11.54	1.24	5.58	2.13	14.09
2010	10.17	14.35	1.73	7.73	1.99	16.13
2015	11.19	19.05	0.72	7.65	0.60	14.12
2020	9.77	18.68	0.55	5.43	2.00	17.42
平均	9.23	13.87	1.02	6.30	2.45	11.84

资料来源：笔者计算整理。

中国的蛋鸡产业贸易竞争力在6个参考国家中排名第三，处于中等档次。中国鸡蛋国内市场自给率为100%，满足国内需求；作为常年出口国

家，进口量极少，贸易竞争力指数排名第三。与排名第一的美国相比，差
距主要在国际市场占有率方面，2020 年中国鸡蛋产品国际市场占有率为
3.91% 左右，而美国国际市场占有率达到 10.64%，相差 6.73 个百分点；
与排名第二的西班牙的差距主要在国内市场自给率水平，西班牙国内自给
率平均在 110%，国内供给保持绝对优势，在六个参考国家中排名首位。

5.4.5　结论

中国蛋鸡产业国际竞争力处于中等档次，总体较稳定，呈现小幅波动
变化，经历了稳中有降、稳步发展和稳中有升三个阶段。资源禀赋竞争力
和生产竞争力不足是影响中国蛋鸡产业国际竞争力水平总体不高的关键制
约因素。而中国蛋鸡产业国际竞争力的变化主要决定于消费竞争力，其对
中国蛋鸡产业竞争力的贡献最大。

从资源禀赋竞争力、生产竞争力、消费竞争力和贸易竞争力这四个分
项指标来看，中国资源禀赋竞争力有所增长，资源结构调整向有利于蛋鸡
产业发展的方向转变，但中国农田面积小于草地面积的农业资源结构特
征，总体不利于蛋鸡产业发展，中国资源禀赋竞争力得分较低主要受到资
源结构的制约；蛋鸡饲料自给率呈下降趋势，也是资源禀赋得分不高的原
因之一。从生产竞争力来看，中国蛋鸡产业生产竞争力呈现缓慢波动下降
的趋势。经济效率和技术效率的下降是导致蛋鸡产业生产竞争力变化的主
要因素。从消费竞争力来看，中国鸡蛋消费竞争力处于较高档次，人均鸡
蛋消费量、国内鸡蛋消费比重均是促进中国鸡蛋的消费竞争力增长的重要
因素。从贸易竞争力来看，中国蛋鸡产业贸易竞争力处于中上等档次，贸
易竞争力较强，贸易力竞争指数对蛋鸡贸易竞争力贡献较大，进而拉动产
业贸易竞争力的提高。

从参考国家的分项竞争力分析，从资源禀赋竞争力来看，西班牙资源
禀赋竞争力最强，巴西的增长最为显著，阿根廷的排名上升最快。中国排

名第五，仅高于俄罗斯，资源禀赋竞争优势较弱。从生产竞争力来看，俄罗斯的生产竞争力最强，巴西的增长最为显著。中国处于中等水平，竞争优势不明显。从消费竞争力来看，中国的消费竞争力较强，西班牙的增长最显著。中国的消费竞争力得分最高，具有很强的消费竞争优势。从贸易竞争力来看，美国的贸易竞争力最强，中国贸易竞争力较强，具有一定的竞争优势。

第6章
发达国家畜产品生产效率及竞争力提升经验总结

以美国、德国、澳大利亚和日本为代表的发达国家在畜牧业现代化方面取得了良好的效果，生产能力、贸易竞争力都位居世界前列，中国与世界主要畜牧业发达国家相比，在动物的生产性能等指标上还存在较大差距，系统分析主要发达国家畜牧业发展的现状，总结发达国家畜牧业发展现有成功模式和典型做法，归纳发达国家畜牧业竞争力提升基本经验，对提高中国畜牧业生产效率和竞争力，实现畜牧业高质量发展具有重要的借鉴意义。

6.1 中国畜牧业与世界主要发达国家之间存在较大差距

美国是世界上畜牧业最发达的国家之一，近年来美国畜牧业的产值始终保持在 1 200 亿美元以上，占农业产值超过 40%。美国丰富的谷物饲料和草料为畜牧业发展打下坚实基础，具有较高的生产能力和竞争力。美国是世界上最大的肉牛生产国和消费国，同时也是重要的牛肉出口国，2020

年牛肉产量预计达到 1 233.77 万吨，出栏胴体重可达 360 千克/头，出口量达到 134.08 万吨，人均消费量达到 26.58 千克，生产、贸易和消费水平均远高于中国。美国是世界第三大猪肉生产国和消费国，2020 年猪肉产量预计达到 1 283.48 万吨，出口量达到 330.31 万吨，其中 1/4 以上的猪肉出口到中国（含香港）。美国是世界最大的禽肉生产国和第二大出口国，2020 年禽肉产量达到 2 020.75 万吨，出口量达到 334.34 万吨，人均消费量达到 43.59 千克（见表 6 - 1）。

表 6 - 1　　　2016 ~ 2020 年美国近 5 年年主要畜产品的生产与贸易情况

年份	牛肉（万吨）		猪肉（万吨）		禽肉（万吨）	
	产量	出口	产量	出口	产量	出口
2016	1 147.05	115.98	1 132.02	237.64	2 285.89	301.41
2017	1 190.71	129.68	1 161.10	255.46	2 229.94	307.81
2018	1 221.92	143.33	1 194.25	266.58	2 191.55	320.64
2019	1 234.87	137.26	1 254.27	286.72	2 148.41	322.19
2020	1 233.77	134.08	1 283.48	330.31	2 020.75	334.34

资料来源：美国农业部国家农业统计局（United states Department of Agriculture National Agricultural Statistics Service）。

德国是欧盟农业生产大国之一，畜牧业较为发达，是欧盟猪肉第一大生产国、牛奶和牛肉第二大生产国（张弦等，2020）。畜牧业产值占农业生产总值的比重达到 61%（孙智远等，2019），远高于中国（不足 30%）[1]。以奶牛、肉牛、生猪和家禽养殖为主，2019 牛奶产量 3 308.02 万吨，牛肉产量 110.70 万吨，猪肉产量 523.20 万吨，禽肉产量 154.39 万吨[2]。畜牧业生产效率不断提升，2019 年单只奶牛产奶量、单只肉牛产肉

————————————

① 资料来源：《中国统计年鉴 2020》。

② 资料来源：联合国粮农组织（FAO）数据库（http://www.fao.org/faostat/on/#home）。

量、每头肥猪产肉量、每只肉鸡产肉量分别达到1961年的2.65倍、1.84倍、1.06倍、1.56倍，2017年每只蛋鸡产蛋量达到1961年的2.09倍①。目前，德国畜牧业发展进入了高度重视质量、稳定甚至消减产量的时期（杨振海等，2019），对于动物福利、环境保护等给予了高度重视并大力推动，致力于畜牧业的绿色可持续发展。通过将动物福利与减少环境污染的措施联合应用，在减少饲养量的同时，通过调整供求关系和增加动物福利标识提升较高价格畜产品的接受度，以平衡生产者的个人利益和公共利益（杨振海等，2019）。

澳大利亚畜牧业发展历经200多年的历史，目前已经实现现代化。作为世界草食畜牧业发展强国，澳大利亚牛羊品种资源丰富，产业化程度高，是世界重要的草食畜产品生产国和出口国之一。2000年以来，澳大利亚草食畜牧业发展波动较大，但总体维持在高水平。如表6-2所示，统计数据显示，澳大利亚牛羊存栏量分别从2000年的2 758.80万头和12 045.70万只下滑至2019年的2 472.35万头和6 965.26万只，年均下降0.58%和2.84%。从出栏量看，牛出栏量呈现出先增后降态势，但总体呈现出增长趋势，2000~2019年年均增长0.03%；羊出栏量总体呈现下滑态势，年均下降0.05%。就主要草食畜产品产量而言，2000年牛羊肉分别为198.79万吨和69.06万吨，2019年增至235.18万吨和75.22万吨，年均增长率分别为0.89%和0.45%；奶产品产量则呈现出下滑态势，从2000年的1 084.70万吨降至2019年的686.36万吨，年均下降2.38%②。就草食畜产品生产效率而言，其总体呈现出增长态势。2000年，澳大利亚牛羊出栏率分别为31.35%和27.87%，2019年增至35.21%和47.77%。牛羊出栏胴体重分别从2000年的229.84千克/头和

---

① 资料来源：根据联合国粮农组织（FAO）数据测算而得。

② 资料来源：联合国粮农组织（FAO）数据库（http：//www. fao. org/faostat/on/#home）。

20.57 千克/只增至 2019 年的 270.20 千克/头和 22.61 千克/只,年均增长率分别为 0.85% 和 0.50%。奶类单产基本维持在 5 吨/头左右,近年呈现出下滑态势,2019 年维持在 4 986.60 千克/头的水平上。

表 6 - 2   澳大利亚草食畜产品生产走势

年份	存栏量（万头、万只）		出栏量（万头、万只）		产量（万吨）		
	牛（万头）	羊（万只）	牛（万头）	羊（万只）	牛肉	羊肉	奶产品
2000	2 758.80	12 045.70	864.90	3 356.70	198.79	69.06	1 084.70
2005	2 778.20	10 452.49	846.65	2 997.67	209.03	61.36	1 012.70
2010	2 673.30	7 158.55	827.30	2 734.02	212.86	58.17	902.30
2015	2 741.29	7 450.98	1 010.31	3 401.85	266.16	75.33	948.90
2016	2 497.13	7 119.31	879.64	3 341.54	231.60	74.59	1 001.99
2017	2 617.55	7 572.53	742.33	3 098.42	206.86	70.26	933.15
2018	2 639.57	7 370.87	791.33	3 374.14	223.77	76.27	928.90
2019	2 472.35	6 965.26	870.40	3 327.24	235.18	75.22	686.36

资料来源:联合国粮农组织(FAO)数据库(http://www.fao.org/faostat/on/#home)。

日本是亚洲主要的发达国家,第二次世界大战后,随着经济建设迅速发展,日本有选择地发展牛、猪、鸡,而马和绵羊、山羊大幅度下降,其畜牧业发生了巨大变化,畜牧生产的商品率不断提高。日本畜牧业已成为集约化、规模化、现代化的产业。日本畜牧业产值占农业总产值比重不断上升,从 1990 年的 23% 增长到 2021 年的 39%[①],近年来,日本畜牧养殖户数、畜禽存栏数量呈下降态势(见表 6 - 3),但其规模化水平却不断提高,总体产量基本保持平稳,单产水平普遍都在世界前列,生产效率较高,但由于日本山地丘陵较多,受土地条件限制不能将饲料生产纳入轮作体系,动物饲养以舍饲为主,所以生产成本较高,以奶牛为例生产 1 千克

_____

① 资料来源:日本农林水产省。

牛奶的成本比大洋洲约高 2 倍，比欧洲高 1 倍，比美国高 1/3①。

表 6 - 3 　　　　　　　日本近二十年主要畜产品规模化变化情况

年份	奶牛		生猪		蛋鸡	
	户数	户均存栏（头）	户数	户均存栏（头）	户数	户均存栏（羽）
2002	31 000	56	9 430	1 031	4 340	31 000
2012	20 100	72	5 840	1 667	2 890	48 200
2022	13 300	103	3 590	2 492.8	1 810	75 900

资料来源：日本农林水产省。

　　尽管中国是世界上最大的生猪和肉羊的饲养国，是世界上第三大养牛国，但是单位动物的生产效率与世界主要发达国家相比仍有较大差距，肉牛、生猪和绵羊的胴体重和奶牛的单位产量分别仅为美国 40.6%、81.0%、51.7% 和 53.2%（见表 6 - 4）。

表 6 - 4 　　　　　　　中国与主要发达国家牲畜单位产量对比

畜种	中国	美国	德国	澳大利亚	日本
肉牛（千克/头）	146.40	360.40	325.30	270.20	448.2
生猪（千克/头）	78.20	96.50	94.80	78.00	92.45
奶牛（千克/头）	5 632.20	10 590.40	8 246.00	5 616.90	8 939
羊（千克/只）	14.90	28.80	21.70	23.00	28.35

资料来源：联合国粮农组织（FAO）数据库（http：//www.fao.org/faostat/on/#home）。

---

① 根据日本农林水产省统计数据、美国农业部经济研究局等数据分析测算。

6.2　世界主要发达国家畜牧业政策

6.2.1　美国

美国通过政策法规为养殖户兜底。从历年的美国农业法案来看，联邦政府通过美国农业部和其他联邦机构管理政策并发布有关牲畜和牲畜相关问题的法规。政策涵盖了从牲畜保险到环境保护计划的各种项目，包括种养结合绿色发展、动物健康和食品安全、强制性价格报告和原产国标签等各方面政策。

以《2018 年农业改善法案》为例，该法案根据三个项目向养殖户提供灾害援助：牲畜赔偿计划、牲畜饲料计划以及牲畜、蜜蜂和农场养殖鱼类的紧急援助。美国农业部各部门分别向养殖户提供各种政策用于稳定生产、稳定畜产品价格、保障畜牧业健康安全。当养殖户面临财政压力时，美国农业部的农业营销服务（AMS）可以通过其食品采购计划购买肉类、家禽、鱼类和蛋制品用于国内喂养计划，以稳定价格。美国农业部的风险管理机构（RMA）为主要牲畜如牛、猪和羔羊等提供保险，防止牲畜价格下降或毛利率下降。动植物卫生监督局（APHIS）负责监督动物疫病的防治、动物卫生监督系统和应急管理响应系统。联邦政府的政策是根据公平市场价值为任何因公共或动物健康原因而被扣押和销毁的动物支付赔偿金。联邦计划还向参与保护自然资源计划的养殖户支付费用，以鼓励养殖户采用绿色、可持续的方式生产，从而减少畜禽养殖过程中的污染与排放。

6.2.2 德国

以德国为代表的欧盟国家更加注重绿色可持续的政策导向。德国对畜牧业实行成熟的政策补贴制度。国家根据农业发展的需要，提供导向性补贴及全面的税收优惠，同时成立政策性银行向畜牧业提供低息贷款（孙智远等，2019）。通过政策引导畜牧业发展方向，在动物福利与环境保护等方面出台了大量政策法规。

环境保护方面，2002 年德国颁布了《可持续发展战略》，要求生态农业占农业的比例逐渐提高到 20%（孙智远等，2019）。采用"种"和"养"相结合的思路发展畜牧业，畜禽养殖场的规划设计需要报农业部门审批，根据农场的土地面积与消纳能力来确定动物饲养量。如果养殖场配套农田数量无法将所有粪污还田利用，必须要与其他土地拥有农户或者企业签订粪污销售合同，以确保养殖场畜禽粪污不会对周围环境造成危害（冀名峰等，2019）。各州根据种植作物的数量确定畜禽养殖数量（孙智远等，2019）。2006 年欧盟开始禁止将抗生素作为生长促进剂使用，德国2014 版《药物管理法》中对在牲畜饲养过程中使用抗生素进行了具体规定，加强了监管，推进抗生素的减少使用。德国对施肥的总体要求是地下氮产生与消耗平衡，以实现综合养分平衡管理。《肥料法》对畜禽粪便等有机肥施用量、施用时间、粪便贮存时间等进行了明确规定，规定每年每公顷土壤可施入的畜禽粪便氮的总量不能超过 170 千克，磷的总量不能超过 250 千克（禾日，2018）。2000 年出台的《可再生能源法》规定，可再生能源上网电价 20 年不变，电网营运机构须强制采购并优先上网，且沼气发电的电价是火电的 4 倍（冀名峰，2019）。此外，欧盟法律法规对畜牧业氨气排放也制定了较为严格的标准（杨振海等，2019）。

此外，德国制定了一系列政策引导消费升级，让越来越多的消费者接受环境成本增加带来的较高价格畜产品，有效提高了社会对动物福利、环境保护的认知度和接受度。目前 70%～80% 的德国消费者希望了解食物成分、原产地、保质期以及产品是否以公平或环保的方式生产，有 80% 的德国人希望在出售的食品上加上动物福利标识，有 43% 的人愿意花更多钱购买有这类标签的食品（杨振海等，2019）。

6.2.3　澳大利亚

澳大利亚通过完整的服务、价格和税收等优惠政策强化畜牧业竞争力，促使其长期在国际市场上占据重要位置，主要得益于较为完善的政策支持体系。一是一般服务支持政策。澳大利亚积极支持人工草地建设，因地制宜配套草场管理办法，构建草地保养保护制度；通过补播、施肥、灌溉等诸多措施，推广牧草育种新技术，强化草场改良；实施围栏放牧，推动划区轮牧与季节休牧相结合，为草食畜牧业发展提供坚实饲草料保障（解柠羽，2012）。通过推动良种引繁、品种选育、疫病防治、检疫监测、牧业机械等领域科技创新，支持生产合作组织发展、强化社会服务等多种方式，夯实现代畜牧业发展基础（朱继东，2015）。二是农牧业税收优惠政策。具体地，对灌溉设备、羊毛包装材料等畜产品生产要素投入实行减免批发销售税政策，同时畜产品销售也享受批发销售税减免政策（朱继东，2015），如购买新农机第一年可减税 40%，之后为 25%，部分地区对新设备购置提供 18% 的补贴（韩成吉等，2020）。三是价格支持政策。20世纪 70 年代至 90 年代，澳大利亚一直实施畜产品最低收购价格政策，对畜牧业快速发展产生了积极推动作用。但受到经济全球化、贸易谈判等多种因素影响，畜产品最低收购价格政策被逐一取消。2000 年 7 月，牛奶最低保护价格政策取消，标志着畜产品最低收购价格政策的终结（朱继东，2015）。

6.2.4　日本

日本通过多项支持政策保证畜牧业稳定发展。以生猪产业为例，日本采取多项政策促进生猪产业稳定发展：一是生猪和仔猪价格补贴政策，即补偿支付。当猪肉价格低于养猪成本的保证基准价格时，可从养殖户缴纳和政府共同赞助建立的基金中提款，补贴养殖户 80% 的差额。日本猪肉基金协会自发建立了地区猪肉生产稳定基金，主要用于在猪价下跌时补贴主要猪肉生产县，基金来源于养殖者会费和地方财政。此外，日本设立了仔猪价格安定基金协会。二是特定农产品收入稳定准备。于 1998 年开始实施，是指在市场价格低于"历史均匀价格"之时向农民提供收入补贴，而补偿支付的标准是基准价格。该准备补贴对象是：种植可耕作物、油籽、水果与蔬菜，和从事畜牧业的农民。补贴资金大多数由政府提供，农民也要根据其产量参加集资。三是牲畜补贴保险。农民可以参加政府提供 40%～55% 保险费的各种农业保险准备。当自然因素导致意外损失之时，农民可以得到 20%～80% 的损失赔偿。

6.3　世界主要发达国家提升畜牧业竞争力的典型做法

6.3.1　美国

以大规模专业化生产为主的美国提升畜牧业竞争力重点是在技术、金融和环保等方面发挥作用。以生猪产业为例，在过去的四十多年中，美国生猪产业经历了重大的结构变化，养殖场（户）数量急剧减少，养殖规模逐渐扩大。自 1990 年以来，随着个体企业的壮大，养猪场的数量下降了 70% 以上。美国的生猪生产主要集中在爱荷华州（Iowa）中西部和明尼苏达州南部，尤其是北卡罗来纳州东部，但俄克拉荷马州（Oklahoma）和得克萨斯州（Texas）也有生猪生产。专业化、一体化的养殖形式取代了原有的繁育、育肥分割的情况，一体化的养殖体系完成所有阶段的生产作业。规模扩大引起了结构变化、效率提高、生产成本降低同时发生。生产率的提高大多归因于生产规模和技术创新的增加。

注重金融与保险对畜牧业的保障作用。美国的畜牧业保险政策的重点在于保护农牧经营者最关心的收入问题（刘利和王桂霞，2019）。联邦政府向养殖企业、养殖户提供保险和援助，主要用于因干旱、炎热天气、疾病、虫害、洪水、火灾、飓风、地震、严重风暴、严寒或其他自然灾害而遭受的损失。当养殖场、养殖户面临财政压力时，美国农业部的农业营销服务（AMS）可以通过其食品采购计划购买肉类、家禽、鱼类和蛋制品用于国内食物计划，以稳定价格。

注重环保和可持续发展在畜牧业中的作用。养殖企业越来越少和越来越大的趋势，使环境问题成为畜牧业公共政策的首要问题。随着动物密度的增加，有关空气和水质、职业健康和设施废物管理的担忧也随之增加。在生猪生产最集中的地区，人口密度也会增加。这些趋势预示着附近居民和生猪生产者之间在气味、水污染和其他与集中生产相关的环境问题上的冲突日益加剧。环境保护局提供有关农业动物（包括鱼类和其他水生动物）生产的国家环境要求的信息。环境保护局颁布并执行畜禽废物管理条例，包括关于集中饲养动物的管理条例。许多州和地区都对密闭动物作业的规模以及与农业相关的气味、废物处理和水质有规定。

6.3.2 德国

通过技术应用、人才培养、平台建设等手段提升本国畜牧业竞争力。应用现代养殖设施与技术，养殖向专业化、规模化方向发展。德国的畜牧业经历了重要的结构性变化，养殖规模逐渐扩大、动物单产逐渐提高（德国联邦食品与农业部，2018）。2007~2016 年养猪场户数量就下降了约50%，而存栏量却略有上升。2016 年存栏量在 1 000 头以上的养猪场数占总养猪场数的 23.5%，存栏量占总存栏量的 75.3%。有超过 2/3 的牛群被养殖在 100 头以上规模的牛场中（张弦等，2020）。规模扩大的同时，技术应用使得单产得到有效提高。德国的奶牛单产在 1990 年仅为 4 926.7 吨/头，到了 2019 年提高到了 8 246.0 吨/头，牛肉胴体重也从 1990 年的287.2 千克/头，提高到 2019 年的 325.3 千克/头[①]。

注重减少畜牧业养殖对环境带来的不利影响。随着国内消费的逐渐停滞，德国在畜牧业发展战略方面，更多地向改善动物福利、减少对环境的负面影响转变。采用先进成熟的粪污处理技术优化养殖环境（李宁等，2018）。牛、猪场粪便主要采用贮存池堆肥模式，其中牛场采用干湿分离技术（禾日，2018）。且不断有新的技术研发成果得到推广，如大荷兰公司正在推广干草发酵床技术，该技术体现了动物福利并保证了动物健康，并体现了环保理念，总体排放负荷低于传统粪便系统，并且更为经济，育肥猪圈的粪便处理费用比传统的节省 20%，还可通过计算机—机器控制系统实现自动化（孙智远等，2019）。

注重人才培养强化教育普及。德国重视科技知识体系为畜牧业发展带来的支撑作用，大力开展学校、企业、政府等多方协调的职业培训和学徒

---

① 资料来源：联合国粮农组织（FAO）数据库（http://www.fao.org/faostat/on/#home）。

制教育，传承工匠精神，为畜牧业发展培养了大量一流人才（孙智远等，2019）。同时注重生产实践，德国的农业职业教育学制一般为 3 年，学校学习时间占 1/3、生产实践时间占 2/3（冀名峰等，2019）。如汉诺威兽医大学的试验研究基地——德鲁。培训与研究基地每年接收 250 名学生前来进行实地试验，做与生产紧密相关的试验，从兽医采血做起，涉及饲养、饲料检测等实用性强的工作，着重培养接地气的学生（杨振海等，2019）。

举办汉诺威国际畜牧展，引领畜牧业未来发展趋势。德国汉诺威国际畜牧展，是由德国农业协会（DLG）举办的规模最大、专业度最高、综合性最强的世界顶级畜牧展览，开办至今已有近 30 年的发展历史（刘雪等，2018）。该展会为来自全球的供应商、经销代理商及用户提供了业务洽谈、项目投资、技术合作的平台，也吸引了来自全球工业、农业、科研与咨询机构的专家学者云集汉诺威，帮助参会者了解畜牧业创新成果和发展趋势，共同探讨畜牧行业发展，为德国甚至全球畜牧业发展提供了良好的交流和合作平台（刘雪等，2018）。

6.3.3 澳大利亚

澳大利亚充分利用资源优势以科技支撑、服务体系带动畜牧业发展，其草食畜牧业发展具有诸多可参考可借鉴的成功经验。一是资源兴牧。澳大利亚草地资源丰富，人均天然草地面积世界最大，牧场面积占世界牧场总面积的比重达到 12.4%（王杰，2012；闫旭文等，2012）。同时，澳大利亚积极推动人工草地建设，健全草地利用制度，有力支撑了肉牛、肉羊、奶业等草食畜牧业发展的饲草料基础（任榆田，2014）。二是质量强牧。通过构建全方位、全过程、全产业链的质量控制和标准体系，严格落实质量监控以及检疫检查步骤，强化了畜产品生产的质量安全基础（解柠羽，2012；杨文友等，2019）。据统计，澳大利亚有 80 余个畜产品质量标准,如牛肉质量标准、国家畜产品认证计划、牛羊特别质量保证计划、畜产品生产质量保证计划、奶业质量保证、欧盟标准、供应链联合质量保证等（朱继东，2014）。三是科技支撑。澳大利亚高度重视畜牧业科技创新，积极推动产学研深度融合；高度重视种业发展，持续引进和培育草畜优良品种；强化先进机械技术研发与推广，推动畜禽生产机械化水平持续提升；加大疫病防治、灾害防范预测等研究投入（朱增勇和聂凤英，2009；李聚才等，2010；解柠羽，2012；朱继东，2014）。依托现代化信息技术，促进畜牧业朝着智慧智能方向持续迈进（郭雷风等，2018）。四是绿色发展。澳大利亚具备完整的畜牧业法律法规体系，高度重视畜牧业环境保护立法，将畜牧业发展相关环保措施列入国家生态可持续发展战略和国家基本法典中，同时实施严格的养殖场登记制度，规范畜禽养殖环境和产品质量（徐磊等，2017）。五是协会服务。依托完善的社会化服务组织，如畜禽协会、肉类协会、全国羊毛协会等，为畜牧业科技成果转化和应用奠定了坚实基础。同时，借助协会力量，采用培训、指导等多种方式助力农牧民生产经营管理水平的持续提升（朱继东，2014）。

6.3.4　日本

日本重视科技、人才和行业协会的作用提升畜牧业竞争力。一是注重科技应用。日本主要利用现代生物技术进行畜禽品种选育改良，主要培育适宜规模化养殖的品种。同时在畜牧机械研发使用等方面强化了科技攻关，大型农场基本上实现了自动化管理，运用计算机技术完成饲料供应、温度调节、环境控制等工作，提升了规模化农场的机械化、自动化水平，同时也降低了用工人数和人力成本（朱继东，2014）。二是注重提高农民素质。日本政府和畜牧业专业农协高度重视提升农民素质，积极开展对农民的生产技术指导、培训和经验交流工作。建立专门的农业学校，从知识培训和深入农场从事一线生产，提升农户理论与实践能力（王杰，

2012)。三是发挥畜牧行业协会的组织服务作用。在畜牧业的生产、加工、流通与贸易的各个环节，根据地区或畜禽品种的不同，分别成立了许多的互助合作组织以及行业协作组织。四是注重动物废弃物的资源化利用。目前日本主要采用的方法是利用畜禽排泄物制取沼气，再将沼气的废渣、废液用于栽培植物。日本大部分牧场采用干湿分离法把畜禽废弃物制成含水较少的堆肥，再还田，实现种养循环。日本在动物养殖、环境检测、饲料营养监测方面有较高的技术（王加亭，2020）。

6.4 对中国的启示与借鉴

中国畜牧业发展重点已经从追求数量增长逐步转向提升发展质量，美国、德国、澳大利亚等发达国家的畜牧业高质量发展模式和经验对于中国提升畜产品生产的质量效益和国际竞争力具有重要启示和借鉴价值。

一是因地制宜推进畜牧业发展模式创新。中国幅员辽阔、地大物博，牧区、农区、半农半牧区资源禀赋和发展基础各异，畜牧业发展必须依托不同地区资源要素禀赋，因地制宜选择符合当地条件的畜牧业发展模式，不能"一刀切"机械单一地照搬照抄国外畜牧业发展模式，要积极探索属于中国不同地区的多元化畜牧业发展模式。

二是注重先进养殖技术的研究与应用，强化科技支撑推动畜牧业高质量发展。必须下大力气持之以恒推进以种业和机械为核心的畜牧业科技创新，健全定向、长期、稳定的政策支持体系；打造多层级创新研发团队，着力攻克畜牧养殖关键核心技术，解决"卡脖子"问题；推行政府主导、龙头企业、合作组织、科研院校等共同推进的多元化畜牧业科技推广体系，确保实现先进技术尽快到场到户。

三是推进绿色发展确保畜产品质量安全基础，促进畜牧业发展与环境保护协调。立足新发展阶段，贯彻新发展理念，构建新发展格局积极推动传统畜牧业发展方式转变，加强畜禽养殖粪污处理和资源化利用，走资源节约、环境友好型畜牧业绿色发展新路子，推进实现绿色兴牧。健全畜禽生产安全标准体系，强化畜产品质量安全追溯体系建设，高标准严要求夯实畜牧业高质量发展基础，推动实现质量兴牧。德国、美国都从法律法规条款约束、政策优惠政策激励、环境友好型技术研发应用、消费引导等多方面采取措施促进畜牧业发展中对于环境的保护，规定具体细致可操作，政策力度大，技术、消费等相关配套好，可以有效支撑畜牧业绿色可持续发展。近年来，中国也对畜牧业发展带来的生态环境问题给予了更多关注，但是相关政策措施、配套技术、消费者认知等方面还不够成熟，可借鉴发达国家经验进一步完善相关政策措施。

四是大力开展畜牧实用人才培养。发达国家畜牧业的从业人员都受过专业高等教育，具备畜牧业生产经营的专业技能和职业素质（唐振闯，2018），且非常注重生产实践。德国畜牧业劳动生产率处于世界领先水平，饲养60~80头奶牛只需要1个劳动力；一个5 000头的育肥猪场只需要1个从业人员操作机械就可以完成工作；一个存栏7万只鸡的蛋鸡场仅需要3个工人（翟桂玉，2012）。中国畜牧职业教育体系尚不完善，高等教育专业人员生产实践不足，畜牧业从业人员专业知识和技能不足，很多地方还面临接班人问题。如何建立完善畜牧专业人才教育培训体系，培养支撑畜牧业可持续发展的专业人才队伍，对于畜牧业发展至关重要。

五是搭建先进知识和技术的交流合作平台。德国农业协会主办的德国汉诺威国际畜牧展（Euro Tier），有效汇聚了世界优势资源，为德国乃至世界畜牧业发展提供了先进信息知识、技术产品等交流和合作的良好平台，使得德国畜牧业发展始终处于全球领先水平。现代知识和技术日新月异，中国也需要及时跟进前沿知识和技术的最新进展和未来趋势，为畜牧业现代化发展提供支撑。因此，可通过组织参加和举办高水平会议、展览等，让中国的畜牧业相关企业更好地了解和融入全球畜牧业发展前沿中。

　　六是依托社会化服务助力畜牧业现代化发展。建立健全长期稳定的政策支持体系，重点加强现代畜牧业社会化服务体系建设，加快社会化服务组织体系和经营主体培育，为不同规模经营主体协调发展保驾护航。优化调整行业协会结构，提升中小规模及传统农牧户在行业协会中的作用，充分发挥行业协会在推动不同经营主体在畜牧业现代化发展中的重要作用。

第7章
中国畜牧业国际竞争力提升战略

近年来中国畜牧业发展取得显著成效，但仍旧存在诸多重点难点问题亟待解决，特别是畜牧业国际竞争弱势日益凸显，肉蛋奶等主要动物产品进口持续增长，畜牧业发展无法实现保障国内优质安全动物蛋白稳定供应的现实目标。因此，必须按照"高产、优质、高效、生态、安全"的总体要求，切实推动中国畜牧业国际竞争力稳步提升。

7.1 加强遗传资源保护和自主创新

中国动物品种繁多，但选育力度不够，致使国内良种对外依赖度高，长期面临种源"卡脖子"问题。尽管中国已建成一大批国家级和省级畜禽遗传资源保种场、保护区、基因库，但对地方畜禽品种的开发利用还很落后，种业自主创新能力十分薄弱。长期以来，国内养殖龙头企业发展水平相对较低、技术投入力度不够，其他经营主体参与品种选育能力有限，对中国畜牧业竞争力提升制约作用明显。

提升中国畜牧业国际竞争力，必须加强畜禽遗传资源保护和自主创新，高度重视挖掘本土畜禽品种的优势性能。一是要完善中国养殖业品种选育政策与制度，加强国内地方品种选育，挖掘地方品种优良特性，依托先进生物技术，切实提升地方品种优良性状；二是要积极推动国外先进优良品种引进，做好与国内品种的杂交改良与繁育工作；三是推进先进育种科学技术发展，加大育种科技攻关投入力度，实现精准化育种；四是做好先进品种推广和宣传，强化知识产权保护，积极开展优良品种与技术的集成与示范。同时，品种选育要明确政府和市场的主体责任，注重建立健全商业化的种业创新体系，坚持以市场为导向、企业为主体、科技为支撑，强化产学研深度融合，积极推广市场化种业运作模式，推动"产学研""育繁推""科工贸"一体化的养殖业品种选育体制机制。逐步形成以市场需求为导向的育种创新机制，以龙头企业为主体的商业化育种体系，以产学研深度融合为基础的协作育种方式。通过健全创新制度、建立财政专项、支持跨界合作、扩大产业服务，聚拢核心力量实现畜牧业综合竞争力的关键突破。

7.2 健全动物防疫与食品安全体系

动物疫病和食品安全已成为威胁畜牧业稳产保供秩序的主要问题，同时也对中国畜产品国际竞争力造成重大冲击。非洲猪瘟凸显了中国动物疫病防控体系的脆弱性，"三聚氰胺""瘦肉精"等重大食品安全事件凸显了中国食品安全体系的薄弱性。健康的生产过程和安全的畜禽产品是提升畜牧业国际竞争力必不可少的条件。作为全球较大的动物食品生产国和消费国之一，要提高中国畜牧业国际地位离不开健全的疫病防控体系和食品安全体系。

提升畜牧业国际竞争力，需要全盘谋划疫病防控和食品安全的发展方向，做好动物疫病防控技术研发与应用。一方面，要积极推进重要疫病风险监测与预警技术，包括重要疫病感染早期诊断、动物群体免疫效果评价、感染动物与免疫动物鉴别诊断、疫病风险监测与预警等技术；另一方面，要积极推进疫苗研制与推广，加快研发药物防治新技术。降低动物养殖对抗生素、抗菌药等的依赖，重视绿色高效制剂（如植物药、抗生素替代药物）和兽用保健品（如益生菌、蛋白类免疫增强剂）研制，强化替代性抗寄生虫药物及耐药性检测新技术等研发力度。与此同时，要广泛汲取国外在健康养殖、动物福利、生态畜牧业和食品安全建设方面的先进经验，建设系统全面的疫病防控团队、科技推广体系和食品安全制度，强化有关方面的法律约束，形成绿色、健康的食品生产导向，为健康养殖、疫病防御和畜产品安全提供完善的社会化服务。

7.3 大力发展现代科技和智慧牧业

科技是第一生产力，通过科技进步来发展养殖业，可提高产业规模化、机械化、自动化和信息化程度，有效提升产业生产效率和市场竞争力。通过建立完善的科研推广体系，科研机构和推广部门可实现有机结合，形成农业知识产生和扩散网络，能为生产者提供相关实用技术和信息。如新西兰和澳大利亚，其对畜牧相关研究非常重视，新西兰南岛和北岛各有 2 个农业科学研究中心，6 个草原研究站和 3 个土壤化验中心；澳大利亚中央联邦科学与工业研究组织设有 35 个研究单位，其中与畜牧业相关研究单位 9 个，完全研究畜牧的有 5 个。美国畜牧生产等领域的科技创新能力强，抗生素、血清和杀菌剂等新型产品为畜禽工业化和规模化生产提供了保障，人工授精、胚胎移植、计算机检测等技术的推广，均为产业的快速发展提供了技术保障，提升了畜禽养殖繁殖率和生产率。

此外，创新不仅仅局限于良种、养殖技术与设备、屠宰加工与运输储藏、无公害化处理等技术的研发和应用方面，也包括信息、市场主体、社会化服务等方面的创新。总体而言，创新对发达国家养殖业的快速发展产生了重要影响，成为其领先于其他国家的重要支撑点。因此，中国畜牧业现代化发展必须依靠科技创新来推进，尤其是在改善生产方式和提高生产效率等方面。一是能够推动传统养殖模式向现代化转型，建设更具标准化、集约化特征的现代畜禽养殖场，破解传统养殖阶段粗放管理造成的发展约束；二是应用科技要素有助于提升畜禽出栏率、屠宰胴体率和整个产业的全要素生产率，实现畜禽生产的提质增效和竞争力提升；三是发展智慧畜牧业，采用物联网、大数据信息平台贯通产前、产中、产后各环节，增进养殖、防疫、检疫、运输、屠宰、销售等环节的互联互通，加快实现全产业链的实时监测和全程追溯。为此，要抓好重大核心技术联合攻关、高素质专业人才培养、创新创业制度环境改善、技术推广应用等关键性工作，有力保障科技进步和技术支撑。

7.4 转变养殖理念倡导健康养殖

改革开放以来中国养殖业发展的实践证明，要提升中国畜牧业国际竞争力，转变观念、创新理念比科技进步还重要。目前国内应用的许多科技成果，也是当今世界正在应用的科技成果，但中国畜牧业竞争力与先进国家相比，仍然差距较大。仔细分析，还是观念、理念和思路的问题。科学研究表明，树立健康养殖理念，改善动物福利水平既能提升畜牧业生产效率，也能有效保障畜产品质量安全，提升产业竞争力。

一方面，实现精准营养是提升养殖业生产效率、提高产品竞争力、实现安全高效绿色营养动物产品生产的重要策略。当前，中国养殖业发展方式较为粗略，传统中小规模经营主体仍占主导，养殖业从业人员素质亟待提升，精准营养技术研发与推广力度依旧不够。精准营养技术与生产实际的缺位，造成中国养殖业生产效率长期不高，动物产品国际市场竞争优势弱，迫切需要在养殖领域大力推进精准营养。应在搭建动物精准营养需求数据库、构建重要动物营养性状调控模型、解析营养代谢调控元件与信号网络等基础上，根据不同生理阶段动物对营养素，如蛋白质、能量、粗纤维、脂肪、钙、磷等需要的不同，制定科学合理可操作的动物饲养标准，积极宣传并推广养殖业饲养标准。同时，推进高效饲草料利用技术，结合物理、微生态等先进技术手段，提高营养物质利用效果，充分利用包括秸秆在内的各类饲草料资源。此外，推动新型饲料添加剂研发与技术示范，包括天然植物提取物、微生态制剂、氨基酸、维生素等，切实改善动物生产性能和产品质量安全水平。

另一方面，高效健康养殖主要通过研发先进养殖技术、饲料配方技术等来提升动物养殖的资源不足和浪费并存问题，通过合理选择动物品种组合，实现饲养管理和饲料饲草有机结合，实现动物养殖系统内部废弃物的资源化利用与无害化处理，从而建立可持续的动物健康养殖模式，可有效提升动物养殖经济效益，满足养殖业绿色循环发展需求，提高动物产品质量安全和产品竞争力。应从源头出发，加大品种改良投入力度，创新科学饲养方法，研发先进设施设备，强化饲料、兽药等科学技术研发进度；引进并推广国外先进检测技术，实现先进性和实用性相结合，防止陷入"越引进先进技术、越亏损"怪圈；建立质量安全追溯体系，强化养殖业全产业链监管；提高基层监督检测机构科技水平，注重对技术人员的宣传和培训，加快基层检测设备更新；健全健康养殖财政支持政策，保障养殖业绿色发展。

7.5 支持种养结合保障绿色发展

新形势下的多重约束和要求使中国畜牧业发展的外部形势更为严峻，产业发展面临生产发展方式滞后、资源环境利用效率不高、粪污处理难度加大等诸多问题，降低了生产者和消费者福利，增加了资源环境成本，不利于中国畜牧业国际竞争力提升。中国畜牧业发展必须要综合考虑粮草和水土供给能力，优化畜牧业生产布局，依据原料导向原则谋划实施种养结合和畜禽粪污资源化利用发展战略，加快实现畜牧业碳达峰、碳中和与绿色发展。

中国幅员辽阔、气候类型多样且地区间差异明显，畜牧业国际竞争力提升必须走绿色发展的道路，要综合考虑各地区经济基础、生态环境、资源承载力等诸多特点。一是加快发展种养结合，适度发展牧区人工种草并着力打造生态美好、生产兴旺的现代精品草原，做好农区畜禽与饲草饲料的空间优化，围绕玉米等饲料粮主产区打造种养结合优势产业带，以经济效益提升促进农牧循环和种养结合。二是以畜禽粪污资源化利用整县推进项目为基础，继续聚焦畜牧大县推进畜禽粪污资源化利用，探索政府引导、企业参与的市场化运营模式，打造丰富多样的畜禽粪污资源化利用新业态。与此同时，作为最主要的农业碳排放部门，还应当积极构思和谋划畜牧业低碳发展路径，服务国家碳达峰与碳中和发展目标。总体来看，绿色发展是畜牧业竞争力提升不可或缺的关键一环，在国家政策要求和环境资源约束的现实情况下要以"两山理论"为指导，处理好生产发展与资源环境保护的关系，加快科技创新、突破技术瓶颈、转变发展方式、提升发展质量、缩减资源消耗，从而实现绿色发展、持续发展，探索一条畜牧业绿色发展之路。

7.6 培育多元化主体，优化生产结构

适度规模经营对提高生产效率、转变发展方式进而提升总体竞争力具有重要意义。当前，中国禽类规模化水平遥遥领先，但牛羊的规模发展任务仍很艰巨，这主要受养殖方式传统、行业门槛较高等因素影响。发展规

模养殖，首先需要识别不同规模经营的特征和优劣条件，清晰判断规模经营在产业发展中的关键作用；其次是要做好规模经营的政策引导，在牛羊等规模经营水平过低的领域适当倾斜财政扶持力度。发展多种形式的规模经营，重点培育一批引领带动成效显著的畜牧业龙头企业、合作社和家庭牧场，扩大新型规模经营主体的生产占比，完善规模经营主体的配套服务体系，形成规模经营主体与社会化服务体系互促互进的现代经营格局。以规模经营主体为纽带，促进小规模经营户有机衔接现代畜牧业生产方式，积极对接现代生产要素和大市场环境，形成以规模经营主体为引领、多种经营规模协调互促的现代化畜牧业经营体系。

同时，要积极实施"稳猪扩牛羊"的畜种调整策略，在稳定生猪生产的同时积极扩大肉牛肉羊生产规模。"稳猪扩牛羊"是迎合居民肉类消费结构优化的必然选择，是解决猪肉和牛羊肉供需矛盾的现实路径，是调控生猪供给风险的有效方法。应当积极稳定生猪生产秩序，保护生猪基础产能，建立健全非洲猪瘟等重大动物疫病防控体系，全力保障生猪产业平稳发展。在此基础上积极发展牛羊产业，提升牛羊肉综合生产能力和市场竞争力，把牛羊肉自给率提升到安全水平。实现"稳猪扩牛羊"的结构调整目标，重点需要围绕两方面：一是扩大基础牛羊母畜产能，借鉴"基础母牛银行"等模式鼓励社会资本投入基础母畜养殖领域，推动形成广泛的公司与农户合作形式，支持农区乡村、偏远山区在牛羊产业脱贫的基础上通过发展母畜致富；二是增加优质牧草供给，通过实施天然草原生产力提升、农区"粮改饲"与粮草轮作、南方草山草坡生产改良三大工程，形成牧区、农区和南方草山三大优质牧草供应体系，特别注重草种改良和草业机械问题。

参 考 文 献

[1] 曹佳，肖海峰，杨光.1978～2007年中国畜牧业全要素生产率及其影响因素研究 [J].技术经济，2009，28 (7)：62－66.

[2] 陈昌洪.中国猪肉出口结构与国际竞争力研究 [J].华南农业大学学报 (社会科学版)，2010 (2)：37－42.

[3] 高海秀，王明利，石自忠.中国生猪产业国际竞争力比较 [J].西北农林科技大学学报 (社会科学版)，2020，20 (1)：145－152.

[4] 高海秀，王明利.中国肉牛生产成本收益及国际竞争力研究 [J].价格理论与实践，2018 (3)：75－78.

[5] 郭惠武，张海峰.中国生猪生产成本的国际竞争力分析 [J].中国畜牧杂志，2019，55 (7)：157－163.

[6] 郭雷风，王文生，陈桂鹏，等.澳大利亚智慧牧场发展现状及启示 [J].农业展望，2018，14 (10)：52－55，67.

[7] 韩成吉，王国刚，朱立志.国外草牧业发展政策及其启示 [J].世界农业，2020 (1)：49－57.

[8] 禾日.德国畜禽粪污的管理及处理措施 [J].中国畜牧业，2018 (15)：43－44.

[9] 黄季焜，马恒运.中国主要农产品生产成本与主要国际竞争者的比较 [J].中国农村经济，2000 (5)：17－21.

[10] 冀名峰，辛国昌，刘光明，等.中德环境友好型畜牧业发展比

较：现状和对策——中德农业政策对话工作组赴德国、荷兰调研报告 [J].
世界农业，2019 (2)：15 – 19.

[11] 解柠羽. 借鉴澳大利亚经验促进内蒙古畜牧业可持续发展 [J].
大连民族学院学报，2012，14 (6)：577 – 579，591.

[12] 李建平，罗其友. 中国畜产品比较优势和国际竞争力的实证分
析 [J]. 管理世界，2002 (1)：83 – 92.

[13] 李聚才，刘荣光，李颖康，等. 赴澳大利亚、新西兰草畜产业
与科技合作考察报告 [J]. 宁夏农林科技，2010 (4)：48 – 50.

[14] 李宁，宋伟红，闫凤超，等. 关于畜禽粪污资源化利用模式的
探讨及对策思考 [J]. 现代化农业，2018 (7)：62 – 64.

[15] 李冉，沈贵银，金书秦. 畜禽养殖污染防治的环境政策工具选
择及运用 [J]. 农村经济，2015 (6)：95 – 100.

[16] 李晓俐. 德国农业农村发展模式及其启示 [J]. 中国乡镇企业，
2010 (1)：92 – 96.

[17] 李作稳，易法海. 中国主要畜产品的国际竞争力分析 [J]. 农
村经济，2004 (5)：6 – 8.

[18] 梁剑宏，刘清泉. 中国生猪生产规模报酬与全要素生产率 [J].
农业技术经济，2014 (8)：44 – 52.

[19] 廖翼，周发明. 中国猪肉产品国际竞争力的实证研究 [J]. 国
际经贸探索，2011 (12)：25 – 33.

[20] 刘长全，韩磊，张元红. 中国奶业竞争力国际比较及发展思路
[J]. 中国农村经济，2018 (7)：130 – 144.

[21] 刘斐，李顺国，夏显力. 中国谷子产业竞争力综合评价研究
[J]. 农业经济问题，2019 (11)：60 – 71.

[22] 刘利，王桂霞. 美国畜牧业支持政策及对中国的启示 [J]. 黑
龙江畜牧兽医，2019 (16)：29 – 32.

[23] 刘雪，李兴民，曲鲁江. 由德国汉诺威国际畜牧展

（EuroTier2018）引发的思考和启示 ［J］. 中国畜牧杂志，2018，54（12）：148－151.

［24］吕云龙，吕越. 制造业出口服务化与国际竞争力——基于增加值贸易的视角 ［J］. 国际贸易问题，2017（5）：25－34.

［25］宁满秀，唐震. 中国猪肉国际竞争力及出口影响因素实证分析 ［J］. 福建农林大学学报（哲学社会科学版），2008（4）：10－12，31.

［26］裴璐. 肉鸡产业国际竞争力评价体系构建及应用 ［D］. 北京：中国农业科学院，2020.

［27］乔娟. 中国主要家畜肉类产品国际竞争力变动分析 ［J］. 中国农村经济，2001（7）：37－43.

［28］任继周，林惠龙，侯向阳. 发展草地农业确保中国食物安全 ［J］. 中国农业科学，2007（3）：614－621.

［29］任榆田. 澳大利亚与新西兰的草地畜牧业 ［J］. 中国畜牧业，2014（10）：54－55.

［30］孙智远，张旭晖，葛国君，骆桂兰，余扬. 从乡村振兴看德国畜牧业特色发展之路——2018 年中德青年农业实用人才能力建设项目 ［J］. 黑龙江畜牧兽医，2019（24）：19－22.

［31］唐莉，王明利，石自忠. 竞争优势视角下中国肉羊全要素生产率的国际比较 ［J］. 农业经济问题，2019（10）：74－88.

［32］唐莉，王明利. 中国肉羊产业竞争力及影响因素分析——基于成本效益视角 ［J］. 价格理论与实践，2018（12）：107－110.

［33］唐振闯，卢士军，周琳，杨祯妮，程广燕. 德国畜牧业生产体系特征及对中国的启示 ［J］. 中国畜牧杂志，2018，54（12）：145－148.

［34］腾玉华，刘长进，刘小春. 中国大规模生猪养殖全要素生产率变化及其收敛性研究 ［J］. 农林经济管理学报，2016，15（2）：198－203.

［35］王加亭. 日本畜牧业发展概述 ［J］. 中国畜牧业，2020（9）：42－44.

[36] 王杰. 国外畜牧业发展特点与中国畜牧业发展模式的选择 [J]. 世界农业, 2012 (10): 32-35.

[37] 王珏, 宋文飞, 韩先锋. 中国地区农业全要素生产率及其影响因素的空间计量分析——基于 1992~2007 年省域空间面板数据 [J]. 中国农村经济, 2010 (8): 24-35.

[38] 王刻铭, 黄勇, 刘仲华. 中国茶叶国际竞争力分析 [J]. 农业现代化研究, 2020, 41 (1): 45-54.

[39] 王璐, 杨汝岱, 吴比. 中国农户农业生产全要素生产率研究 [J]. 管理世界, 2020, 36 (12): 77-93.

[40] 王明利等. 中国肉牛产业发展规律及政策研究 [M]. 北京: 中国农业出版社, 2016.

[41] 王明利. "十四五" 时期畜产品有效供给的现实约束及未来选择 [J]. 经济纵横, 2020 (5): 100-108.

[42] 王明利, 肖洪波. 中国生猪生产波动的成因分析 [J]. 农业经济问题, 2012, 33 (12): 28-32.

[43] 王明利. 中国生猪产业波动规律及调控对策研究 [M]. 北京: 中国农业出版社, 2013: 3.

[44] 王生喜. 全要素生产率增长率的同质化测度 [J]. 数量经济技术经济研究, 2000 (6): 53-55.

[45] 王盛威. 中国蛋鸡产业国际竞争力研究 [D]. 北京: 中国农业科学院, 2011.

[46] 王士权, 常倩, 李秉龙, 王宇. 贸易自由化条件下中国羊肉国际竞争力及出口影响因素研究 [J]. 农业现代化研究, 2016, 37 (3): 542-550.

[47] 吴清秀. 全要素生产率对区域畜牧业增长的贡献差异分析 [J]. 呼伦贝尔学院学报, 2017, 25 (1): 78-85, 51.

[48] 辛翔飞, 刘锐, 王济民. 破除自给率越高粮食越安全的迷误

[J]. 农业经济问题, 2020 (10): 19 - 31.

[49] 辛翔飞, 王济民. 中国粮食自给水平目标设定: 研究综述与政策启示 [J]. 自然资源学报, 2019, 34 (11): 2257 - 2269.

[50] 辛翔飞, 王秀东, 王济民. 新时代下的中国粮食安全: 意义、挑战和对策 [J]. 中国农业资源与区划, 2021, 42 (3): 76 - 84.

[51] 徐磊, 胡惠文, 张伟臣. 畜牧业环境污染防治立法存在问题及完善——基于中国与澳大利亚立法措施的比较 [J]. 法制博览, 2017 (18): 59 - 61.

[52] 徐爽, 闫逢柱. 中国猪肉国际竞争力的比较分析 [J]. 农业现代化研究, 2011 (5): 518 - 522.

[53] 薛强, 乔光华, 樊宏霞, 等. 基于 Malmquist 指数的家庭奶牛饲养全要素生产率研究 [J]. 农业现代化研究, 2012, 33 (4): 440 - 442, 460.

[54] 闫旭文, 南志标, 唐增. 澳大利亚畜牧业发展及其对中国的启示 [J]. 草业科学, 2012, 29 (3): 482 - 487.

[55] 杨春, 王明利. 基于 Malmquist 指数的农户肉牛养殖全要素生产率研究 [J]. 农业经济与管理, 2013 (3): 69 - 89.

[56] 杨文友, 江红旗, 李盟, 等. 澳大利亚进口陆生动物检疫法治体系建设研究 [J]. 中国动物检疫, 2019, 36 (10): 49 - 54.

[57] 杨小川, 陈娴. 试论中国猪肉产业国际竞争力问题 [J]. 农村经济, 2008 (5): 57 - 60.

[58] 杨振海, 王立刚, 张弦, 赵俊金. 德国畜牧业发展情况及启示 [J]. 世界农业, 2019 (4): 72 - 76, 88.

[59] 翟桂玉. 德国畜牧业发展见闻与启示 [J]. 农业知识, 2012 (12): 9 - 11.

[60] 詹淼华, 许能祥. 中美猪肉产品贸易竞争态势分析 [J]. 中国畜牧杂志, 2017, 53 (8): 119 - 123.

［61］张南，张旭光．畜牧业收入保险风险管理方式及实施原理：以美国奶牛收入保险为例［J］．黑龙江畜牧兽医，2017（9）：279－281.

［62］张瑞荣，申向明，王济民．中国肉鸡产业国际竞争力的分析［J］．中国农村经济，2010（7）：28－38，46.

［63］张文兵．中国奶业国际竞争力：基于 RCA 和"钻石"模型的分析［J］．农业经济问题，2005（11）：38－42.

［64］张弦，闫燕，王思雪．德国畜牧业概况［J］．中国畜牧业，2020（15）：47－49.

［65］张晓磊，谢建国，张二震．外资进入强度与本土企业竞争力——基于企业单位劳动成本视角的检验［J］．国际贸易问题，2020（2）：1－15.

［66］张禹，严兵．中国产业国际竞争力评估——基于比较优势与全球价值链的测算［J］．国际贸易问题，2016（10）：38－49.

［67］张振玲，HEISEH，THUVSENL．德国人对农场动物福利的理解［J］．猪业科学，2018，35（9）：32－33.

［68］张振，乔娟．影响中国猪肉产品国际竞争力的实证分析［J］．国际贸易问题，2011（7）：39－48.

［69］朱继东．基于美国、澳大利亚、日本畜牧业发展模式和经验分析河南省畜牧业的发展［J］．世界农业，2014（11）：165－170.

［70］朱继东．主要发达国家和地区的畜牧业支持政策及其借鉴［J］．世界农业，2015（6）：70－75.

［71］朱增勇，聂凤英．澳大利亚畜牧业及其研发机制［J］．中国畜牧杂志，2009，45（22）：47－50.

［72］Caves D W，Christensen L R，Diewert W E. The Economic Theory of Index Numbers and the Measurement of Input，Output and Productivity［J］. Econometrics，1982（50）：1393－1414.

［73］Fare R S，Grosskopf C A K. Lovell. Production Frontier［M］.

Cambridge University Press, 1994: 34 – 67.

[74] Grier K. Is the Canadian Pork Industry Competitive? [Z]. Market Analysis and Consulting Inc, 2017: 1.

[75] Hayenga M, Novenario – Reese M J, Clemens R. The Netherlands Pork Industry: Factors Influencing Export Market Competitive Advantage [R]. Iowa: Department of Economics Iowa State University, 1998.

[76] Hobbs J E, Klein K. Creating International Competitiveness Through Supply Chain Management: Danish Pork [J]. Supply Chain Management, 1998 (7): 68 – 78.

[77] Hoste R. International comparison of pig production costs 2018: Results of Inter PIG [R]. Wageningen, Wageningen Economic Research, Report 2020 – 007.

[78] Hoste R. International Comparison of Pig Production Costs—2015 [R]. Netherland: Wageningen Economic & Research, 2017.

[79] Huang S L, Liu A M, Lu C X, et al. Supply and demand levels for livestock and poultry products in the Chinese mainland and the potential demand for feed grains [J]. Journal of Resources and Ecology, 2020, 11 (5): 475.

[80] Jensen H H, Voigt S W, Hayes D J. Measuring International Competitiveness in the Pork Sector [J]. Agribusiness, 1995, 11 (2): 169 – 177.

[81] Spriggs J, Isaac G. Food safety and international competitiveness: the case of beef [M]. New York: CABI Publishing, 2001.

[82] Xin X F, Zhang Y, Wang J M, et al. Effects of farm size on technical efficiency in China's broiler sector: A Stochastic Meta – Frontier Approach [J]. Canadian Journal of Agricultural Economics, 2016, 64 (7): 493 – 516.

[83] Zofio. Malmquist productivity index decompositions: a unifying framework [J]. Applied Economics, Taylor & Francis Journals, 2007, 39 (18): 2371 – 2387.

后　　记

　　畜牧业作为国民经济发展的重要组成部分，是保障国家食物安全的重要抓手，是推进乡村产业振兴、提高农牧民增产增收能力的重要保障，更是实现人民群众对美好生活向往目标的重要基础。改革开放四十余年来，中国畜牧业在生产规模、结构、方式及发展理念等方面取得了辉煌成就，给中国农业生产面貌和膳食营养水平带来深刻影响。特别是党的十八大以来，中国积极推进禽粪污资源化利用、鼓励发展种养结合循环农业、全面实施"粮改饲"政策、大力发展现代草业，出台了"一揽子"政策与文件推动畜牧业发展，畜牧业发展成效显著。但畜牧业仍然存在资源环境约束趋紧、疫病防控形势严峻、生产效率总体不高、科技支撑能力不强等诸多问题，特别是在环保政策趋紧以及突发疫情双重夹击下，中国畜牧业持续发展及畜产品稳定供给受到严峻挑战。如何克服当前严峻形势，推动畜牧业绿色健康发展，提升畜牧业国际竞争力，实现畜产品主要靠国内供给，成为新时期国家亟待解决的重大问题。基于此，本团队在中国农业科学院创新工程所级重点项目"主要畜产品生产效率和竞争力提升研究"以及国家自然科学基金重点项目（项目批准号：72033009）的支持下，深入分析中国畜牧业生产效率及提升潜力，并通过构建评价体系对中国畜牧业国际竞争力展开系统评估，试图找出提升中国畜产品供给保障能力和竞争力的战略路径。在这里对中国农业科学院创新工程项目以及国家自然科学基金重点项目给予的资助表示感谢！

　　该项目研究成果是笔者在总体研究框架和思路设计的基础上，与研究团队共同完成，整个项目研究过程中，研究团队成员根据分配的任务，各负其责。其中，第一章是由王明利、熊慧和石自忠完成；第二章是由王祖力、辛翔飞、杨春、周慧、石自忠、马晓萍和熊慧完成；第三章是由杨春、辛翔飞、周慧、石自忠、倪印锋和马晓萍完成；第四章和第五章是由辛翔飞、杨春、周慧、石自忠和马晓萍完成；第六章是由胡向东、辛翔飞、杨春、周慧、石自忠和马晓萍完成；第七章是由王明利、熊慧和石自忠完成。全书由王明利和熊慧总体统稿及校对。该项目能够在规定的时间内圆满完成研究任务，离不开农业经济与发展研究所畜牧业经济与政策创新团队每位成员的团结合作与辛勤付出，在此表示衷心感谢！研究过程中难免存在不足之处，也恳请各位读者对本书提出宝贵的批评意见和修改建议。

王明利

2022 年 6 月于北京